FACULTÉ DE DROIT DE L'UNIVERSITÉ DE TOULOUSE

ÉTUDE JURIDIQUE

SUR

L'ENFANT DU PREMIER LIT

EN DROIT FRANÇAIS

SES RAPPORTS AVEC LA FAMILLE

THÈSE POUR LE DOCTORAT

PAR

Paul-Georges BAUT

AVOCAT

TOULOUSE

IMPRIMERIE SAINT-CYPRIEN | Librairie de Droit et de Jurisprudence
27, ALLÉES DE GARONNE, 27 | 6, RUE DES LOIS, 6

1900

ÉTUDE JURIDIQUE

SUR

L'ENFANT DU PREMIER LIT

EN DROIT FRANÇAIS

SES RAPPORTS AVEC LA FAMILLE

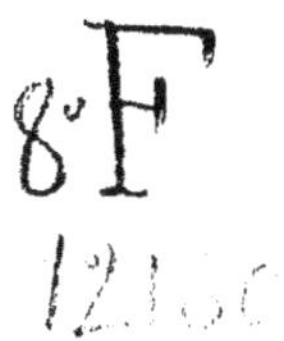

FACULTÉ DE DROIT DE L'UNIVERSITÉ DE TOULOUSE

ÉTUDE JURIDIQUE

SUR

L'ENFANT DU PREMIER LIT

EN DROIT FRANÇAIS

SES RAPPORTS AVEC LA FAMILLE

THÈSE POUR LE DOCTORAT

PAR

Paul-Georges BAUT

AVOCAT

TOULOUSE

IMPRIMERIE SAINT-CYPRIEN   Librairie de Droit et de Jurisprudence

27, ALLÉES DE GARONNE, 27   6, RUE DES LOIS, 6

1900

FACULTÉ DE DROIT DE TOULOUSE

MM. PAGET, ✳, Doyen, professeur de Droit romain.
DELOUME, ✳, professeur de Droit romain.
CAMPISTRON, professeur de Droit civil.
WALLON, professeur de Droit civil.
BRESSOLLES, professeur de Procédure civile.
VIDAL, professeur de Droit criminel.
HAURIOU, professeur de Droit administratif.
BRISSAUD, professeur d'Histoire générale du Droit.
ROUARD de CARD, professeur de Droit civil.
MÉRIGNHAC, professeur de Droit international public et privé.
TIMBAL, professeur de Droit constitutionnel.
DESPIAU, professeur de Législation française des finances et de Législation et Économie industrielles.
HOUQUES-FOURCADE, professeur d'Économie politique.
FRAISSAINGEA, professeur de Droit commercial.
MARIA, agrégé, chargé des Cours d'histoire du Droit public français et histoire des doctrines économiques.
GHEUSI, agrégé, chargé des Cours de Droit Maritime et de Droit Civil comparé.
J. DELOUME, suppléant.
TRINQUAT, suppléant.
HABERT, secrétaire.
HUC, ✳, professeur honoraire.
POUBELLE, O. ✳, professeur honoraire

Président de la Thèse : M. BRESSOLLES.

SUFFRAGANTS MM. DESPIAU.
HOUQUES-FOURCADE.

La Faculté n'entend approuver ni désapprouver les opinions particulières du candidat.

A CEUX QUE J'AIME

A Jean PÉ de ARROS

AVOCAT A LA COUR D'APPEL

Prix Fourtanier (1897).

·

A CEUX QU'IL AIME

L'ENFANT DU PREMIER LIT est l'individu considéré dans ses rapports avec son père ou sa mère qui a contracté un second ou subséquent mariage. Plus généralement, c'est l'enfant d'un lit quelconque en présence d'un convol ultérieur.

LE LIT n'est en effet autre chose que l'union conjugale (1). Nous retrouvons souvent, dans notre ancienne jurisprudence, cette expression employée en ce sens. C'est ainsi que le *lit brisé* signifiait un mariage dissous ; de même, lorsqu'on disait qu'un homme *s'obligeait de lit entier*, cela voulait dire qu'il s'obligeait avec sa femme. Un grand nombre d'articles du Code civil parlent des précédents ou subséquents mariages (2) que certains d'entre eux appellent aussi premiers ou seconds lits (3) : c'est donc la consécration définitive du sens juridique ancien de ce mot lit.

L'ENFANT a été l'objet d'une sollicitude constante de la part du législateur : c'est ainsi que les lois civiles protègent sa légitimité, sa minorité, ses droits pécuniaires, et que les lois pénales sauvegardent sa mora-

(1) C. f. les **expressions** *lectus*, *cubile*, en latin ; *couches*, en français employées de même dans un sens figuré.

(2) Code civ. art. 143, 187, 399, 400, 743, 767, 1100, 1496, 1527, 1555.

(3) Code civ. art. 380, 752, 1469, 1496, 1527.

— 8 —

lité et son existence, — même avant sa naissance.
Ces dispositions légales sont d'une utilité incontestable pour l'enfant d'un autre lit qui peut avoir, plus
que tout autre, de justes motifs d'en demander l'application. Elles ne sont pas cependant suffisantes,
dans certains cas, et le législateur, a édicté des dispositions spéciales en sa faveur. Notre sujet nous
impose par conséquent l'étude des mesures que la
loi a prises dans l'intérêt de l'enfant en général, et
surtout de celles qu'elle a prises dans l'intérêt de
l'enfant du premier lit en particulier : nous verrons si cet ensemble forme une protection à la fois
nécessaire et suffisante pour ce dernier.

D'après la définition même que nous avons donnée
du mot lit, l'enfant légitime ou légitimé pourra donc
seul devenir enfant d'un premier lit, au sens juridique, à la différence de l'enfant naturel ou issu d'une
union illégitime. (V. cependant à la fin de notre
troisième partie.)

Toutefois la légitimation n'a pas d'effet rétroactif :
*dies nuptiarum, dies est conceptionis et nativitatis
legitimæ*. Cette différence entre l'enfant légitime et
l'enfant légitimé aura une conséquence importante
sur la qualité d'enfant du premier lit qui ne sera pas
acquise au second, dans l'hypothèse suivante : la
légitimation reste possible alors même que depuis la
conception ou la naissance de l'enfant naturel, son
père ou sa mère a contracté mariage avec une tierce
personne (1) ; il suffit, pour cela, que ce mariage soit

(1) Lyon, 17 mars 1863, D. *Sup.*, V. *Pat. et fil.*, nº 299, en note.

dissous ou annulé et que les deux parents de l'enfant s'unissent alors légitimement. L'enfant ainsi légitimé ne pourra être considéré comme étant du premier lit ; il ne sera qu'un enfant d'un second lit, puisque la date de sa conception et celle de sa naissance sont juridiquement postérieures au mariage contracté avant sa légitimation.

Les enfants légitimes ou légitimés issus de différents mariages ont tous des droits égaux, et sont soumis aux mêmes obligations envers leur auteur commun. La Révolution Française a proclamé le principe de l'égalité des enfants d'un même père, en supprimant le droit de masculinité et le *privilège du double lien* (1), en vertu duquel les frères *germains* ou de *lit entier*, c'est-à-dire issus du même père *et* de la même mère excluaient les frères *utérins* ou *consanguins*, ou frères *de demi-lit*, c'est-à-dire de la même mère *ou* du même père seulement.

La parenté unilatérale des frères et sœurs de lits différents ne pouvait cependant leur conférer les mêmes prérogatives qu'une parenté bilatérale. C'est ainsi qu'au Chapitre de la Tutelle, les exceptions apportées par les articles 408 et 423 en faveur des frères germains ne peuvent être étendues aux frères consanguins ou utérins pour lesquels le droit commun est seul en vigueur. De même, en matière de

(1) Ce privilège, inconnu dans l'ancien droit romain, puisque les parents maternels ne succédaient pas, fut établi par la Novelle 118 et conservé par les coutumes, qui se divisaient sur le point de savoir quelles personnes devaient être admises au privilège : ce dernier fut aboli par la loi du 17 nivôse an II.

dévolution des successions, les frères d'un lit différent de celui du défunt ne peuvent prendre part que dans la ligne à laquelle ils appartiennent (art. 733 et 752); les frères du même lit prennent part, au contraire, dans la ligne paternelle et maternelle. Le principe d'égalité n'est ainsi nullement violé.

Nous diviserons en *trois parties* principales l'étude des dispositions législatives, éparses dans le Code, qui sont relatives aux enfants d'un autre lit.

La *Première Partie* sera spécialement réservée aux *seconds ou subséquents mariages*, qui sont la raison d'être même des enfants du premier lit.

La *protection* de ces enfants fera l'objet de la *Deuxième Partie*, qui posera les principes détaillés de notre importante matière, quoiqu'elle n'ait en vue que *les enfants issus d'un précédent mariage dissous naturellement, c'est-à-dire par la mort*.

Les autres enfants d'un autre lit ont été relégués dans la *Troisième et Dernière partie*, afin de donner une vue d'ensemble de leur situation qui nous a paru particulièrement intéressante.

PREMIÈRE PARTIE

Des seconds Mariages ou secondes Noces.

CHAPITRE PREMIER

Nécessité d'une protection des enfants du premier lit

« Le mariage est, d'après le droit philosophique,
« la société perpétuelle que contractent deux person-
« nes de sexe différent, dans le but d'imprimer un
« caractère de moralité à leur union sexuelle et aux
« rapports naturels qui doivent en naître. » (Aubry et
Rau). Modestin avait donné une belle définition du
mariage que Justinien a reproduite au Digeste (I. 5,
23, 2) : « *Nuptiæ sunt conjunctio maris et feminæ et*
« *consortium omnis vitæ, divini et humani juris*
« *communicatio,*» ce que M. Gide traduit ainsi: « c'est
« l'union *de deux vies*, la confusion de deux patri-
« moines, la mise en commun de tous les intérêtstem-
« porels et religieux (1). »

Le mariage est une société perpétuelle, tel est donc
le principe. Cependant il peut prendre fin, par suite

(1) *Étude sur la cond. priv. de la femme*, p. 123.

de sa dissolution ou de son annulation. L'époux ou les époux devenant libres, le second mariage doit être autorisé, il doit même être encouragé, si cela devient nécessaire : pour éviter un mal plus grand, une situation contraire aux bonnes mœurs, c'est-à-dire une union illégitime.

Le mariage a dû être, de tout temps, soigneusement réglementé, parce qu'il est le fondement de la famille et la société tout entière. « Pour qu'une République soit bien ordonnée, » disait Platon, (de Leg. IV), « les principales lois doivent êtres celles qui « règlent le mariage. » Mais, à côté de l'intérêt moral qui doit assurer la liberté des seconds mariages, un autre intérêt doit, au plus hautdegré, tenir en éveil la sollicitude attentive du législateur, d'autant plus qu'il sera très souvent en opposition avec le premier : cet intérêt est celui des *enfants issus des unions précédentes*, pour lesquels, en effet, la présence d'un nouveau conjoint de leur père ou de leur mère sera fréquemment la source de dangers de toutes sortes.

« La loi qui permet de contracter plusieurs maria« ges n'est pas contre la nature physique, puis« qu'elle n'empêche pas la reproduction des êtres et « que plusieurs enfants peuvent naître d'un seul père « et de plusieurs mères et *vice versa* ; mais cette loi « est imparfaite sous les rapports moraux parce « qu'elle rompt l'unité morale ou union des cœurs, « en mettant plusieurs sociétés dans la famille et « plusieurs intérêts dans une maison » (1).

C'est ce danger que prévoyait Jaubert, quand il

(1) De Bonal, *Essai analytique sur les lois nat de l'ordre social.*

disait au Tribunat : « L'expérience de tous les temps
« a prouvé combien la loi devait veiller à ce qu'un
« second époux ne pût trop préjudicier à des enfants
« dont l'origine ne laissait que trop de souvenirs im-
« portuns. »

L'emploi habituel, dans un sens défavorable des
expressions *parâtre, marâtre*, pour désigner ce second conjoint, prouve, mieux que tout ce que nous
pourrions dire, combien les craintes qu'inspirent les
secondes noces à l'égard des enfants d'un autre lit
sont justifiées : la haine du nouvel époux sera
encore plus redoutable si le second mariage est fé-
cond. « Ce qu'une marâtre, » disait La Bruyère (De la
société et de la conversation), « aime le moins dans
« tout ce qui est au monde, ce sont les enfants de son
« mari. » Elle cherchera à les dépouiller de l'affection
et de tout ce qu'ils ont en droit d'attendre de leur
père (1). Bien plus, les biens personnels des enfants
du premier lit serviront à entretenir la nouvelle famille. Le père ou la mère, aveuglé par sa passion
pour son nouveau conjoint, sera trop faible pour
s'opposer à ces injustices ; il s'efforcera même parfois de se faire pardonner la présence de ses enfants
issus de précédents mariages ; il donnera, pour cela,
son concours effectif aux vexations de toutes sortes
dont ils seront l'objet. Le protecteur naturel de l'enfant, devenant ainsi son ennemi, mérite-t-il de conserver le titre et les prérogatives de père ou de mère ?

Nous ne demandons nullement que l'on édicte des

______

(1) C. f. Dig. L. IV. de inoff. test. et Sénèque, Convol à Helv.,
cap. II.

peines de secondes noces contre ceux qui se remarient, ce qui serait convertir en loi un précepte de morale (1). Il y a, d'ailleurs, des seconds mariages raisonnables à côté de ceux que réprouve le public. On risquerait, en mettant obstacle à toute union légitime subséquente, de favoriser l'inconduite de gens condamnés au célibat, c'est-à-dire à l'isolement et à la tristesse. L'homme aura souvent besoin d'une femme pour s'occuper des soins du ménage ; un second mari sera bien nécessaire pour une femme inhabile à diriger ses affaires et à les faire prospérer ; le mariage la mettra souvent à l'abri de la ruine, de la calomnie et du déshonneur.

Mais si celui qui se remarie est déjà père ou mère, le législateur doit l'empêcher d'oublier les devoirs sacrés qui lui incombent du fait de sa paternité, en le mettant dans l'impossibilité de faire subir à ses enfants l'influence trop souvent malsaine de son conjoint, en diminuant ou supprimant même, si cela devient nécessaire, sa puissance paternelle ou tutélaire et en lui enlevant les moyens de dépouiller sa première famille au profit de la seconde.

(1) Le second mariage a été regardé par les Pères de l'Église, comme un adultère (Athénagoras, Apol. 28) Saint Paul nous dit que l'évêque ne doit être marié qu'une seule fois (I. Timoth. III, 2 et 4). C. f. un indult. du 30 mars 1804, du cardinal Caprara qui permet à un prêtre, marié civilement pendant la Révolution, de faire bénir son mariage mais avec défense expresse de passer à de secondes noces (cité par Me Pé de Arros, lauréat de la Conférence des Avocats stagiaires, dans son discours sur les Procès de presse à Toulouse et reproduit par la Gazette des Tribunaux du Midi, du dimanche, 26 Décembre 1897, *in fine.*)

Nous ne voulons, comme les Rédacteurs du code, ni entraver, ni favoriser les seconds mariages : *pas de haine des secondes noces.* Mais nous croyons indispensable d'assurer une *protection efficace aux enfants du premier lit.* Le père ou la mère dont les droits sont restreints par suite de la présence d'enfants d'un premier lit trouvera difficilement, peut-être, un conjoint : c'est, du moins, ce que soutiennent ceux qui croient défendre la liberté du mariage, c'est-à-dire l'encouragement à la procréation. C'est au contraire faire œuvre saine, à notre avis, que de mettre obstacle, en supprimant l'appât du gain, à un contrat qui n'a du mariage que le nom, puisque son but est de dépouiller les enfants déjà nés de leurs biens, de leurs droits, et de leur enlever leurs espérances les plus légitimes. La *protection de la famille* est le principe primordial de toute loi sociale : le principe de la *liberté du mariage* n'en subsiste pas moins.

On peut dire, en résumé, de la protection des enfants du premier lit, ce que Bigot-Préameneu disait spécialement de l'article 1098, que l'on pourrait cependant accuser d'être écrit en haine des secondes noces : « C'est une sage disposition que l'on doit moins attri-« buer à la défaveur des secondes noces qu'à l'obli-« gation où sont les père et mère qui ont des descen-« dants, de ne pas manquer, à leur égard, lorsqu'ils « forment de nouveaux liens, au devoir de paternité. »

Les rédacteurs du Code civil, pourtant, se sont trop souvent laissés entraîner, sans y prendre garde, vers d'anciens préjugés de défaveur, de haine contre les secondes noces et particulièrement contre les secondes noces de femmes. A l'inverse, on pourrait constater actuellement un mouvement en faveur des secondes noces ; on a même proposé un impôt sur les célibataires pour arrêter la dépopulation de la France. Nous osons espérer que la loi ne consacrera jamais l'obligation au mariage, contraire aux principes de liberté (1) et même de civilisation (2). « C'est « une grande imprudence, » fait, en effet, remarquer M. Janet (*La famille*, p. 301), « pour l'un des époux « que la mort a laissé seul, de contracter une nouvelle « union qui peut faire le malheur de ses propres en-« fants ; cependant, ajoute-t-il, il peut arriver aussi « que cette seconde union soit nécessaire à l'intérêt « des enfants eux-mêmes. » Et ce ne sera alors qu'avec répugnance que le père ou la mère se décidera à convoler en secondes noces.

Dans le but de faciliter les seconds mariages quand ils procureront un avantage quelconque aux enfants issus d'unions précédentes, la loi du 16 avril 1832 a permis au chef de l'État de lever les prohibitions des mariages entre beaux-frères et belles-sœurs. Ces unions peuvent, en effet, avoir de grands avantages moraux, puisqu'elles ne livrent pas les enfants du

---

(1) Au moyen âge (voir la chanson de Raoul de Cambrai, Meyer et Longnon, IV, XI, 7, 231), on voit des rois de France, en qualité de seigneurs féodaux, marier des veuves malgré elles ; ce droit disparut avec le système féodal. — En Angleterre, l'une des libertés les plus appréciées parmi celles que Jean Sans Terre avait accordées dans la Grande-Charte fut certainement le droit accordé aux femmes de ne pas se remarier, si tel était leur désir.

(2) L'article 29 du Code civil des Hovas frappe de minorité tout homme non marié.

premier lit à une famille étrangère. « La cause de
« dispense la plus grave, » est il dit dans la circulaire
du Ministre de la Justice du 11 novembre 1875, « est
« la situation des enfants d'un premier lit auxquels
« il importe d'assurer la protection d'un oncle qui de-
« viendra pour eux un second père, les soins d'une
« tante qui leur servira de mère. »   « Ils retrouvent, »
avait dit Emmery au Conseil d'Etat « dans le frère
« ou dans la sœur de leur père ou mère l'affection et
« les soins de ces derniers. »

Nous retrouvons les mêmes idées dans les discussions préparatoires de la loi du 9 mars 1891 sur les
droits du conjoint survivant dans la succession *ab
intestat.* « Le second mariage peut être *commandé*
« par la position même du survivant ou inspiré par le
« désir de donner à des enfants d'un premier lit les
« soins ou l'appui qui leur manquaient. » Ainsi s'expri
mait M. Sebert dans son rapport au Sénat, et M. Hum-
bert développait la même pensée dans son rapport sur
les observations des Facultés de droit : « Le second
« mariage *s'impose* au veuf ou à la veuve qui a des en-
« fants à élever ou des exploitations à diriger ; bien
« plus, parfois on le verra contracter avec une alliée
« ou une parente, dans l'intérêt des enfants nés de
« précédents mariages. »

S'il existe des motifs pour mettre obstacle aux secondes noces, il en existe donc aussi pour les favoriser. Quoiqu'il en soit, *lex statuit de eo quod ple
rumque fit* : les situations produites par les seconds
mariages ne se ressemblant jamais, chacune d'elles
aurait appelé une solution spéciale et il serait impossible de faire une loi. L'élan généreux de celui qui,

en épousant une personne ayant des enfants, a eu
pour but de devenir pour ces derniers un père ou une
mère, ne saurait, d'ailleurs, être arrêté par des mesures qui ne peuvent le blesser : elles sont justes et
morales et il devrait être le premier à les réclamer,
puisque son dévouement est absolument désinté-
ressé.

*Qu'ont fait les législations qui ont précédé le Code
civil en faveur des enfants du premier lit?*

Dans l'antiquité, que les secondes noces fussent
vues avec faveur ou avec défaveur, on ne s'est jamais
préoccupé de l'intérêt des enfants du premier lit. Il
en a été ainsi à Rome jusqu'au règne de Constantin ;
sous Auguste, les secondes noces furent rendues obli-
gatoires pour répondre à des nécessités politiques et
sociales. Les lois *Julia* et *Pappia Poppœa*, bien connues sous le nom de lois Caducaires, édictaient dans
ce but des déchéances pécuniaires contre ceux qui ne
se remariaient pas. Les intérêts des enfants du premier lit ne pouvaient donc faire l'objet d'une protection spéciale, car c'eût été porter atteinte indirectement aux subséquents mariages. Voici comment
M. Gide juge les lois caducaires : « Les lois pappien-
« nes sont l'expression la plus logique et comme le
« dernier mot du principe qui réduit le mariage à
« n'être qu'un moyen de conserver les familles. On
« sait ce qu'il faut penser de ces lois qu'on avait in-
« titulées, comme par ironie, lois sur la pudeur et qui
« ne firent qu'encourager et légaliser la débauche,
« l'adultère, la prostitution. »

Plus tard, *sous l'influence féconde du christianisme*, devenu religion de l'empire, la viduité fut, au contraire, en grand honneur ; les secondes noces furent simplement autorisées. *Ecclesia secundas nuptias potius permisit quam approbavit*, dit Cujas (*de sec. nupt.*). Les Pères de l'Église les déconseillent, parce que l'état de continence et de chasteté est regardé, par eux, comme supérieur à l'état de mariage. — La protection des enfants du premier lit passa au premier plan ; elle fut assurée par plusieurs déchéances civiles qui atteignaient ceux qui se remariaient et que la doctrine a improprement (1) désignées sous le nom de peines de secondes noces, *pœnæ secundarum nuptiarum*. Parmi ces dernières, certaines ne frappaient que la mère remariée afin de protéger les enfants du premier lit contre l'influence du second mari ; des restrictions étaient apportées aux droits de garde, de tutelle, d'éducation et de révocation des donations pour cause d'ingratitude ; de plus, un délai de viduité était imposé à la mère. Mais la protection des enfants du premier lit fut réalisée surtout par plusieurs dispositions législatives, qui eurent pour but d'empêcher que les biens de la première famille ne passent dans la seconde. Ce fut l'œuvre des lois *feminæ quæ, generaliter* et *hac edictali* dont nous ferons plus loin l'étude approfondie.

(1) Justinien nous fait remarquer que, s'il n'existait pas d'enfant du premier lit, les secondes noces n'entraînaient aucune déchéance, puisqu'il n'y avait plus à craindre aucun danger (Nov. 22 et 23). Le but n'était donc pas de châtier l'époux qui se remarie, mais de sauvegarder les intérêts des enfants du premier lit.

Dans notre ancienne France, toujours sous l'influence du christianisme, les enfants du premier lit continuèrent à être protégés par des peines de secondes noces édictées contre les seconds et subséquents mariages, tant dans les pays de droit écrit que dans les pays de Coutumes, à partir de 1560. Ce fut, en effet, à cette date, sous le règne de François II, que fut rendu, grâce au chancelier Michel de l'Hôpital, le fameux *Edit des secondes noces*. Inspiré des lois romaines, à la suite desquelles nous l'étudierons, cet édit, divisé en *deux chefs*, apportait un obstacle aux libéralités excessives en faveur du nouvel époux.

Enfin la *législation intermédiaire*, voulant *séculariser* le mariage, favorisa les secondes noces. Dans un esprit de réaction violent contre les idées anciennes, politiques ou religieuses, elle détruisit les obstacles qui avaient été apportés aux seconds mariages, sans même examiner si quelques uns n'avaient pas une utilité sociale. C'était la suppression des peines de secondes noces. Les enfants du premier lit jouissaient des mêmes droits que les enfants communs, ni plus, ni moins.

Le Code civil, indifférent *en théorie* aux seconds mariages, a eu pour but de concilier les deux principes qui semblaient s'exclure jusqu'alors : la faculté de se remarier et le respect des droits des enfants déjà nés. Nous allons voir s'il y a réussi !

CHAPITRE II

Conditions d'existence et de validité des seconds mariages.

Les conditions nécessaires à la validité des premiers mariages le sont aussi pour les seconds. Cette proposition fut supprimée comme inutile dans le projet du Code civil. Cependant à la liste des empêchements communs à tous les mariages (et dont nous donnerons l'énumération dans la deuxième section de ce chapitre) s'ajoutent trois nouvelles prohibitions spéciales aux secondes noces. Ce sont : 1° l'impossibilité du second mariage, si le premier n'est pas dissous (art. 147) ; 2° le délai de viduité imposé à la femme entre la dissolution du premier mariage et la célébration du second (art. 228 et 296) ; 3° l'interdiction du mariage d'un individu avec les parents de son ancien conjoint, ses alliés (art. 161 et 162).

SECTION PREMIÈRE

DISSOLUTION DU PREMIER MARIAGE

§ 1er. — MONOGAMIE OBLIGATOIRE

« On ne peut, » d'après l'article 147, qui est la règle fondamentale des seconds mariages, « contracter un

« second mariage qu'après la dissolution du premier. »
Il y a là une disposition d'ordre public qui s'impose,
non seulement à tous les Français, mais à ceux qui
habitent la France, même lorsque le statut personnel de certains permet de contracter plusieurs mariages coexistants.

La monogamie est seule admise chez nous (1) ;
elle seule peut conserver à l'institution du mariage
son caractère éminemment moral. « En s'approchant
« des pays où la polygamie est permise », a dit, en
effet, le conseiller d'État Portalis, « il semble que l'on
« s'éloigne de la morale même. » Carion Nisas, un des
tribuns les plus opposés au divorce, a démontré que
la monogamie était la source de la grandeur des peuples : « C'est à mesure que les nations s'approchent
« par leurs lois ou par leurs mœurs de la monoga-
« mie et de la perfection de la monogamie qui est
« l'indissolubilité du mariage, qu'elles offrent plus
« constamment à l'observateur un spectacle d'ordre,
« de gloire et de bonheur. » (Discours au Tribunat,
séance du 28 ventôse an XI.)

On a voulu voir dans la polygamie un effet du cli-
mat ; il faut plutôt croire qu'elle tient à un certain
état de barbarie. La polygamie qui est déjà un grand
mal, entraîne après elle un mal plus grand encore,
la polyandrie : les hommes d'une même famille n'ont
qu'une femme qu'ils se partagent entre eux. Esclave

(1) Dans le midi de la France, le Bigorre admettait le cumul du
mariage et d'une sorte de concubinat, jusqu'au quinzième siècle.
V. à ce sujet, de Lagrèze, *La féodalité dans les Pyrénées*, p. 133
et 134.

dans certains pays, la femme règne ailleurs en souveraine. C'est à la fois immoral et contraire à la nature humaine. C'est pourquoi la polygamie était repoussée en droit romain, d'une manière implicite, mais certaine, puisqu'un homme ne pouvait même pas avoir deux concubines, sans commettre un *stuprum*. Le fondement du mariage repose, de nos jours, comme à Rome, sur l'indissolubilité du lien conjugal et sur la monogamie qui sont le complément l'un de l'autre. On reproche pourtant au divorce de n'être qu'une sorte de *polygamie successive* et d'avoir apporté ainsi une grave atteinte à la dignité du mariage, en facilitant les secondes noces (1).

La coexistence de deux ou plusieurs mariages a été sévèrement proscrite dans nos lois qui ont donné les moyens d'empêcher ou d'annuler ces unions illicites et immorales, et qui ont fait de la bigamie un crime (les Parlements la punissaient quelquefois de la peine de mort), à condition qu'elle comprenne les trois éléments suivants : 1° existence d'un premier mariage valable non dissous ; 2° célébration d'un second mariage ; 3° mauvaise foi ou intention criminelle. L'article 340 du Code Pénal punit le bigame de la peine des travaux forcés, et applique cette même peine à l'officier de l'état civil de mauvaise foi. On ne peut qu'applaudir à ces mesures destinées à protéger les conjoints et les enfants des différents lits du bigame.

____

(1) V. un curieux exemple de bigamie successive (pendant la période intermédiaire qui a précédé le Code Civil) dans Coulon, *Le Div.*, I, p. 182.

Si la loi prohibe la coexistence de deux ou plusieurs mariages, elle ne limite, au contraire, nullement le nombre des mariages successifs (1) qu'une même personne peut contracter : elle n'exige qu'une condition, c'est la dissolution du précédent mariage. Ainsi on peut contracter un second mariage après la dissolution du premier, un troisième après la dissolution du second, et ainsi de suite. C'est pourquoi les expressions second mariage, secondes noces, désignent tout mariage postérieur à un autre.

§ 2. — DISSOLUTION DU PREMIER MARIAGE PAR SUITE DU DÉCÈS DE L'UN DES CONJOINTS

L'article 227 énumérait ainsi dans son texte primitif, les causes de dissolution du mariage: « le ma- « riage se dissout : 1° par la mort de l'un des époux ; « 2° par le divorce légalement prononcé ; 3° par la « condamnation devenue définitive de l'un des époux « à une peine emportant mort civile ». Le Code civil ne reconnaît plus aujourd'hui cette atroce fiction, contraire à la morale, qui assimilait un vivant à un mort, et qui avait soulevé une légitime indignation. « Les effets de la mort civile », disait la loi du 31 mai 1854, « cessent pour l'avenir à l'égard des « condamnés actuellement morts civilement, sauf « les droits acquis aux tiers. » La loi du 8 juin 1850

(1) Sous le bas-empire, Constantin VII Porphyrogénète (Acte d'union de 920) prohiba le troisième et le quatrième mariage. De même en Russie et en Grèce, les quatrièmes noces sont interdites par la loi.

avait déjà aboli la mort civile à l'égard des condamnés politiques. Le mort civilement ne pouvait, il est vrai, contracter un second mariage ; mais son conjoint devenait libre et pouvait convoler en secondes noces (1).

Nous ne traiterons, comme nous l'avons annoncé, que de la dissolution du mariage par la mort naturelle (2) qui est le seul mode normal admis dans toutes les législations et religions. *Mors omnia solvit*, la mort met fin à l'association conjugale, parce qu'il n'est pas possible de faire autrement.

Mais pour pouvoir contracter un second mariage, il faudra apporter la preuve du décès, c'est-à-dire l'acte de décès inscrit sur les registres de l'état civil. L'absence la plus prolongée ne suffirait nullement à faire présumer la mort (3). Cependant s'il est impossible à la personne qui veut se remarier de produire l'acte de décès de son conjoint, n'aura-t-elle aucun moyen de preuve ? « Lorsqu'il n'aura pas existé de registres « ou qu'ils seront perdus, la preuve en sera reçue « tant par titres que par témoins ; et, dans ces cas, « les mariages, naissances, décès pourront être prou- « vés tant par les registres et papiers émanés des « pères et mères décédés que par témoins. » Ainsi s'exprime l'article 46 du Code civil qui n'est que la reproduction de l'article 14 du titre XX de l'ordo-

(1) L'opinion contraire a été soutenue à tort par Toullier, I. 285.

(2) La dissolution du mariage par le divorce ne sera étudiée que dans la troisième partie.

(3) Voir dans la troisième partie, le § 2 de l'appendice au chapitre premier.

nance d'avril 1667. Il y aura donc deux preuves successives à faire : 1° preuve de l'absence de registres ; 2° preuve du décès.

L'article 46 doit-il être entendu dans un sens étroit ? Il semble plutôt n'être que l'application d'un principe général, émis par l'article 1348 ; la preuve testimoniale est autorisée toutes les fois que le réclamant justifie soit de l'impossibilité où il s'est trouvé de se procurer un titre écrit, soit de la perte de ce titre par cas fortuit, imprévu ou résultant d'une force majeure. C'est du moins dans ce sens qu'a toujours été entendue l'ordonnance de 1667, qui doit suppléer à l'article 46, d'après la doctrine et la jurisprudence.

Cette assimilation n'est pourtant admise universellement que dans les hypothèses suivantes : la preuve testimoniale ou par simples présomptions ne sera possible, en dehors des cas exprimés par l'article 46, que pour les décès qui n'ont pu être constatés régulièrement (1), ou qui ont été inscrits sur des registres qui présentent des lacunes ou qui ont été lacérés (2)

§ 3. — DE LA CONDITION DE NE PAS SE REMARIER OU CLAUSE DE VIDUITÉ

Le second mariage, devenu possible après le décès prouvé du conjoint, peut-il cependant être entravé

(1) Rouen, 11 octobre 1889, S. 90, 2, 10, D. 90, 2, 305.

(2) Voir le nouvel article 88, C. civ. (loi du 9 juin 1893) qui permet en cas de présomption de perte totale d'un bâtiment, ou de disparition des passagers, de suppléer à l'impossibilité de constater le décès.

par la condition de ne pas se remarier (*conditio cœli-
batus* ou *viduitatis)* imposée par le conjoint prédé-
cédée au survivant, et *insérée dans une donation
entre vifs ou dans un testament?* Il est inutile de faire
remarquer que cette condition n'a pas pour résultat
d'interdire au conjoint donataire la faculté de convoler en secondes noces ; ce dernier sera simplement
obligé, si l'on admet la validité de la clause de viduité, de restituer les biens qu'il aura reçus. Il s'agit,
par conséquent, de savoir si la condition de ne pas
se remarier est licite ou si, au contraire, elle tombe
sous l'application de l'article 900 du Code civil, ainsi
conçu : « Dans toute disposition entre vifs ou testamentaire, les conditions impossibles, celles qui sont
contraires aux lois et aux mœurs, seront réputées
non écrites. »

Il semble peu logique d'appliquer ici cet article 900,
c'est-à-dire de donner raison à celui qui manque à
sa promesse et de lui conserver, malgré la volonté
formellement exprimée de celui-là même qui l'a gratifié, tous les avantages qui étaient destinés à permettre au donataire de rester fidèle à la mémoire du
mort. — Si l'on admet au contraire que la clause de
viduité est licite, on risque de favoriser l'immoralité:
on ne prohibe pas les seconds mariages, cela est vrai,
mais indirectement on arrive à porter atteinte à la
liberté naturelle et inviolable du convol (1). Le donataire préférera souvent conserver les libéralités
dont il a été l'objet. Il se sacrifiera en apparence
seulement ; car s'il ne se remarie pas, sa conduite n'en

____

(1) Périgueux, 30 août 1865, D. 67, 1, 332.

sera que plus mauvaise : il vivra dans une situation irrégulière et dans une inconduite notoire qui auront comme conséquence déplorable, la naissance d'enfants naturels. Or, aucun remède ne pourra être apporté a un tel mal ; de l'avis de tous les auteurs, les moyens employés par notre ancienne jurisprudence pour parer à ce danger n'existent plus en effet de nos jours (1).

La condition de ne pas se remarier — qu'il ne faut pas confondre avec la condition *de ne pas se marier* considérée comme illicite en droit romain, dans l'ancien droit et de nos jours, — a été rendue obligatoire depuis la *Novelle* 22 de Justinien — abrogeant la *loi Julia Miscella* (l. 2 et 3, C. VI, 40), — qui fut suivie généralement dans notre ancien droit écrit ou coutumier, comme conséquence des idées chrétiennes de défaveur des secondes noces; les lois révolutionnaires du 5 septembre 1791 et du 17 nivôse an II, décidèrent par esprit de contradiction, que la condition de ne pas se remarier serait réputée non écrite.

Pour donner à cette célèbre discussion la solution qui nous a paru la plus équitable nous avons cru bon d'adopter l'opinion admise par la jurisprudence actuelle (2) qui accorde aux tribunaux un pouvoir

(1) Amiens, 3 novembre 1892, G. P. 92, 1, deuxième partie, 12. — Contra Toulouse, 7 janvier 1822.

(2) Douai, 11 janvier 1848, D., 48, 2, 437. — Cass., 18 mars 1867, D., 67, 1, 332. — Rennes, 17 février 1879, D.. 79, 2, 69. — Uzès, 10 décembre 1886, G. P., 86, 1, 596. — Bourges, 14 avril 1890, D., 90, 5, 120. — Cass., 18 juin 1890, le Droit, 28 juin 1890.

souverain d'appréciation. Ces derniers devront se conformer aux vœux du testateur ou donateur : ils valideront la condition de garder viduité toutes les fois qu'ils seront certains qu'elle a été dictée par un sentiment honnête de sa part, c'est à dire, d'après M. Labbé : « si le donateur a un intérêt moral, per-« sonnel, considérable, à ne pas laisser celui qu'il « gratifie porter son bienfait dans une autre famille, « et s'il doit souffrir dans ses plus chères affections, « d'avoir, en quelque sorte, par sa donation, doté et « favorisé une union qui est à son égard un manque « de fidélité et de piété (1). » L'article 900 ne pouvait en effet recevoir d'application dans ce cas.

L'intérêt des enfants du premier lit sera pris en grande considération par les tribunaux, puisqu'ils auront été l'objet de la préoccupation du défunt qui l'aura souvent exprimée en toutes lettres : les juges veilleront à ce que les biens donnés, sous la condition de ne pas se remarier, non seulement par le conjoint prédécédé, mais même par toute autre personne (2) ne servent à faciliter un second mariage au détriment des enfants déjà nés et à enrichir des personnes qui auraient été considérées par le donateur, s'il eût vécu, comme des étrangers, bien plus comme des ennemis. (Cf. la loi du 9 mars 1891, nouvel art. 767, *in fine.)*

Si la clause de viduité a été inspirée par un motif répréhensible, par un calcul mauvais ou un pur

____

(1) Montpellier, 14 juillet 1858. S., 59, 2, 305, D., 59, 2, 107,

(2) Cass., 22 janvier 1883. S., 84, 1, 25. — Montpellier, 14 juillet 1858, déjà cité.

caprice, elle sera considérée au contraire comme illicite et nulle, d'après l'article 900. C'est ainsi que « lorsqu'il s'agit d'une femme jeune encore, *qui n'a* « *pas retenu d'enfants de son premier lit*, la condition « de viduité imposée par le mari n'apparaît que « comme une œuvre d'égoïsme posthume, une viola- « tion de la liberté naturelle qu'a la femme de se « donner un appui dans la vie, de rechercher par « une voie légitime, les devoirs et les plaisirs de la « maternité (1). » Ce qui prouve une fois de plus que la présence d'enfants d'un premier lit aura une grande influence sur le maintien de la clause que certains auteurs même ne reconnaissent valable que dans ce cas (2).

Il est très juste, nous sommes heureux de le répéter, de maintenir et de valider la condition de ne pas se remarier, surtout s'il y a des enfants du premier lit, ne serait-ce que pour empêcher que les libéralités faites au conjoint « ne servent de dot à un nouveau mariage » (3) et échappent ainsi aux légitimes espérances d'enfants auxquels on n'a rien à reprocher.

(1) Liége, 11 janvier 1883, S., 83, 4, 25.

(2) Aubry et Rau, VII, 692. — Delvincourt, II, p. 480. — Duranton, VIII, 128 — Vazeille, art. 900. — Demante et Colmet de Santerre, III, 16 *bis*.

(3) Demolombe XVIII, 250. — Voir aussi dans le même sens Toullier, III, 250. ; V. 259. — Troplong, I, 248 et 249. — Massé et Vergé, III, p. 178.

SECTION II

VIOLATION DES EMPÊCHEMENTS AUX SECONDS MARIAGES. LES ENFANTS DU PREMIER LIT ET L'ARTICLE 187.

Il est indispensable de rappeler, dès le début, la célèbre distinction, créée par le droit canonique, entre les divers empêchements au mariage. Les empêchement *dirimants* (*ligamen, ligatio*) s'opposent à la célébration du mariage et en entraînent de plus la nullité, si ce dernier est célébré. Les empêchements simplement *prohibitifs* s'opposent, eux aussi, à la célébration du mariage ; mais, à la différence des précédents, ils n'en entraînent pas la nullité, le laissent inattaquable, quoique illicitement contracté, et donnent seulement lieu à des peines contre l'officier de l'état civil et les parties.

§ 1er. — OPPOSITION

Quel est le moyen d'empêcher la violation de ces empêchements ? Il existe bien une mesure préventive, l'opposition, par laquelle une des personnes désignées par la loi (art. 172 et suiv.) dénonce à l'officier de l'état civil, l'existence de l'empêchement au mariage qu'il est sur le point de célébrer. Mais les enfants du premier lit ne peuvent user de cette voie pour empêcher la célébration du second mariage de leur père ou mère, et cela pour deux raisons. Ce serait d'abord une impiété ; l'idée d'opposition étant contraire au respect que les enfants doivent à leurs parents, l'article 371 serait ainsi violé. Le véritable motif de notre refus, se trouve dans les articles 172 et suivants qui donnent l'énumération limitative des personnes qui ont le droit de former opposition, et les enfants du premier lit n'y sont pas compris (1) quoiqu'ils aient, comme nous le verrons bientôt, le droit d'agir en nullité quand le mariage aura été contracté. Mais il semble que, qui peut le plus peut le moins : *melius est causam intactam servare, quam vulnerata causa remedium quaerere.* Cependant, malgré que l'opposition puisse avoir pour but de prévenir les mariages annulables, il est impossible de conclure du droit d'exercer l'action en nullité au droit de former opposition, parce que cette dernière est plus grave et doit être exercée modérément. C'est l'opinion adoptée par la jurisprudence, qui a été pourtant d'abord en sens contraire.

Il est facile de se rendre compte, d'après ce qui précède, que les enfants du premier lit ne seront nullement protégés contre un second mariage contracté en violation d'un empêchement prohibitif, puisque le second moyen qui leur restait pour empêcher les conséquences fâcheuses de la nouvelle union, c'est-à-dire l'action en nullité, leur sera fermé absolument : c'est ainsi qu'ils verront entrer dans leur famille des enfants qui ne sont peut-être pas issus du même père qu'eux, par suite de la violation de l'article 228...

(1) Dans l'ancienne jurisprudence, tout le monde pouvait former opposition ; c'était, en quelque sorte, une action populaire.

Les enfants du premier lit ne pourrent-ils pas cependant arriver indirectement à mettre obstacle à la célébration du mariage de leur père ou de leur mère? Pour suppléer à la négligence, à la mauvaise volonté ou à l'ignorance des personnes qui ont seules le droit d'opposition, ces enfants inviteront tout d'abord ces dernières qui sont toutes, des parents rapprochés (1) à exercer leur droit, c'est-à-dire à remplir leur devoir, puisque l'intérêt des enfants du premier lit est en jeu. Sinon ils informeront l'officier de l'état civil de l'obstacle qui existe à la célébration du mariage, en vertu du droit qui appartient à tout individu, parent ou non parent; l'officier de l'état civil prendra des renseignements, et, s'il acquiert la certitude de l'existence de l'empêchement, il se gardera bien de célébrer le mariage, pour éviter d'encourir les peines que les articles 156 et 157 du Code civil, 194 et 310 du Code pénal, édictent contre lui. Le moyen que nous proposons a par conséquent l'avantage de concilier les deux principes de respect des enfants envers leurs parents et de protection des enfants du premier lit.

§ 2. — ANNULATION

Quand le second mariage aura été contracté en dépit d'un empêchement dirimant, il pourra être

(1) Ce sont en effet le conjoint, les parents ou ascendants, et enfin dans certains cas, les frères et sœurs, cousins germains, oncles et tantes de la personne qui veut convoler en secondes noces. Le ministère public ne pourrait pas former opposition, puisqu'il n'est pas compris dans l'énumération; l'enfant du premier lit n'aura donc pas besoin de s'adresser à lui.

annulé. Comment arrivera-t-on à l'anéantir ou à le faire cesser ?

Les auteurs ont distingué, à côté des mariages annulables les mariages *inexistants*, ou, en termes plus français, non existants, radicalement nuls, indépendamment de tout jugement qui les déclare tels. Il y a une différence considérable entre les mariages non existants et les mariages nuls Ces derniers, simplement infectés de certains vices ne peuvent produire leurs effets ; le mariage inexistant est le néant, il n'a jamais pu se former et n'a jamais eu par suite d'existence légale, à l'inverse du mariage nul qui a existé au moins provisoirement. Pour exprimer succintement cette antinomie, on dit que les tribunaux *constatent* l'inexistence et qu'ils *prononcent* la nullité (1). Tout le monde pouvant se prévaloir de l'inexistence du second mariage comme de celle du premier, les enfants du premier lit seront donc suffisamment protégés. Ils auront en effet le droit de faire constater le défaut absolu de l'une des trois conditions indispensables pour qu'un mariage puisse se former et qui sont : 1° la différence de sexe entre les contractants ; 2° le consentement ; 3° la solennité de la célébration.

(1) La théorie de l'inexistence, formulée pour la première fois par Zacchariæ (III, § 450), n'est écrite nulle part dans le Code : la jurisprudence ne l'admet pas davantage. Cass. 9 novembre 1887. S., 87, 1, 461, D., 88, 1, 161. — Marcadé, IV, Du Mar. n° 1. — Aubry et Rau, IV, § 450, p. 6. texte et note 5. — Demolombe, I. n° 240 et suiv. — Laurent, II, n° 440 et suiv. — Baudry-Lacantinerie, I, n° 475. — Vigié, I, n° 188. — Huc, II, n° 12 et suiv., 124 et 158.

Le mariage est, d'autre part, simplement annulable:
1° lorsque le consentement des époux est entaché de
violence ou d'erreur (1) (art. 180 et 181) ; 2° lorsque
l'un des époux, mineur quant au mariage, n'a pas
obtenu le consentement de ses ascendants ou de son
conseil de famille (art. 182 et 183) ; 3° lorsqu'un des
époux n'avait pas l'âge requis (art. 144, 185 et 186) ;
4° lorsqu'il est déjà engagé dans les liens du mariage
(art. 147, 188, 189) ; 5° lorsque les époux sont parents
ou alliés au degré où le mariage est prohibé (art. 161
à 163) ; 6° lorsque le mariage n'a pas été célébré publiquement (art. 165 et 191) ; 7° lorsqu'il a été célébré par
un officier de l'état civil incompétent. Il n'y a pas
d'autre nullité de mariage : car la jurisprudence et
la doctrine n'admettent que celles qui sont littérale-
ment établies par la loi. C'est là une dérogation au
droit commun qui admet les nullités virtuelles, conséquences naturelles, mais non écrites, de la loi (2).

Les nullités de mariages ne peuvent être invoquées
que par certaines personnes limitativement déterminées. C'est comme conséquence de ce dernier principe,
que l'on a divisé les nullités en deux catégories:

1° *Les nullités relatives* (les deux premières), basées
sur un intérêt privé et susceptibles de se couvrir par un
certain laps de temps ou par la ratification. Les enfants
du premier lit ne pourront les invoquer, parce qu'ils

(1) Le dol n'est pas une excuse de nullité ; car « en mariage trompe
qui peut » (Loysel).

(2) Le second mariage deviendra possible, si l'empêchement dirimant cesse d'exister.

ne sont pas compris dans l'énumération limitative des personnes qui ont ce droit (1).

2° *Les nullités absolues*, (les cinq dernières), d'ordre public, ne pouvant se couvrir par le temps ou la ratification (excepté l'art. 185). Qui aura le droit de les invoquer ? Tous les intéressés et le ministère public ; les enfants du premier lit sont certainement compris dans cette énumération de l'article 184. L'article 187 confirme notre opinion : « Dans tous les cas où, « d'après l'article 184, l'action en nullité peut être « intentée par tous ceux qui y ont intérêt, elle ne « peut l'être par les parents collatéraux ou *par les* « *enfants d'un autre mariage, du vivant des deux* « *époux, mais seulement lorsqu'ils y ont un intérêt né* « *et actuel.* »

On a fait, à propos de l'action en nullité intentée par ces enfants, la même objection que précédemment à propos de l'opposition : l'article 371 qui exige que les père et mère soient honorés et respectés, sera incontestablement violé, puisque l'enfant, en poursuivant la nullité du second mariage, dévoilera la honte, ou même le crime de ses parents. Il semble donc qu'il devrait lui être interdit d'intenter cette action, à cause de son caractère impie. — Tel n'est pas notre avis : l'article 371 n'est qu'un principe de morale, une loi naturelle ; c'est un simple conseil donné à l'avance pour résoudre les questions qui

---

(1) D'ailleurs la société n'a aucun intérêt à faire annuler ce mariage. Un scandale inutile est ainsi évité, ainsi que les suites fâcheuses pour la famille entière.

divisent parents et enfants. L'article 187 apporte à dessein une exception à cet article 371 et donne intentionnellement une solution particulière à l'hypothèse qui nous intéresse. — Nous ne voulons nullement contester tout ce que l'action accordée à l'enfant contre ses parents peut avoir d'odieux et de révoltant, puisque le fils devient l'accusateur de son père et qu'il risque de le faire noter d'infamie. « C'est à la « conscience des enfants à leur dicter les sacrifices « d'intérêt commandés par l'honneur et le respect « qu'ils doivent à leurs père et mère (1). » S'ils croient devoir passer outre, personne n'a le droit d'entraver leur résolution ; car le second mariage qu'ils attaquent n'est digne d'aucun intérêt, puisqu'il est contraire à la morale et à l'ordre public. Ce mariage entaché d'inceste, de bigamie, n'a-t-il pas un caractère aussi odieux à l'égard de l'enfant du premier lit que l'action en nullité qui aura au moins l'avantage d'assurer le respect de la morale et la protection de l'enfant ? Il n'est pas permis d'avoir la moindre hésitation : la loi elle-même devait préférer l'enfant du premier lit, dont l'intérêt, même seulement pécuniaire, devait seul attirer sa sollicitude et ne pouvait être sacrifié, — même du vivant de ses père et mère, — à moins cependant que l'enfant lui-même ne consentît à ce sacrifice (2).

A la lecture de l'article 187, il semble cependant que les enfants du premier lit ne pourront jamais

---

(1) Demante, I, 270 bis. — Laurent, II, 492. — Huc, II, 439.

(2) Cette discussion est spéciale aux enfants du premier lit : on ne conteste pas aux collatéraux le droit d'exercer l'action en nullité,

attaquer un second mariage pour nullité d'ordre public, qu'*après le décès* de leur père ou mère. Ce palliatif apporté à l'exercice de l'action en nullité serait un moyen indirect d'empêcher, au moins en partie, l'atteinte portée au principe du respect dû par les enfants. Nous ne partageons pas cette manière de voir : il suffit que l'enfant du premier lit ait *un intérêt pécuniaire né et actuel* (1), c'est-à-dire que ses droits soient anéantis ou compromis, si le mariage qu'il attaque lui est opposable, pour qu'il puisse intenter l'action en nullité, même du vivant de son père ou de sa mère. Il va de soi que l'enfant qui ne serait que blessé dans ses espérances, ne serait pas admis à demander l'annulation du mariage ; car il lui faut, pour cela faire, au moins un droit acquis.

Si, en général, l'intérêt des enfants du premier lit n'apparaît qu'à la dissolution du second mariage illicite, — par conséquent et surtout au moment de l'ouverture de la succession, alors qu'ils voudront empêcher le second conjoint et ses enfants de porter le nom (2) et de recueillir la fortune de leur père, — il peut cependant arriver assez fréquemment que cet intérêt existe du vivant même du père, et pendant le second mariage. C'est ce qui se produira si un enfant du premier lit vient à mourir ; sa succession se partagera pour une partie entre les enfants des différents lits, si le second mariage est valable ; si au contraire le second mariage est déclaré nul, les enfants du

---

(1) A la différence des ascendants pour lesquels un intérêt moral suffit.

(2) Cas. 22 juin 1819.

second lit perdront leur qualité d'enfants légitimes
et seront exclus de la part de succession qui revien-
dra aux enfants du premier lit. Voilà donc bien une
espèce qui montre l'intérêt de ces derniers à agir
même avant la dissolution du second mariage, du
vivant des époux. Il faut décider qu'ils auront ce
droit, parce que l'article 187 n'a statué que *de eo
quod plerumque fit*. Ce texte est mal rédigé ; nous
devons uniquement nous attacher à son véritable esprit (1).

Nous avons terminé l'énumération des moyens que
les enfants du premier lit peuvent employer pour se
protéger contre le second mariage illégalement contracté par leurs parents.

Nous regrettons qu'ils ne puissent faire annuler ce
second mariage, en dehors les hypothèses prévues
par la loi ; ils subiront un véritable préjudice, par
suite de certaines unions qui seront, pour eux, certainement dangereuses. Nous voulons parler en particulier de la confusion de part qui occupera bientôt notre attention : ce danger ne pourra pas
être évité dans bien des cas, puisque l'article 228
n'édicte qu'un empêchement prohibitif (2) et que le
seul moyen qui puisse protéger les enfants est l'opposition qu'ils ne pourront pas mettre en mouvement
au moins directement. Ne semble-t-il pas qu'il eût
été possible, dans l'intérêt des enfants, de maintenir
comme autrefois et même comme aujourd'hui dans

(1) Aubry et Rau, V, 461. — Demante et Colmet de Santerre, I,
275 bis.

(2) C'est l'avis de la majorité des auteurs et de la jurisprudence.
Contra Delvincourt, I, p. 61. — Proudhon, I, p. 404.

certains pays, les nullités ou au moins les déchéances attachées aux mariages contractés soit avec une personne de mauvaises mœurs, soit par le père ou la mère devenu vieux ou impuissant ? Cela aurait, il est vrai, porté atteinte à la liberté de l'individu; mais en réalité, on aurait évité de plus grands maux produits par ces seconds mariages, qui ne méritent pas, cela ne fait aucun doute, d'être encouragés, puisqu'ils sont immoraux et de plus inutiles.

Nous ferons remarquer, en terminant, que si les enfants du premier lit peuvent faire annuler un second mariage de leur père ou de leur mère, ils ne peuvent faire prononcer à titre d'héritiers, la dissolution d'un second mariage par voie *de divorce*. Il y a là, en effet, un droit exclusivement attaché à la personne, qui ne peut être, en conséquence, exercé que par les époux eux-mêmes ou par leur tuteur, si l'un d'eux est interdit. (Art. 234 et 307.) Les enfants ne pourront continuer l'action même en cause d'appel, après la mort de leur père ou de leur mère, parce qu'il n'est plus possible alors d'atteindre le but en vue duquel l'action serait exercée : la dissolution du mariage. Et il en serait ainsi alors même que le divorce aurait été prononcé, mais non encore transcrit sur les registres de l'état civil. Le décès anéantit le jugement (art. 244) ; et les enfants sont dans l'impossibilité de rendre définitive et irrévocable cette décision d'un tribunal qui leur procurera d'importants avantages si elle exclut de la famille légitime le second conjoint (1) qui est ainsi puni de son

____

(1) Ce conjoint indigne perd tous les droits et avantages que lui

indignité. Mais le divorce n'a pas été institué pour sauvegarder les intérêts pécuniaires des héritiers (1); il a eu pour but de porter remède à une situation rendant la vie commune impossible et intolérable.

procurait son mariage *à partir du jour de la demande* (art. 252, *in fine*), tandis que le décès de l'autre conjoint maintient tous ces avantages en sa faveur, à moins que le *de cujus* n'ait eu le temps et l'idée de les lui retirer, dans le cas où c'était possible.

(1) C'est ainsi qu'il a été décidé que les enfants du premier lit seront inadmissibles, après la mort de leur auteur et pour faire prononcer la nullité du mariage, à critiquer le jugement qui a autorisé le divorce. Cass., 7 nov. 1838, D. 38, 1, 393 ; D. V° *Sep. de corps*, n° 401. p. 38, 1, 865. — Poitiers, 16 thermidor an X. Coulon, le *Div.*, III, p. 1.

CHAPITRE III

Second mariage de la mère

« Les seconds et subséquents mariages, » disait un article du projet du Code civil, « ont les mêmes effets « que les premiers. Ils donnent au mari et à la femme « les mêmes droits. Il en naît les mêmes obligations « réciproques entre le mari et la femme, *le père et la* « *mère et les enfants.* » Ce texte fut supprimé comme inutile « parce que les effets du mariage tels qu'ils « sont réglés ailleurs, sont communs à toute espèce de mariages ». La loi a apporté pourtant ailleurs des restrictions à la puissance paternelle, à la tutelle, à la quotité disponible, à l'obligation alimentaire ; ce qui ressort de l'examen de ces différentes mesures, c'est la défaveur marquée pour les secondes noces de la mère surtout (1) ; notre législateur, oubliant les principes que nous avons posés plus haut, a établi des déchéances spéciales, et, dans tous les cas, des restrictions plus considérables que celles qui ont été apportées aux différentes prérogatives du père

(1) Pertz, dans sa loi des Lombards (*Monum. Germ. hist. Leg. Longobard. additio sexta*) nous montre la veuve qui veut contracter une seconde union vendue et livrée à son second mari par son jeune fils : ce qui indique que la femme est considérée comme un être juridiquement inférieur.

remarié. La meilleure preuve se trouve dans le titre
même du chapitre VIII (liv. premier, titre V) du Code
civil : *Des seconds mariages* qui est beaucoup trop
général. Ce chapitre fort court, puisqu'il est formé
d'un seul article, l'article 228, dont nous serons les
premiers a apprécier l'utilité, traite en effet exclusivement du second mariage de la mère. Nous allons
examiner pour quelles raisons et dans quels cas la
loi a établi ces différences entre l'homme et la femme;
nous verrons surtout si elle a eu au moins ainsi l'a-
vantage d'assurer la protection des enfants du premier lit.

SECTION PREMIÈRE

RESTRICTIONS APPORTÉES SPÉCIALEMENT AUX DROITS DE LA MÈRE SUR SES ENFANTS MINEURS D'UN PREMIER LIT.

La maternité étant par-dessus tout la fonction naturelle de la femme, on ne peut séparer l'étude de la
condition de la mère de l'étude de la condition de la
femme. Or, c'est une bien grave question sociale que
celle du rôle qu'il convient d'assigner à la femme
dans la société et des droits qu'il faut lui reconnaitre.
Sa condition influe, en effet, sur la société tout entière. « Partout où l'homme a dégradé la femme, il a
« perdu lui-même ses propres droits » (1). Le principe
de l'égalité complète des deux sexes, contraire

(1) *Gide*, p. 7.

aux idées anciennes de sujétion plus ou moins
absolue de la femme qui a été assimilée à un enfant en puissance de père (*manus* et *mundium*),
a trouvé, de nos jours, d'ardents défenseurs : jurisconsultes, romanciers, publicistes, politiciens se sont
fait, en assez grand nombre, les champions des re-
vendications du *féminisme*. Le mouvement en faveur
de l'extension des droits de la femme est général.
Mais, jusqu'à présent, le but n'a pas été atteint ; le
Code Civil qui a pourtant consacré ce principe d'égalité des sexes, ne l'a jamais appliqué complètement.
Les lois postérieures (1) ne sont pas parvenues à le
faire triompher complètement. La femme, qu'elle soit
mariée, veuve ou remariée, a été soumise à des règles spéciales, à raison de son sexe. La femme mariée
ou remariée est frappée, de plus, par le fait de son
mariage, d'une incapacité spéciale ; pour agir valablement, elle a besoin, dans bien des cas, d'une autorisation de son mari sans laquelle elle ne pourrait
ni ester en justice, ni aliéner, ni acquérir, ni s'obliger ;
l'autorisation maritale pourra cependant être suppléée quelquefois par l'autorisation de justice (2).

Comme nous le verrons en détail dans la deuxième
partie surtout, la mère a, sur ses enfants mineurs,

____

(1) La loi du 7 décembre 1897 (modifiant les articles 37 et 980 du
Code Civil, et les articles 9 et 11 de la loi du 25 ventôse an XI) a
admis le droit pour les femmes d'être témoins. — La loi du 23 janvier 1898 confère l'électorat consulaire aux femmes commerçantes.

(2) C'est ainsi que l'article 1550 permet à la mère de suppléer à
l'autorisation de son second mari, lorsqu'elle veut constituer une
dot à ses enfants du premier lit, avec ses biens dotaux (V. IIe partie, 1er ch., 2e sect. § 2).

des droits bien moins étendus que ceux du père. Le
veuvage et le second mariage ne font qu'aggraver ces
restrictions apportées à la puissance paternelle et à
la tutelle de la mère (1). Quelles raisons donne-t-on
pour expliquer cette défaveur marquée? On a redouté,
de tout temps, la faiblesse et l'incapacité de la femme,
sa légèreté et son imprudence. « La femme a une volonté, disait Platon, mais une volonté impuissante. »

1. *En s'engageant d'abord dans les liens du
mariage*, la femme abdique une partie de ses droits
pour le temps que doit durer l'association conjugale.
Bien que la mère ait en principe les mêmes droits que
le père, à l'obéissance et au respect de ses enfants,
on a donné, dans l'intérêt du bon ordre et de la paix
des familles, le droit à l'un des époux de faire prévaloir sa volonté. Dans les conflits qui pourront s'é-
lever entre le père et la mère, au sujet de l'exercice
des droits dérivant de la paternité, c'est le mari qui
aura le dernier mot, parce qu'il est le chef de la famille, parce qu'il est considéré comme le plus fort ou
plutôt comme le plus expérimenté. Cette unité de direction sera le moyen de remplir de plus grands devoirs. Mais si le mari a seul, pendant le mariage,
l'exercice de la puissance paternelle, il n'en devra
pas moins consulter sa femme dont les droits sont
égaux aux siens. Le père devra faire respecter la mère

(1) On retrouve l'idée de défaveur contre le second mariage de la
femme dans l'article 206-4° qui décide que le convol de la belle-
mère fait cesser l'obligation alimentaire qui pesait sur ses gendres
et brus. (V. II° partie, 1er ch. 2° section, § I.)

par ses enfants. S'il manquait à ce devoir, la mère ne serait pas pour cela entièrement désarmée; elle pourrait, en demandant le divorce ou la séparation de corps contre son mari, pour cause d'injure grave, arriver à faire rompre ou relâcher le lien conjugal, ce qui aurait pour résultat de faire cesser en même temps la prépondérance du mari (1) et du père : l'exercice des droits jusqu'alors exclusivement réservé à l'homme sera dévolu par la justice à celui des deux époux qui seul lui paraîtra digne de sa confiance, ce qui n'empêchera cependant pas les juges de tenir compte, en même temps, du plus grand intérêt de l'enfant.

II. — *Quand la femme devient veuve*, elle continue, quoique libre de tout lien, à avoir une situation différente de celle du veuf : ses droits sont plus restreints; elle n'est pas soumise, d'autre part, aux mêmes obligations, comme on pourra s'en apercevoir, surtout en étudiant la tutelle. C'est toujours pour la même raison, parce que la femme est plus faible et plus impressionnable que l'homme. « La mère », dit en effet M. Demolombe (2), « est plus faible, plus accessi-
« ble aux influences étrangères, plus prompte à s'alar-
« mer, à céder à des résolutions irréfléchies. Il fallait
« donc la défendre contre elle-même, contre ses en-
« traînements, la protéger aussi, dans le cœur même
« de ses enfants, contre toute apparence de précipi-

(1) La loi du 6 avril 1893 (nouvel article 311, al. 3), restitue à la femme simplement séparée de corps sa capacité civile ; elle supprime la nécessité d'une autorisation du mari ou de justice.

(2) VI, p. 212.

« tation et d'injustice. » Que pourrait-on attendre
d'une veuve ignorante et inhabile, qui a toujours été
tenue, par la loi elle-même, à l'écart des affaires que,
seul, son mari avait la mission de gérer jusqu'alors?

Ainsi, tant qu'on n'aura pas étendu la capacité civile de la femme (1) pendant le mariage, pour la
rendre plus habile aux affaires, il sera plus prudent
de ne pas chercher à donner à la mère une situation
égale à celle du père, même lorsque la question de
l'autorité maritale ne se pose plus. Car la protection
des enfants ne serait pas suffisamment assurée, si la
veuve elle-même n'était pas protégée par des restrictions apportées à ses droits sur ses enfants mineurs.

III. *Le second mariage de la mère* vient lui imposer des déchéances nouvelles que ne subit nullement
le père. A la faiblesse invoquée déjà pour justifier
les précautions prises spécialement contre la mère,
s'ajoute un motif nouveau, dans l'hypothèse du second mariage de cette dernière : les secondes noces
sont *contraires à la décence*, ou plutôt à *la continence*
qui doit être propre à la femme. Le veuvage est un
état respectable et saint, d'après les idées chrétiennes qui ont eu une grande influence sur l'institution
civile du mariage. C'est la marque d'une âme forte,
un exemple de haute moralité. « La femme, » disait
Tacite, « se donne une seule fois et pour toujours ;
« elle n'aura jamais qu'un seul époux comme elle
« n'aura qu'un seul corps et qu'une seule âme. » —

______

(1) La loi du 21 décembre 1880 a établi, dans le sens de notre
vœu, l'instruction secondaire en faveur de la femme.

« Il y a de la dignité à ne pas se remarier : consa-
« crée d'une manière plus intime au culte de la pu-
« deur, la femme est dans sa mission en prêchant
« par son exemple, l'abstention d'une seconde union ;
« sans condamner les secondes noces, on peut donc
« dire d'une façon générale qu'un plus profond sen-
« timent d'estime s'attache même dans le monde à la
« veuve qui ne se remarie pas qu'à celle qui se re-
« marie (1). » C'est comme conséquence de ces idées
que l'on a soutenu que les secondes noces n'étaient
pas précédées de la bénédiction du prêtre catholique (2) ; de même les noces *réchauffées*, comme les
appelaient les Francs saliens, se célébraient la nuit.

Cet hommage mérité, rendu à la pudeur et a la
décence, ne justifie nullement la défaveur spéciale
du second mariage de la mère. Nous ne prendrons
pas la peine de le démontrer. Reste le danger produit par la faiblesse de la femme qui ne peut résister
à l'influence de son nouveau mari, le parâtre. La loi
a eu parfaitement raison de protéger les enfants
d'une façon particulière : c'était absolument nécessaire. Mais pourquoi ne pas restreindre, pour le
même motif, la puissance du père qui se remarie ? Il
y a là une différence inexplicable entre le père et la
mère.

Le législateur a-t-il cru que le père ne subirait pas
l'influence de la seconde épouse, de la marâtre, ou
qu'au moins elle ne serait pas aussi défavorable

(1) Hennequin. *Dict. de la Cour.*, Vᵒ Veuvage.
(2) Hostiensis, *summa*, p. 399. — Lucel, *Princ. de Droit canonique*. XV, 3.

aux enfants du premier lit que celle du second mari de
la mère ? Ce serait là une illusion complète que la pratique se charge trop souvent de démentir . « La fem-
« me », disait le père Hyacinthe (1), « inspire les idées,
« fait les mœurs et gouverne par elles. » La seconde
femme emploiera rarement son influence sur son
mari à devenir une mère pour les enfants d'un précédent mariage, qui seront bien plus malheureux
que s'ils avaient un parâtre ; la femme craintive devient en effet une mère énergique lorsqu'il s'agit de
l'intérêt de ses enfants. « J'ai vu des pères », dit M.
Laurent, « abandonner entièrement leurs enfants
« après la mort de la mère, à ce point qu'on ignorait
« même ce qu'ils étaient devenus, je n'ai pas vu de
« mère aussi dénaturée (2).» Quoi qu'il en soit, le doute
qui pèse sur l'affection de la mère remariée pour
ses enfants, doit peser tout autant sur celle du père
remarié. Il y a donc une lacune regrettable dans la
loi qui n'a pas frappé ce dernier des mêmes sages
mesures qu'elle avait eu le soin de prendre à l'égard
de la mère et qui ne peuvent dès lors être considérées que comme vexatoires, injustes pour la femme
et contraires au principe d'égalité : elles ne servent
qu'à donner raison au reproche de partialité adressé
si souvent aux législateurs qui ont fait les lois en faveur de l'homme, parce qu'ils sont hommes eux-
mêmes. L'égalité juridique entre l'homme et la
femme s'impose, parce que la dignité de la femme

(1) En 1867, à Notre Dame.

(2) Proj. de code civil, art. 133. — 2°. — Cf. Sénèque consol. à
Helv. cap. II : nulli non magno constitit et bona noverca.

l'exige (1) : nous réclamons, en conséquence, l'extension au père remarié des restrictions apportées aux droits de la femme qui convole en secondes noces, parce que la protection des enfants du premier lit sera mieux assurée, sans que la mère puisse se plaindre d'une méfiance imméritée de la part de la loi.

SECTION II

MESURES ÉDICTÉES SPÉCIALEMENT CONTRE LA MÈRE POUR ÉVITER LA CONFUSION DE PART

Les dangers connus sous le nom de confusion de part, *turbatio sanguinis, incertitudo seminis*, ont été fréquemment l'objet des préoccupations du législateur qui a cherché à protéger la famille légitime, créée par le premier mariage, contre une situation aussi fâcheuse, ou au moins à y porter remède, toutes les fois qu'elle se produirait. La filiation incertaine des enfants ne pouvant provenir que du fait de la mère, la loi a pris, contre elle seule, avec juste raison, les précautions nécessaires pendant le mariage et aussi après sa dissolution, pour écarter de la famille légitime les enfants issus d'unions légitimes ou illégitimes différentes.

(1) L'article 1098 a accepté ce principe que n'avait pas appliqué l'Édit des secondes noces qui ne parlait que des veuves et de *l'infirmité de leur sexe.*

Pendant le mariage, on conclut de la maternité de la femme à la paternité du mari. Cette présomption est établie par l'article 312, alinéa 1ᵉʳ : « L'enfant né « pendant le mariage a pour père le mari. » La fidélité de la femme est donc présumée être la règle générale; aussi, quand elle sera violée, le délit d'adultère de la femme sera puni plus sévèrement que celui de l'homme, la principale conséquence de l'adultère étant de donner au mari des enfants qui ne sont pas de lui et de produire ainsi une confusion de part. « L'adultère considéré à ce point de vue, dit Pezzani (p 35), est donc un vol odieux. » On ne voit pas d'autre motif qui puisse rendre l'adultère de la femme plus répréhensible que celui de l'homme (Voir art. 336 à 339 du Code pénal).

Cette double présomption de fidélité de la femme et de paternité du mari ne pourra être combattue par la preuve contraire, excepté dans les trois cas suivants, où le mari est autorisé à dénier la paternité que la loi lui attribue sur un enfant qui n'est pas de lui, en intentant *l'action en désaveu*. 1° pour cause d'impossibilité physique ou 2° pour cause d'impossibilité morale de cohabitation, enfin 3° pour cause de naissance précoce de l'enfant (art. 312, 313, 314). Cette action ne peut être intentée que dans des délais très brefs par le mari (art. 315) ou par ses héritiers, — par ses enfants du premier lit par conséquent, — s'il est mort maître de son action ou dans le délai utile pour l'exercer (art. 316 et 317). Cette action se transforme en un droit exclusivement pécuniaire entre les mains des enfants et autres héritiers, puisqu'elle ne peut avoir pour eux que l'utilité de sauvegarder leurs intérêts pécuniaires ; c'est tout ce qu'il leur faut. L'enfant ainsi désavoué sera exclu de la famille ; il deviendra adultérin, sauf dans l'hypothèse de naissance précoce où il ne sera que naturel simple.

L'enfant né plus de trois cents jours (1) après la dissolution du mariage n'est pas cependant illégitime de plein droit, quoiqu'il ne soit pas protégé par la règle *pater is est quem nuptiæ demonstrant*, puisque sa conception ne peut pas se placer dans le mariage. *L'action en contestation de légitimité* appartiendra à tout intéressé (intérêt né et naturel) et aura pour résultat de faire déclarer l'enfant naturel simple.

§ 2. — MESURES PRÉVENTIVES

Telles sont les actions mises à la disposition de la famille légitime pour la protéger contre l'inconduite et la débauche de la femme qui ont eu pour conséquence la naissance d'enfants naturels ou adultérins pendant le mariage ou après sa dissolution. On a cherché de plus à empêcher la confusion de part qui pourrait se produire à la dissolution du mariage, spécialement par l'institution du curateur au ventre, et par le délai de viduité imposé à la femme.

1° Curateur au Ventre. — Le curateur au ventre (*curator ad ventrem*), appelé aussi plus élégamment

(1) L'enfant né moins de trois cents jours depuis la dissolution du mariage est toujours protégé par la présomption de l'article 312.

curateur à l'enfant à naître, est préposé à la surveillance de la grossesse de la femme enceinte au décès de son mari (art. 393). Il y a à craindre, en effet, une suppression, une supposition ou une substitution de part. Ce que nous redoutons le plus, c'est une *supposition de part* qui serait le moyen pour la mère, en attribuant à son mari un enfant dont il n'est pas le père, de s'assurer l'usufruit des biens dont héritera l'enfant qui va naître : ce danger sera à craindre surtout dans le cas où la seconde femme se prétend enceinte au décès de son mari qui a déjà des enfants du premier mariage et qui n'en a aucun du second.

Le curateur au ventre sera chargé d'empêcher un résultat nuisible aux enfants du premier lit, et à la famille ; il devra, d'autre part, s'assurer que l'enfant naît vivant et viable, pour éviter que la mère ne cache, pendant quelque temps, sa mort dans le but d'arriver à recueillir sa succession. Mais le curateur au ventre n'est pas institué seulement dans l'intérêt de la famille ; il a pour mission de veiller également à l'intérêt de l'enfant et, en particulier, de sauvegarder les biens dépendant de la succession du père.

Le droit de demander la nomination d'un curateur au ventre appartient sans contredit à la mère, comme à tout autre intéressé ; elle agira même prudemment en étant la première à provoquer cette nomination ; elle se mettra ainsi à l'abri de la critique et des soupçons injurieux et assurera surtout la légitimité de son enfant. Il suffit qu'elle se déclare enceinte, sans qu'elle ait besoin de subir un examen physique, comme le droit romain l'exigeait avec un

luxe de précautions souvent brutales qui l'accompa-
gnaient et le suivaient (1).

Le conseil de famille devra-t-il nommer, dans tous
les cas, un curateur au ventre? On a soutenu que si
la femme a d'autres enfants, il n'y aura pas lieu de
procéder à cette nomination, parce qu'il n'y a plus
de danger. En effet les enfants mineurs et non émancipés ont déjà un subrogé-tuteur ; il n'est donc pas
nécessaire de nommer un curateur, puisque dans les
travaux préparatoires, on trouvait une disposition
ainsi conçue: « quand il existera d'autres enfants
« mineurs non émancipés, leur subrogé-tuteur rem-
« plira en même temps les fonctions de curateur à
« l'enfant à naître (2). »

Nous croyons, au contraire, que, dans tous les cas,
un curateur au ventre doit être nommé ; car le danger auquel la loi a voulu parer existe toujours, qu'il
y ait des enfants majeurs ou mineurs, d'un autre lit
ou du même lit. L'article 393 n'exige aucune condition ; il dit simplement « si la femme est enceinte »,
il n'ajoute nullement qu'elle soit sans enfants. La disposition des travaux préparatoires, invoquée plus
haut, ne peut avoir de valeur, puisqu'elle a été supprimée pour s'en tenir à l'article 393; ce qui n'empêchera en aucune façon, il est vrai, le conseil de

_____

(1) Dig. XXVII, 11, 1. 8 ; XXVI, 5, l. 20.

(2) V. Locré, *Lég., Civ.*, VII, p. 159. — En ce sens. Laurent IV,
nº 394. — Demolombe, VII, nº 69 et 72. — Valette, p. 228. —
Massé et Vergé, I, p. 483. — Marcadé, sur l'art. 393, II. — Duranton, III, nº 429 qui fait cependant une exception, dans le cas où
l'enfant à naître a des intérêts opposés à ceux des autres enfants.

famille de choisir, s'il en reconnait l'utilité, le subrogé-
tuteur comme curateur au ventre (1).

2° *Délai de dix mois de viduité.* — « La femme », dit
l'article 228, « ne peut contracter un nouveau ma-
« riage qu'après dix mois révolus depuis la dissolu-
« tion du premier. » Et l'article 296, au Titre du Divorce, ajoute : « la femme divorcée ne pourra se
« remarier que dix mois après que le divorce sera
« devenu définitif. »

Les rédacteurs du Code civil ont compris l'utilité
de cet empêchement, mais ils ont omis de sanctionner son observation par de sérieuses dispositions :
cet empêchement n'est malheureusement que prohibitif (2). Ils se sont inspirés, comme les lois romaines, de deux motifs : la crainte de la confusion de
part et les convenances. Cela ressort de l'exposé des
motifs où Portalis s'exprime ainsi : « Après un pre-
« mier mariage dissous, on peut en contracter un
« second. Cette liberté compète au mari qui a perdu
« sa femme comme à la femme qui a perdu son mari.
« Mais *les bonnes mœurs et l'honnêt té publique* ne

(1) Magnin, *De la Minorité*, 1, n° 592-599 — Aubry et Rau, § 136,
n° 5.

(2) S'il est violé, l'officier de l'état civil est seul puni d'une
amende de seize à trois cents francs. — La loi Romaine punissait
la femme de l'infamie et de la perte des biens qui lui venaient de
son mari ; elle ne pouvait d'autre part, donner à son second mari,
plus du tiers de ces biens. (Nov. XXII, cap. 22 et 28). — Cf. l'article 128 du Code civil italien qui décide aussi que la femme sera
privée des avantages qu'elle a reçus de son premier mari. De
même à l'article 121 du Code civil autrichien.

« permettent pas que la femme puisse convoler en
« secondes noces, avant que l'on se soit assuré, *par
« un délai suffisant*, que le premier mariage demeure
« sans aucune suite pour elle, et que sa situation ne
« saurait plus gêner les actes de sa volonté. Ce délai
« était autrefois d'un an : on l'appelait l'an de deuil.
« Nous avons cru que dix mois suffiraient pour nous
« rassurer contre toute présomption capable d'alar-
« mer la décence et l'honnêteté. »

Mais, à bien examiner, le délai de viduité est fondé
principalement sur la nécessité d'éviter la confusion
de part; le motif de convenances n'est qu'accessoire.
« La disposition unique du huitième et dernier cha-
« pitre, » disait Boutteville au Tribunat « qui borne
« à dix mois ce que nos anciens usages appelaient
« l'année de deuil, vous paraitra fixer un délai suffi-
« sant pour éviter tous *les doutes sur la paternité* et
« les dangers connus sous le nom de confusion de
« part; et, sans doute, Législateurs, vous n'y trou-
« verez rien de contraire aux bienséances et à la di-
« gnité du mariage. » Le législateur de 1804 a certainement songé à éviter surtout des filiations incer-
taines : c'est pourquoi il a fixé à dix mois, terme des
plus longues gestations, c'est-à-dire trois cents jours,
(durée de l'année Romaine à l'origine), le délai pendant lequel la femme ne pourra contracter un subséquent mariage; s'il n'en était pas ainsi, les présomptions légales de paternité des articles 312, 314 et 315
permettraient d'attribuer l'enfant né moins de trois
cents jours depuis la dissolution du premier mariage
et plus de cent quatre-vingt jours depuis la célébration
d'un second, au premier comme au second mari et il

serait bien difficile de déterminer lequel des deux serait en réalité le père.

C'est donc parce que la confusion de part n'est pas à craindre dans le cas du second mariage de l'homme, qu'aucun délai n'a été imposé à ce dernier ; mais c'est aussi, comme nous avons eu l'occasion de le dire parce que la loi a attaché un plus grand prix à la pudeur et à la vertu de la femme qu'à celle de l'homme. On a pensé qu'il y avait de la part de la femme quelque indécence à trop se hater de contracter mariage. Les convenances ne dispensent pas le veuf de porter le deuil de sa femme pendant un temps indéterminé ; mais rien ne l'empêche de se remarier aussitôt après la mort de cette dernière ; car il peut avoir pour but, de donner une nouvelle mère à ses enfants du premier lit. C'est ce que Tacite (De Germania, 16) avait déjà affirmé : *feminis lugere honestum est, viris meminisse* (1). C'est pour cette raison que lors de la discussion du titre du mariage, l'article suivant proposé par Réal fut rejeté : « Le mari ne peut « non plus contracter un second mariage (2), qu'après « deux mois depuis cette dissolution. » Le premier Consul et Cambacérès firent remarquer qu'il y aurait là une différence choquante entre l'homme et la femme et une entrave bien inutile au second mariage.

(1) *Viris nullum legitimum tempus est, quia nullum honestum est.* (Sénèque, Ep. 63, *ad Lucilium*.) En Suède, le veuvage légal dure six mois pour les hommes et un an pour les femmes. (Ch. XII, art. 3).

(2) Le Code prussien (art. 22 et 23) exige un délai de neuf mois pour la femme, et de six semaines pour le mari.

Le délai de dix mois fondé sur le double motif que nous venons d'indiquer ne nous paraît justifié que lorsque la confusion de part est à redouter. Le motif de convenances ne peut, à lui seul, suffire à prohiber le mariage, parce qu'il ne peut être l'unique raison d'être de l'article 228. C'est ainsi que les secondes noces devraient être permises, — car la protection des enfants du premier lit serait suffisamment assurée, — dès que la femme a accouché, sans qu'elle ait besoin d'attendre l'expiration des dix mois (1). De même la femme devrait pouvoir se remarier quatre mois après la dissolution du mariage parce qu'aucun doute n'est alors possible sur la filiation de l'enfant qui naîtra ; s'il naît dans les six mois, il ne pourra qu'appartenir au premier mari, et s'il naît plus tard, il appartiendra au second. Enfin, dans toutes les hypothèses où il y a eu impossibilité certaine et prouvée de cohabitation entre les époux avant la dissolution de leur mariage, nous ne saurions admettre l'obligation de viduité imposée à la femme (2). Il faut donc con-

----

(1) Cependant, si l'on admet la théorie de la *superfétation* ou deux conceptions successives pendant les quatre mois qui suivent l'accouchement, la confusion de part est possible, dans des cas très rares, il est vrai. — Cf. Pomponius et Ulpien. V. Dig., L. 11, § 2, III, 2. — L. du 14 floréal an II.

(2) De même le délai n'a plus de raison d'être et ne devrait plus être exigé lorsque le divorce a été prononcé après une séparation de corps ayant duré trois ans (art. 310). Versailles, 14 août 1889, S., 90, 2. 95. — De même encore, lorsqu'il s'est écoulé plus de six mois après l'ordonnance du président du tribunal autorisant les deux époux à avoir un domicile séparé (art. 238). — V. en ce sens : L. 11, § 2, Dig., *De his qui not. inf.*, III, 2.

clure que, s'il est touchant de voir une femme conserver fidèlement la mémoire de son mari en n'usant
pas de la faculté de se remarier, il peut lui être utile,
tant au point de vue moral qu'au point de vue matériel (Cf. Pothier, *Contrat de mariage*, VII), de contracter un second mariage qui lui assure la protection
qui lui est nécessaire. Le délai de viduité devrait être
réduit à quatre mois et seulement pour les cas où la
confusion de part est possible.

La loi n'aurait dû par conséquent ni prescrire la
douleur, ni punir l'indifférence. Quoi qu'il en soit, le
délai de dix mois imposé à la femme doit être *toujours* observé lorsque cette dernière voudra convoler
en secondes noces, malgré son inutilité pour les enfants du premier lit, dans certains cas. Il est regrettable de n'avoir pas laissé de côté le motif de convenances, qui n'existe même pas quelquefois, par exemple dans l'hypothèse de réunion d'époux divorcés. Il
eût été au moins logique d'apporter des exceptions à
la règle beaucoup trop absolue de l'article 228 (1)
que seules reconnaissent d'ailleurs aujourd'hui la
Belgique, la Roumanie et la Suisse.

Le veuf, avons-nous dit, peut se remarier aussitôt
aussitôt après la mort de sa femme, c'est-à-dire onze
jours depuis le dimanche qui suit la dissolution du

---

(1) L'article 57 du Code civil italien supprime le délai de viduité
lorsque le mariage a été annulé pour cause d'impuissance du mari
ou lorsque la femme est accouchée avant les dix mois. — Cette dernière raison est admise par l'article 45 du Code espagnol dont l'article 85 permet l'accord de dispenses dans les autres cas. — Les
Codes autrichien et portugais permettent même le second mariage
si la femme n'est pas enceinte.

premier mariage. Cependant, lorsque le second mariage ne peut être célébré qu'avec une dispense, il est d'usage de n'accorder l'autorisation qu'après l'expiration d'un délai d'un an. C'est ce que nous lisons dans la circulaire du 11 novembre 1875 qui s'occupe en particulier des enfants du premier lit : « L'article 228 », y est-il dit, « défend à la femme de contracter un « nouveau mariage moins de dix mois après la dis- « solution du mariage précédent. Aucun délai n'est « imposé à l'homme ; mais la jurisprudence de la « chancellerie, basée sur des raisons de *convenan- « ces*, n'admet plus que des dispenses puissent être « accordées avant l'expiration d'une année de veu- « vage. Cette règle ne doit toutefois être appliquée « en matière d'alliance qu'autant qu'il s'agit de « l'union qui a produit l'alliance. Lors même que la « règle est applicable, une dérogation est permise « lorsqu'on invoque certaines considérations impor- « tantes, et notamment *l'intérêt de jeunes enfants*, « dont l'âge ou l'état réclament impérieusement une « protection, des soins affectueux, dévoués et intelli- « gents. Aussi, bien que l'année de deuil ne soit « pas accomplie, tout dossier devra m'être trans- « mis avec des renseignements qui me permettent de « décider s'il y a lieu de maintenir le délai de conve- « nance. »

Supposons maintenant que l'art. 228 soit violé et que la femme contracte un second mariage pendant les dix mois de viduité. Auquel des deux maris doit être attribuée la paternité de l'enfant né moins de trois cents jours après la dissolution du premier mariage, mais plus de cent quatre-vingts après la célébration du second? En d'autres termes, cet enfant est-il du premier lit ou du second?

Cette intéressante question peut se présenter lorsque la femme s'est remariée moins de dix mois depuis la dissolution du premier mariage par la mort ou par le divorce, ou même depuis l'annulation du premier mariage, ou enfin lorsqu'elle a contracté un second mariage du vivant de son mari avec un individu de bonne foi (1). Comme nous le faisions remarquer tout à l'heure, les présomptions légales de paternité permettent d'attribuer cet enfant au premier comme au second mari, ce qui est inadmissible.

Voici les divers systèmes que le conflit de ces deux présomptions également puissantes avait fait surgir parmi les anciens docteurs. Ils ont été exposés par Voët, *ad Pandect.* lib. 1, 6, *de his qui sui vel alieni juris sunt*, n° 9 : Un premier système soutient que l'enfant n'appartient à aucun des deux maris de la mère ; donc il ne pourra succéder à aucun des deux. Nous ne pouvons admettre une pareille solution qui est à la fois contre les principes physiques et juridiques. — D'autres auteurs ont voulu que l'enfant ait, au contraire, deux pères et qu'il puisse succéder aux deux : inutile de montrer l'absurdité de cette opinion. Voici maintenant un troisième système qui rappelle les jeux de hasard : l'enfant a le droit de choisir son

---

(1) Il est vrai que cette célèbre question se présentera rarement au cas de dissolution du mariage par le divorce. Il faudra, en effet, que la femme n'ait pas demandé et obtenu l'autorisation d'avoir un domicile séparé.

père (1), c'est-à-dire son intérêt ; on choisit son pays, a-t-on répondu, mais on ne choisit pas son père. — L'enfant, d'après certains autres, appartiendra à celui auquel il ressemblera : ce n'est pas suffisant, car l'enfant peut être des œuvres du second mari et subir pourtant ce que l'on appelle l'hérédité par influence, c'est-à-dire ressembler au premier mari. Enfin, Voët et la jurisprudence des Parlements décident que l'enfant sera attribué au second mari, alors même que le premier serait enlevé par une mort subite, ce qui lui aurait permis, par conséquent, d'engendrer peu de temps auparavant. Cette solution a l'avantage d'être morale et d'éviter la recherche de la paternité : l'enfant est né pendant le second mariage, il a donc pour père le second mari, ce qui est logique (2). — On a soutenu, aussi, que l'enfant avait pour père le premier mari : il y a plus de chance, en effet, que l'enfant soit du premier mari, parce que la durée de gestation *maxima* est la plus normale ; l'empressement qu'à mis la femme à se remarier indique son intention de laisser croire au second mari qu'il est le père de l'enfant (3).

Nous ne voulons admettre entièrement aucun de ces systèmes qui ne donnent pas assez de certitude à des solutions qui intéressent au plus haut degré la

(1) Blackstone. *Comm. des lois anglaises*, liv. II, ch. 8, n° 2. — Laurent, *Princ. du droit civ.*, III, 388.

(2) Demante et Colmet de Santerre, II, 26 — Demolombe, V, 93.

(3) L'art. 1469 du Code Civil allemand décide que l'enfant doit être attribué au premier mari si la naissance se place dans les 270 jours qui suivent la dissolution du précédent mariage, sinon au second.

famille tout entière, et surtout les enfants du premier
lit. Il est inadmissible que l'enfant n'ait pas de père
de même qu'il n'est pas possible qu'il en ait deux. Or,
comme la loi n'indique aucun moyen pour trancher
la question, nous irons chercher la réponse, si elle
est possible, dans la médecine légale, car il y a une
question de fait que les tribunaux seront appelés à
résoudre. On tiendra compte, non seulement de la
ressemblance, mais aussi du développement de l'enfant, et en général de tous les indices et probabilités
qui pourraient concourir à fixer la date de la conception. Ce ne sera qu'en cas de doute et en fin de compte,
que l'on pourra décider d'après le plus grand intérêt de l'enfant. Telle est la solution généralement
adoptée par les auteurs modernes (1) ; elle a au
moins le mérite de respecter également les droits
des enfants des différents lits et de la famille.

(1) Duranton, III, 63. — Massé et Vergé, 1, p. 297. — Marcadé, 1, art. 228. — Huc, II, 284. — Briand et Chaudé, *Médecine
légale*, p. 175. — Contra Toullier, II, 653. — Dalloz, Rep. v° *Paternité et filiation*.

DEUXIÈME PARTIE

Protection des enfants du premier lit,
et, en particulier, de celui qui est orphelin
de père ou de mère.

Il semble extraordinaire et impossible même que certains parents, en se remariant, oublient leurs devoirs les plus sacrés, qu'ils ne soient plus les protecteurs, les *pères* et *mères* de leurs enfants d'un autre lit. Ces derniers n'en restent pas moins une partie de leur sang : ils ont besoin plus encore que précédemment, non seulement de l'affection et de l'amour paternel ou maternel, mais surtout d'une énergique protection contre les mesures vexatoires, contraires à la nature elle-même et aux bonnes mœurs, qui pourraient être suggérées et imposées même, contre eux, à leurs parents par le nouveau conjoint. Cette protection des enfants du premier lit, dont nous avons montré déjà l'absolue nécessité, comprend dans un ordre logique :

1º La protection de la *personne* et des *biens* des enfants du premier lit, *spécialement pendant leur minorité*. — Les droits de *puissance paternelle* et de *tutelle* du père et surtout de la mère, ont été restreints ou même supprimés dans ce but.

2º La protection des *intérêts pécuniaires* de ces enfants *mineurs ou majeurs*. — Une dérogation a été apportée, d'abord, en leur faveur au principe de la réciprocité en matière d'*obligation alimentaire* ; — de plus, la mère remariée pourra, malgré l'incapacité qui la frappe, du fait de son second mariage, constituer une dot ou établir ses enfants du premier lit, sans l'autorisation de son mari ; — enfin, le droit du père ou de la mère de disposer en faveur du nouveau conjoint a été spécialement limité.

Nous allons examiner, dans les deux chapitres qui composent cette deuxième partie, si l'influence du second mariage et du second conjoint a été équitablement et suffisamment limitée par les mesures de précaution énumérés ci-dessus.

CHAPITRE PREMIER

Protection de la personne et des biens des enfants mineurs du premier lit.

SECTION PREMIÈRE

PUISSANCE PATERNELLE

La puissance paternelle, *telle que la comprend le Code civil*, est, d'après Réal (Locré, *Lég. civ.* VII, p. 342), « un droit fondé sur la nature et confirmé

« par la loi qui donne au père et à la mère pendant
« un temps limité, et sous certains conditions, la sur-
« veillance de la personne, l'administration et la jouis-
« sance des biens de l'enfant ». Cet ensemble de droits
et de pouvoirs appartient exclusivement aux père et
mère et s'éteint par la mort, la majorité de vingt-et-un
ans (art. 388), ou l'émancipation de l'enfant (art. 372).
Tels sont les droits et devoirs de garde, d'éducation,
d'entretien, de correction, d'administration et de
jouissance légales, d'émancipation, et, enfin, le droit
pour le dernier mourant des père et mère, de choisir un tuteur à ses enfants.

Dans un sens plus large, on entend par puissance
paternelle, — et c'est ainsi que l'a compris la loi du
24 juillet 1889, que nous allons bientôt examiner, —
l'ensemble des droits qui appartiennent non seulement aux père et mère, mais aussi aux ascendants,
sur la personne ou les biens de l'enfant majeur ou
mineur. Tels sont, en outre, des droits déjà énumérés, le droit de consentir au mariage et à l'adoption
de l'enfant, celui de réclamer des aliments, le droit
d'accepter les donations entre vifs offertes à l'enfant, enfin le droit de tutelle (1).

Les enfants doivent, par dessus tout, *honorer et*

(1) Nous ne traiterons pas tous ces droits dérivant de la puissance paternelle dans cette première section. — Le droit de tutelle,
le droit pour le dernier mourant des père et mère de choisir un
tuteur testamentaire, feront l'objet de la deuxième section de ce
chapitre. — Quant à l'obligation alimentaire qui incombe aux enfants
pendant toute leur vie, elle a sa place toute marquée dans le
deuxième chapitre (1re section, § 1er).

respecter leurs parents, que ces derniers exercent ou
non la puissance paternelle ; ce respect leur est dû,
alors même que le père ou la mère aurait été déclaré
indigne. Le Code civil n'avait pas besoin de consacrer ce précepte de pure morale ; ses rédacteurs ont
cru bon d'inscrire ce devoir de conscience dans l'article 371, en tête même du titre de la Puissance Paternelle. Nous pourrions citer, comme exemple
d'application de ce principe, le consentement ou conseil des parents, indispensable aux enfants qui veulent se marier ou être adoptés. Il ne faut pas, cependant, exagérer outre mesure la portée de cet article 371, et refuser ainsi à l'enfant toute action contre
ses parents, lorsqu'il voudra faire valoir les avantages que lui confère la loi positive (V., par exemple,
l'article 187).

L'État a-t-il le droit d'intervenir et de contrôler
les actes de l'autorité paternelle ? Le droit d'intervention aurait, d'après Stuart Mill (1), quelque chose
d'attentatoire à la liberté des parents qui doivent être
maîtres et seuls maîtres chez eux. Nous serions de
cet avis, si le père n'abusait pas de son autorité, si
son affection était un sûr garant de ses actes. Mais
l'intervention est naturelle : il faut que le père ne se
serve pas de son autorité pour compromettre la
santé, la moralité, l'avenir, enfin les intérêts de l'enfant ; qu'il use donc, sans en abuser, de sa puissance. Cette intervention est légitime : l'État prendra la place du père coupable ou négligent en faveur

(1) *Princ. d'Écon. polit.* t. II, liv. V, chap. XI, § 9.

de l'enfant malheureux. Car les parents qui ne voient dans l'enfant qui leur est confié qu'un instrument qu'ils pourront exploiter ou briser à leur gré, devront être punis au nom de la famille dont ils sont les chefs et dont ils devront être exclus parce qu'ils ne méritent plus d'en faire partie.

La piété filiale est nécessaire et indispensable ; mais il ne faut pas oublier que le principe de la puissance paternelle, comme celui de la tutelle, est que ces attributs du père ou de la mère sont institués *dans l'intérêt de l'enfant*, mais non dans celui des parents, comme le voulait le droit romain, au moins à l'origine. Cette règle du droit naturel a été adoptée par le code civil, par les lois qui l'ont suivi, et, avant lui, par le droit coutumier, où, d'après Loysel, (Inst. cout. liv., I, I, 39, n. 55), « puissance paternelle n'a lieu » : en ce sens qu'elle doit être la conséquence d'un devoir de protection qui incombe aux parents, du fait fait même de la procréation (1). « Le « vrai droit est à l'enfant, dit M. Laurent (VI, p. 346); « le père n'a que des devoirs (2). » Il a fallu donner cependant des droits aux pères, parce que l'autorité leur est nécessaire, pour accomplir leur tache qui serait sans cela, souvent impossible. Les idées chré-

(1) Kant. *Élém. métaph. de la Doct. du Droit*, part. I, ch. II, Sect. III, tit. II, § 28 et 29. — Glasson, *Élém. de Dr. français*, p. 232.

(2) On voulait supprimer l'expression brutale de *puissance* paternelle et la remplacer en tête du titre IX par les expressions « des droits et des devoirs des pères. » On a conservé cette terminologie séculaire, mais pas un article du code n'emploie ces mots puissance paternelle.

tiennes sont dans le même sens ; « Ce n'est pas aux « enfants, écrivait saint Paul (Epist. ad Ephes. V. 25), « à amasser des biens pour leurs parents, mais c'est « aux pères à en amasser pour leurs enfants. » Voici ce que nous trouvons dans le Digeste lui-même (L. 5, XLVIII, 9) : « *Patria potestas*, dit Marcien, *in pietate debet, non atrocitate consistere.* » Justinien reconnaissait donc que les droits de famille ne devaient plus être comme autrefois les droits exclusifs du père de famille, que la puissance paternelle ne devait plus être un pur droit civil, mais une obligation du sang, qu'elle ne devait pas avoir pour conséquence l'horrible *jus vitæ necisque*. Le *mundium* germanique est institué, de même, dans l'intérêt de l'enfant.

En somme, l'autorité paternelle n'est pas « à « proprement parler un droit, mais seulement un « moyen de remplir dans toute son étendue et sans « obstacles, un devoir indispensable et sacré. » (Réal, Exp. des motifs, voir Locré, III, p. 315).

Pendant le mariage, la puissance paternelle appartient également au père et à la mère ; mais son exercice est l'apanage exclusif du père qui est le chef de la famille. Après la dissolution du mariage par la mort de l'un des époux, la puissance paternelle est exercée par le survivant, qu'il soit ou non tuteur de ses enfants.

Le convol du père ou de la mère survivant est-il une cause de déchéance de la puissance paternelle, comme semble le commander l'intérêt des enfants du premier lit ? Le Code civil ne l'admet pas, en principe. Cependant le second mariage ne laisse pas intacts

tous les attributs de cette puissance : des restrictions sont apportées par l'article 380 au droit de correction du père remarié ; les articles 381 et 386 font
perdre à la mère qui a convolé en secondes noces, les
droits de correction et de jouissance légale (1). Certaines législations étrangères ont fait cependant du
convol de la mère qui est seul vu avec défaveur,
une cause de déchéance plus ou moins absolue de la
puissance paternelle. L'article 168 du Code civil espagnol la lui fait perdre en entier, à moins que le père
dans son testament, n'ait prévu le cas et n'ait ordonné le contraire. L'article 1558 du nouveau Code civil
pour l'Empire d'Allemagne restreint la puissance
paternelle de la mère, dans le cas où cette dernière
contracte un second mariage, aux droits de garde et
d'éducation, tandis que le père qui se remarie, doit
en aviser seulement le tribunal tutélaire (art. 1518).

Si le convol ne peut être, à lui seul, une cause de
déchéance de la puissance paternelle, les tribunaux
ne pourront-ils cependant intervenir, lorque les circonstances rendront leur contrôle nécessaire, lorque
les parents, oublieux de leurs devoirs, abuseront de
leurs droits, lorsque la puissance paternelle, enfin,
sera exercée à l'encontre des intérêts mêmes des
enfants du premier lit ? Le Code civil, après avoir

____

(1) A Rome, le père remarié continue à avoir les droits sur
la personne et l'administration des biens de l'enfant (L. 5, C. V, 9)
Cependant si le père contracte un second mariage au degré prohibé
il perd la puissance paternelle sur ses enfants du premier lit (nov.
12) qui sont pourtant astreints à l'obligation de respect et à l'obligation alimentaire.

proclamé bien haut les principes de protection de l'enfance, et en particulier ceux de la puissance paternelle, n'a pas été conséquent avec lui-même. Il n'a pas su prévoir, sauf quelques rares exceptions (1), les circonstances où il y aurait abus de cette puissance ; il a laissé les enfants du premier lit désarmés contre l'abus en général. Certains abus seulement ont été successivement prévus et punis par les lois qui ont suivi le Code de 1804 (2) et qui ont abouti en définitive à la loi générale du 24 juillet 1889, *sur la protection des enfants maltraités et moralement abandonnés*, consacrant le contrôle des tribunaux, et plus récemment encore à la loi très spéciale du 19 avril 1898, *sur la répression des violences, voies de fait, actes de cruauté et attentats commis envers les enfants*. Ces lois, qui doivent être considérées comme des lois de police et de sûreté (V. la circulaire du Garde des Sceaux du 3 février 1897 ; V. aussi Aix, 8 mars 1897, G. P., 21 mars 1897), permettent de faire prononcer la déchéance de la puissance

(1) Divorce, Séparation de corps, Interdiction judiciaire ou légale, etc.

(2) Voir les articles 334 et 335 du C. pén. (Cf. art. 1 de la loi de 1889) qui ne prononcent la déchéance de la puissance paternelle qu'à l'égard de l'enfant envers lequel le père ou la mère a commis le délit ; cette déchéance n'est d'ailleurs que partielle, elle ne prive pas — ceci controversé — les père et mère déchus des droits d'émanciper leurs enfants et de consentir à leur mariage ou adoption. — Voir aussi: la loi du 7 décembre 1874, qui prononce la déchéance facultative, mais totale de la puissance paternelle (C. f. art. 3 de la loi de 1898) sur les enfants employés dans des professions ambulantes.

paternelle contre les parents ou ascendants qui se sont rendus coupables de l'un des crimes ou délits prévus par l'article 1er (la condamnation emporte alors de plein droit la déchéance), l'article 2, § 1, 2, 3, 4 de la loi de 1889 et l'article 3 de la loi de 1898 (mais ici le juge peut, à son gré, priver ou ne pas priver de la puissance paternelle le père ou la mère condamné, suivant qu'il a ou qu'il n'a pas conservé assez d'attachement pour ses enfants).

Il faut donc que les parents aient encouru une des condamnations énumérées ci-dessus, pour être déchus de leurs droits. Mais lorsqu'il n'y aura pas eu condamnation, comment seront protégés les enfants du premier lit contre l'indignité de leurs parents, contre les abus d'autorité dont ils auront à souffrir plus que tous autres ? Le § 5 de l'article 2 de la loi de 1889 retire la puisssance paternelle aux parents dont les enfants ont été acquittés pour avoir agi sans discenement, et conduits dans une maison de correction, d'après l'article 66 du Code pénal. « Quoi de plus no-« ble, de plus utile à la fois », disait M. le professeur Georges Vidal au congrès international d'Anvers de 1890, « mais aussi de plus délicat que ce problème « social et complexe, comme tout ce qui touche à « l'âme humaine, d'arracher, l'enfant à l'abandon, « au mauvais exemple, souvent aussi aux mauvais « conseils et aux mauvais traitements de sa famille, « qui le voue presque fatalement au crime, pour le « régénérer, lui donner une éducation profession-« nelle qui puisse en faire un honnête homme pé-« nétré de ses devoirs sociaux. »

Enfin le § 6 de l'article 2 est venu combler en partie une lacune de notre législation en portant remède aux dangers qui compromettent la santé, la moralité, la sécurité de l'enfant. La déchéance *pourra* être infligée aux père et mère auxquels, en dehors de toute condamnation prononcée, on peut reprocher une *ivrognerie habituelle, une inconduite notoire et scandaleuse, ou de mauvais traitements* à l'égard de leurs enfants; les intérêts matériels et moraux des mineurs seront protégés dans ces hypothèses, dont les deux dernières surtout nous intéressent particulièrement.

Pour que l'inconduite puisse entraîner la déchéance il faut donc quelle soit notoire et de plus scandaleuse (1). Le concubinage, par exemple, ne fait pas perdre au père ou à la mère la puissance paternelle sur ses enfants légitimes, qui ne peuvent invoquer la protection des enfants d'un premier lit : il faut de plus qu'il soit public, accompagné de déréglements, qu'il y ait par conséquent scandale. C'est ainsi que le fait pour la mère de vivre *maritalement* avec un tiers pendant plusieurs années ne peut équivaloir à une inconduite notoire et scandaleuse, alors surtout qu'il a été constaté que la liaison irrégulière, loin d'avoir été soupçonnée du public, a été considérée par tous comme une union légitime (2). Il ne faudra donc ap-

---

(1) Sous Justinien (nov. 12) le *pater* qui entretenait un commerce incestueux avec ses enfants nés d'un mariage antérieur encourait la déchéance de la puissance paternelle. — En Allemagne la puissance paternelle est perdue de même pour le père qui contracte un mariage incestueux.

(2) Paris, 8 août, 1893. D., 94, 2, 101.

pliquer l'article 2, § 6 qu'avec une extrême réserve. « Il ne s'agit pas de rechercher les abus de la puis- « sance paternelle » disait M. l'avocat général Des- roziers, « mais seulement de relever ceux qui écla- « tent au grand jour ; les cas douteux sur lesquels les « opinions pourraient être partagées doivent être « laissés de côté, car de semblables recherches pour- « raient jeter inutilement le trouble dans les famil- « les (1). »

Qu'entend-on dans les lois que nous étudions par *mauvais traitements ?* Un enfant est maltraité par le seul fait qu'il n'est pas traité comme il devrait l'être ; c'est la plus large interprétation que l'on puisse don- ner des expressions finales de l'article 2, §6 (2). D'a- près cela, la déchéance devrait être encourue par les parents qui ne traitent pas leurs enfants comme la nature et la loi leur en font un devoir. C'est ainsi que, selon M. Huc (II, n. 193), on peut considérer comme un enfant moralement abandonné et victime de mauvais traitements, celui à qui son père refuse systématiquement *toute* instruction, malgré la loi de 1882. Nous ne demanderions pas mieux que d'adop- ter ce système qui répond au but que nous poursui- vons. Mais on ne peut assimiler les expressions *ne pas bien traiter* au mot *maltraiter*, qui est employé seul par la loi et ne peut recevoir d'interprétation extensive, puisque notre texte édicte une pénalité.

(1) Discours prononcé à l'audience solennelle de rentrée de la Cour d'appel d'Amiens, le 16 octobre 1891.

(2) Note de M. de Loynes, sous Agen, 6 février 1889. D. 90, 2, 25. — Grenoble, 13 juillet 1892, D., 93, 2, 267 ; S., 93, 2, 92.

Les mauvais traitements seront donc les actes de
brutalité accomplis sur la personne des enfants. Mais
on admet que les châtiments corporels qui n'excèdent
pas les bornes de la modération et que les parents
infligent à leurs enfants, ne peuvent pas être invoqués pour faire prononcer la déchéance (1) : l'excès
est seul puissable. Et la loi du 19 avril 1898 a cru devoir protéger énergiquement les enfants qui seraient
victimes de violences ou attentats de la part de leurs
parents (2) par des peines très sévères édictées contre ces derniers. « *Maltraiter un enfant* », dit M. Henri
Cochin dans l'exposé des motifs, « le faire souffrir, le
« torturer systématiquement est une des actions les
« plus lâches et les plus honteuses qui soient, une de
« celles qui répugnent le plus à la nature humaine...
« combien de crimes semblables restent ignorés !
« Combien y a-t-il de malheureux enfants qui souf-
« frent en silence, affolés de terreur et d'horreur, vic-
« times de monstres cruels et inexorables (parâtres
« et marâtres) ? Là même où l'enfant devrait trouver

(1) Aubry et Rau, VI, § 550, p. 78. — *Contra* Laurent, IV, n. 275. —
V. Toulouse, 30 juillet 1890 ; S., 91, 2, 19, qui décide qu'il n'y a
pas lieu à déchéance si les violences ne compromettent pas la santé
de l'enfant. — Cf. loi de 1898, rapport de M. de Folleville : « Cette
« loi vise les parents barbares et dénaturés, elle ne saurait attein-
« dre les tuteurs ou parents coupables *de simples vivacités*, quel-
« ques regrettables qu'elles puissent être. »

(2) La loi de 1898 atteint toutes les personnes qui ont directement
ou indirectement autorité sur l'enfant qu'elles maltraitent, par conséquent, les parâtres et marâtres, l'amant et la concubine, qui mar-
tyrisent l'enfant, leur victime. Château-Thierry, 17 juin 1898, D.,
99, 2, 141.

« uu refuge contre les dangers de .a vie, c'est là même
« que le guette le plus odieux des dangers, le plus
« inévitable et *le plus secret*. Des misérables qui n'o-
« seraient pas le tuer, par crainte de châtiments, se
« vengent sur lui de leur peur même de la loi et sou-
« vent s'efforcent avec une hypocrisie raffinée, de le
« faire mourir lentement avec les apparences d'une
« maladie naturelle. Lorsque ces hypocrites et lâches
« meurtriers sont enfin saisis par hasard et livrés à
« la justice, ils ont coutume de s'abriter derrière une
« constante excuse : c'est l'autorité des parents et le
« droit de correction paternelle ! C'est là un dernier
« mensonge que la justice n'a pas de peine à percer
« à jour. » Les exemples cités par M. Cochin indi-
quent surtout l'utilité pour les enfants du premier lit
de la nouvelle loi : c'est ainsi que le 3 février 1892,
un père et sa seconde femme sont condamnés pour
coups et *mauvais traitements* sur la personne d'un
enfant de dix ans ; le 30 août 1892, c'est une marâtre
qui subit une condamnation pour coups et voies de
fait sur la personne de sa belle-fille âgée de six ans !
Nous n'insisterons pas davantage sur la répression
pénale de tels faits essentiellement redoutables, puisqu'il s'agit d'un enfant sans défense.

La déchéance encourue par les parents et ascendants est *perpétuelle*, excepté dans le cas où, dans
l'intérêt de l'enfant, l'auteur déchu est reconnu digne
de recouvrer ses droits (art. 15 et 16 de la loi de
1889). La dissolution du second mariage pourra ame-
ner ainsi, suivant les circonstances, la restitution
aux père et mère de la puissance paternelle, *si le
danger n'existe plus* pour les enfants du premier lit.

La déchéance est de plus *générale*, c'est-à-dire qu'elle s'étend à tous les enfants nés et à naître : l'art. 9 § 1, décide en conséquence que « si le père déchu « de la puissance paternelle, contracte un nouveau « mariage, la seconde femme peut, en cas de surve- « nance d'enfants, demander aux tribunaux, l'attribu- « tion de la puissance paternelle sur ces enfants. » Il est bien entendu qu'il ne serait pas possible, en vertu de cet article 9 § 4, de demander aux juges l'attribution à un tiers de la puissance paternelle sur les enfants que la femme aurait eus d'un précédent mariage. La veuve conserve, en effet, malgré son convol, tous les pouvoirs qu'elle avait sur ses enfants, et elle les conservera malgré l'influence de fait du parâtre indigne et déchu de la puissance paternelle.

La déchéance de la loi de 1889 est *totale* (1) : le système de l'indivisibilité de la déchéance a prévalu sur l'opinion contraire qui voulait arriver à la déchéance partielle, en vertu de la maxime *qui peut le plus peut le moins.* Cela ressort des travaux préparatoires ; le Conseil d'État décidait aussi, en 1888, avec M. Courcelles-Seneuil que l'on ne peut être père à demi, au tiers ou au quart (2). Ce qui n'a pas empê-

____

(1) Contra, Trib. Rennes, 18 septembre 1891, D. 94, 2, 393 qui enlève, sur sa demande d'ailleurs ; le droit de garde seulement au père remarié qui refuse de reprendre son fils et de le recevoir chez lui, parce que sa présence compromettrait la paix du nouveau ménage. — La déchéance de la loi de 1898 n'est ni totale, ni générale : elle ne fait perdre aux père et mère que le droit de garde qui est confié à un parent de l'enfant, ou à une personne, ou encore à un établissement charitable. (V. articles 3, 4 et 5).

(2) Poitiers, 21 juillet 1890, D. 91, 2, 73. — Cas. 28 juillet 1891

ché la même loi de 1889, d'admettre, dans son article 17, le partage des droits de puissance paternelle, au cas de cession judiciaire de certains de ces droits par les parents à l'établissement ou à la personne charitable, qui prendra soin de l'éducation du mineur maltraité ou abandonné. Malgré la déchéance totale, les père et mère conservent toujours une des prérogatives de la puissance paternelle dont ils sont privés ; c'est le droit au respect comme nous l'avons déjà dit. Il faut remarquer que l'obligation alimentaire survit aussi à la déchéance (art. 1er *in fine* l. 1889)

La déchéance prononcée de plein droit, ou sur la demande de l'un des parents du mineur au degré de cousin germain, ou à un degré plus rapproché, ou du ministère public (art. 3 et 4), a pour conséquence l'ouverture de la tutelle, dans les termes de droit commun (art 10) (1), sauf à en charger l'assistance publique (art. 11). Le père et la mère déchus auront le droit, suivant le cas, et dans certains délais, de former opposition et de faire appel (art. 6 et 7).

Avant la loi de 1889, une jurisprudence constante (2), avait admis de longue date l'intervention et le contrôle des tribunaux, suppléant ainsi à l'im-

---

D. 92, 1, 70. — Paris, 24 juin 1892, D. 92, 2, 81. — Req., 12 février 1894, D. 94, 1, 218. — Paris, 15 décembre 1898, S. 99, 2, 205, D. 99, 2, 57.

(1) L'hypothèque légale ne frappe cependant les biens du tuteur que si le tribunal en a décidé ainsi : elle peut être générale ou spéciale.

(2) Paris, 27 février 1879, S., 79, 1, 464, — Cass. 3 mars 1856, D. 56, 1, 290, S, 56, 1, 407.

puissance de notre législation : lorsque le père ou la
mère était indigne, les tribunaux le privaient de certains attributs de la puissance paternelle dont il
mésusait. « Il faut venir au secours de l'enfant »,
disait M. Demolombe (VI, p. 216 et suiv.). « N. s
« ferons comme nous pourrons, mais il faut absolument
« que nous en venions là. La raison, la morale, l'huma-
« nité l'exigent ». Les adversaires du contrôle des tribunaux, ne voulant pas faire la loi, disaient : « Nous
« concluerons avec *le plus profond regret* que le juge
« est désarmé par le législateur lui-même ». (Laurent, IV, n° 292). Nous dirons avec eux qu'il est fort
regrettable que l'intérêt de l'enfant ne fût pas assuré :
car les tribunaux n'ayant pas le pouvoir règlemen-
taire (art. 5, du Code civil) des anciens Parlements,
ne peuvent pas suppléer à la loi. Et pourtant ils ne
faisaient ici qu'obéir à l'esprit même du Code ;
malheureusement ils passaient par dessus son texte.
C'est ainsi qu'ils prononçaient la déchéance de la
puissance paternelle, lorsque le père ou la mère avait
été destitué de la tutelle ! C'était logique, mais pas
légal. La loi de 1889 a consacré législativement le
droit de contrôle de l'Etat : elle a donc réalisé un
grand progrès ; mais elle n'a pas prévu tous les abus
qui pourraient être faits de l'autorité paternelle. On
s'est demandé si le contrôle des tribunaux pourrait
être admis, pour étendre la loi nouvelle à toutes les
hypothèses où l'enfant est en danger. *Pœnalia non
sunt extendenda* : l'extension est donc impossible, elle
eût été pourtant très utile et eût sauvé bien des enfants du premier lit. C'est ainsi que la destitution de
la tutelle n'entraînera pas en droit la déchéance de

la puissance paternelle (1) ; cette déchéance ne pourra être prononcée que si l'on se trouve en présence d'un abus prévu par la loi de 1889.

Nous demandons énergiquement la protection des intérêts de l'enfant contre tout abus de la puissance paternelle. Le pouvoir discrétionnaire attribué aux tribunaux par la jurisprudence devrait être consacré *légalement*, conformément à l'esprit de la loi, et comme l'a déjà fait, par exemple, l'article 302 en matière de divorce. Nous réclamons *un texte* qui donne au juge un large pouvoir d'appréciation, de façon à ce qu'il puisse décider suivant les circonstances et les faits. L'extension de la déchéance facultative à toutes les hypothèses où l'intérêt de l'enfant est en péril serait l'idéal en matière de limitation de la puissance paternelle et de protection des enfants du premier lit.

La puissance paternelle étant une institution d'ordre public (V. art. 1388) ne doit être ni aliénée ni amoindrie par les père et mère. Ainsi le père ne pourra, par testament, modifier la puissance paternelle en faveur ou au préjudice de la mère survivante. Cette dernière ne pourra pas davantage, en se remariant, se démettre de la puissance paternelle ou d'une partie des droits qui en dérivent au profit des ascendants paternels du mineur du premier lit. Les clauses et conventions de cette nature seront

(1) Poitiers 21 juil. 1890, D. 91, 2, 73-77. — Seine, 6 août 1896, D., 99, 2, 57.

nulles ; elles ne pourront être la source d'une action civile (1).

Nous allons passer en revue les droits et devoirs des parents sur la personne des enfants d'abord, sur leurs biens ensuite. Nous verrons pour chaque cas particulier ce que l'on peut tirer de la loi en faveur des enfants du premier lit pour lutter contre l'influence directe ou indirecte du conjoint de leur père ou de leur mère.

I. — Droits de puissance paternelle sur la personne des enfants du premier lit.

§ 1er. — DROIT DE GARDE ET D'ÉDUCATION.

Le droit de garde est le droit qui appartient aux parents de retenir auprès d'eux leurs enfants pour les élever, ou de les confier à autrui pour leur faire donner l'instruction ou éducation nécessaire, c'est-à-dire pour assurer leur développement physique, intellectuel et moral.

On ne peut donc parler du droit de garde sans parler du devoir d'éducation. Il existe une liaison si étroite entre ces deux droits que celui des parents, auquel la garde de l'enfant est confiée, dirige en même temps *seul* son éducation : il décide souverainement (2) dans quelle religion l'enfant sera élevé,

(1) Grenoble, 11 août 1853, S., 54, 2, 583. — Cass., 5 mars 1855, D., 55, 2, 90.

(2) *Contra*, en droit romain, le juge avait le pouvoir d'intervenir et de retirer *cognita causa*, le droit d'éducation au père.

quel degré d'instruction lui sera donné (1), à quelles
personnes (2) ou à quel établissement il sera confié
pour recevoir cette instruction ou pour faire son
apprentissage (3). Mais l'obligation de nourrir, entretenir et élever leurs enfants (art. 203) jusqu'à leur
majorité ou même après leur majorité, jusqu'à ce que
leur éducation soit terminée, incombe au père *et à
la mère*, que la garde de ces enfants leur soit ou ne
leur soit pas confiée et quels que soient les événe-
ments qui produisent ou suivent la dissolution de
leur mariage. Ainsi le second mariage du veuf ou de

(1) Le père ou la mère gardien n'est tenu légalement de faire
donner à ses enfants qu'une instruction primaire, conformément à la
loi du 28 mars 1882, sur l'instruction obligatoire, quelle que soit,
d'ailleurs, sa fortune personnelle. Il ne pourra être contraint à
fournir davantage et l'article 2 de la loi du 24 juillet 1889 ne peut
être invoqué, car on ne peut pas dire qu'il y a abandon de la part
du père ou de la mère, — puisqu'il fait donner une instruction primaire à son enfant et s'occupe de lui par conséquent.

(2) Les parents gardiens peuvent même se dépouiller entièrement
de leur droit de garde : 1° en faveur d'un tuteur officieux (art. 361
et suiv.) ; 2° en faveur de l'assistance publique ou des personnes
charitables qui ont accepté la charge des mineurs de seize ans
(art. 17, § 1er de la loi du 24 juillet 1889.) — Les enfants détenus,
d'autre part, ne dépendent pas momentanément de leurs parents
qui n'exercent pas le droit d'éducation, confié à l'administration
pénitentiaire. (L. du 5 avril 1850). — Voir aussi pour la protection
des mineurs, la loi du 16 décembre 1874 (loi Roussel), sur la protection des enfants du premier âge et des nourrissons, les lois du
22 mars 1841, du 19 mars 1874 et du 9 novembre 1892, sur le travail des enfants et filles mineures employées dans l'industrie.

(3) V. la loi du 22 février 1851, relative au contrat d'apprentissage.
Le père déchu de la puissance paternelle en vertu de la loi de 1889
(art. 1er) perd le droit d'intervenir dans l'acte d'apprentissage.

la veuve n'apporte aucun changement à l'obligation alimentaire. Il faut remarquer toutefois que l'article 203 ne peut pas être étendu ; c'est ce que précise l'article 204 qui ne permet pas aux enfants de réclamer une dot à leurs parents (1).

« L'enfant ne pourra quitter la maison paternelle, « si ce n'est pour enrôlement volontaire après l'âge « de dix-huit ans (art. 374). » Il ne pourra même, aujourd'hui, s'engager, sans autorisation de ses parents, avant l'âge de vingt ans (2). Cet article 374 qui consacre le droit de garde *absolu*, apporte la seule exception qui permette, dans le Code, à l'enfant, de vaincre un mauvais vouloir ou un refus injustifié de ses parents, et de faire passer son intérêt avant le leur ; encore cette atteinte apportée à la puissance paternelle et atténuée postérieurement au Code, est-elle surtout motivée par l'intérêt public qui doit l'emporter sur celui des père et mère (3) !

La loi ne s'est pas occupée du droit de garde en réglementant les seconds mariages. L'article 143, au Titre de l'Absence, parlant de l'enfant issu du premier mariage de l'absent, nous apprend, en effet, que le parâtre ou la marâtre, n'a, en sa qualité de conjoint du père ou de la mère, ni le droit de surveiller les enfants du premier lit de l'absent, ni celui d'administrer ses biens (4). Cette précision était bien inutile.

(1) V. *infra*, chap. II.

(2) Loi du 21 mars 1832 (art. 32), du 21 juillet 1872 (art. 46) et du 15 juillet 1889 (art. 59), sur le recrutement de l'armée.

(3) Pothier *Trait. des pers.*, n° 131.

(4) Cf. *La coutume de Liège* (1, 7) qui décide que les enfants

Les droits de garde et d'éducation ne seront donc pas perdus par le fait du second mariage du père ou de la mère gardien, tuteur ou non tuteur de ses enfants du premier lit. Ces droits sont en effet des attributs de la puissance paternelle et non de la tutelle ; ce sont des « droits inhérents à la puissance « paternelle dont est investi exclusivement et en tota- « lité la mère remariée et maintenue dans la tutelle. » (Lyon, Trib. Civ. 3 février 1887, *Monit.*, Lyon, 25 fé- vrier 1887). L'enfant du premier lit devra continuer, par conséquent, à résider chez son père ou sa mère gardien, même s'il lui a été nommé un tuteur autre que ses père et mère. Son domicile légal, son adresse légale sera bien chez le tuteur ; mais les droits de garde et de correction resteront aux parents qui n'ont pas été maintenus dans la tutelle, soit qu'ils en aient été exclus, destitués ou simplement excusés, à moins toutefois qu'il y ait motif d'appliquer la loi du 24 juillet 1889 ou celle du 9 avril 1898 qui pourront seules permettre de retirer l'enfant d'un autre lit, de la maison paternelle devenue insupportable (1).

Les tribunaux ont décidé, au contraire, dans plu-

du premier lit « tombent en la puissance et mainbournie de la « mère, advenant la mort du père ; si elle se remarie, deviennent « en celle de leur parâtre... *La puissance du parâtre cesse à la* « *mort de la femme.* » Voir aussi *Coutume de Mous*, VI et VIII.

(1) La plupart des Coutumes, celle de Paris en particulier admet- tent que « bail ou garde se *perd par mésusage ou quand le conjoint se remarie.* » (Loysel). La famille joue un rôle de surveillance. Les enfants du premier lit seront confiés à un étranger s'il « est clere coze et aperte que li parrastres ou la marrastre maiment malvese vie aux enfants ou qu'il lor monstre saullant de hayne. »

sieurs cas, tout en proclamant l'indépendance de la tutelle et de la puissance paternelle, d'assurer l'efficacité de la destitution de la tutelle, en prononçant la déchéance du droit de garde et du droit de correction seulement. — MM. Demante et Colmet de Santerre (II, p. 138) Aubry et Rau (VI, p. 82) admettent le contrôle des tribunaux dans l'intérêt de l'enfant, pour modifier ou limiter l'exercice du droit de garde et d'éducation, et suppléent ainsi à la loi.

La mère avait fini par obtenir, à Rome, par une constitution d'Alexandre Sévère, confirmée par Justinien (L., 1, C. V., 49) qu'à la mort du *paterfamilias*, la garde et l'éducation de son enfant impubère, devenu *sui juris*, *pourrait* lui être confiée par le préteur (1), à une condition cependant : *nisi ad secundas nuptias accesserit*. Ce système, défavorable au mariage de la femme, admis dans les pays de Droit écrit, par les Parlements de Toulouse et d'Aix (2) seulement, n'a-t-il pas été adopté par le Code civil implicitement ? Puisque la mère est privée par le fait de son convol des avantages (jouissance légale) et des moyens (droit de correction), que la loi accorde au gardien, ne doit-elle pas perdre par suite, le devoir d'éducation ? Non, elle conserve son droit d'éducation quoiqu'elle ait perdu la sanction de ce droit ; on ne peut pas lui enlever, en appliquant une loi ancienne en contradiction avec les principes du droit civil qui

(1) L'administration des biens appartenait au tuteur.

(2) Toulouse, 8 janvier 1621. — Aix, 13 mars 1658. — Cambolas (liv. IV, chap. 24) cité par Dupin (des peines de secondes noces) critique cette jurisprudence.

exigent : *pas de haine des secondes noces*, — un droit
que lui donne son titre de mère (1), car il n'est pas
nécessaire d'étendre à notre hypothèse, une mesure
contraire à la logique et à l'équité. La perte du droit
de correction n'entrainera donc pas celle du droit de
garde de la mère remariée.

Le droit de garde est souverain ; les ascendants de
l'enfant du premier lit ne pourront s'immiscer dans
l'éducation qui lui est donnée, pas plus qu'ils ne
pourront, même pour quelque temps, se faire donner
l'enfant en garde. Ce droit est en effet inaliénable ;
et toute convention contraire de la part du père, ou
de la mère, tendant à le restreindre ou à le supprimer en faveur d'un ascendant par exemple, est,
nous le savons, nulle et de nul effet. Cependant il ne
faut pas confondre avec la garde, le droit incontestable pour les ascendants de visiter leurs petits-enfants, et en particulier les enfants de leur gendre ou
bru remarié. Le droit de *visite* ne portant pas atteinte
au droit de garde du père ou de la mère, ce dernier
n'a pas le droit d'empêcher ses enfants de remplir,
envers leurs grands parents les devoirs de respect et
d'affection, consacrés par le Code lui-même. Et sauf
le cas d'indignité des aïeuls et aïeules, les tribunaux
qui suppléeront à l'autorisation des père et mère, ne
devront pas exiger que la visite des ascendants ait
lieu en présence de ce père, ou de cette mère, ou de
leur mandataire, ce qui serait une marque de défiance
que la justice ne saurait sanctionner (2).

(1) « Le convol de la mère ne devrait pas suffire à la priver du
droit d'élever ses enfants. » (Cujas, obs. VI, § 29).

(2) Leloir, I, p. 77. — V. Lyon, 27 mars 1886, D. 87, 2, 155.

Nous ne pouvons que regretter, en terminant, que la loi française ne contienne pas, comme le Code civil italien (art. 221) la consécration du contrôle et de l'intervention des tribunaux, qui peuvent priver les parents du droit de garde *toutes les fois que de justes motifs rendent cette mesure nécessaire :* c'eût été la meilleure protection des enfants du premier lit.

§ 2 — DROIT DE CORRECTION. LES ARTICLES 380 ET 381

Le droit de correction, conséquence ordinaire et sanction redoutable du droit de garde et d'éducation (1), est le droit de faire détenir ou incarcérer, hors de la maison paternelle, les enfants, lorsqu'ils ont très gravement manqué à leurs devoirs envers leurs parents (art. 375). La détention de l'article 376 du Code civil, mesure disciplinaire, ne doit pas être confondue avec la détention de l'art. 20 du Code pénal qui est une peine ; de même la réclusion de l'art. 468 du Code civil n'a aucun rapport avec celle de l'art. 21 du Code pénal. L'étendue du droit de correction varie suivant qu'il s'agit du père ou de la mère.

— Paris, 26 février 1892, D. 92, 2. 311. — Req. 12 février 1894, D. 94, 1, 218. — Mayenne, 12 août 1896, G. P., 18 décembre 1896. — Nîmes, 3 août 1898, D. 99, 2, 381, S. 99, 2, 20.

(1) Il ne faut pas comprendre dans le droit de correction, les châtiments corporels infligés à l'enfant et qui pourront entraîner la déchéance de la puissance paternelle et des peines contre les parents (l. 1889 et 1898), s'ils dégénèrent en mauvais traitements.

1° *Droits du père.* — Lorsque l'enfant a moins de seize ans (art. 376), qu'il est sans fortune personnelle ou dépourvu d'état (art. 382), et, enfin, que son père n'est pas remarié (art. 377), il pourra, alors seulement, être incarcéré pendant un mois, sur la simple demande adressée par son père au président du tribunal, c'est-à-dire *par voie d'autorité,* sans que le père ait besoin d'indiquer la faute commise.

Le convol du père apportera (de même que l'absence de l'une des trois autres conditions susnommées) une restriction à son droit de correction : il devra demander *par voie de réquisition,* en indiquant les motifs de sa requête au président du tribunal, qu'il plaise à ce dernier ordonner la détention de l'enfant du premier lit récalcitrant. Le président *jugera le jugement* du père (1), et, après en avoir conféré avec le Procureur de la République, donnera l'ordre d'incarcérer le mineur pour une période qui ne pourra dépasser six mois (art. 377). La loi craint que le père ne satisfasse une vengeance contre son fils, sous l'influence de sa seconde femme, de la marâtre. « Elle ne lui suppose plus », dit Réal, dans l'Exposé des Motifs (2), « pour ses enfants du pre- « mier lit la même tendresse et la même impartia- « lité. » Pothier, (*Traité des Personnes,* XIII, p. 430 et 431) et Gaïus, avant lui (Dig. loi 4, De inoff. tes-

______

(1) Cf., l'arrêt de règlement du 9 mars 1573 et l'ordonnance de 1604, d'après lequel le père remarié ne peut faire détenir son enfant que sur une ordonnance du lieutenant civil, qui fera une enquête, et demandera, s'il y a lieu, l'avis des parents.

(2) Séance du Conseil d'État du 23 ventôse an XI.

7

tam.) s'exprimaient dans le même sens : « *Maligne*
« *circa sanguinem suum inferentes judicium noverca-*
« *libus delinimentis instigationibusce corrupti.* » Lorsque la situation de l'enfant lui paraitra digne d'intérêt, le juge devra refuser l'ordre d'arrestation; il en
sera ainsi toutes les fois que les motifs allégués ne
lui paraîtront pas suffisamment graves. Il est bon de
remarquer que l'enfant ne sera détenu, que si le père
paie les frais de sa détention et ses aliments : l'ordonnance du président ne pourra, sans cela, recevoir son exécution (art. 378).

Quelle pourra être la durée de la détention de l'en-
fant du premier lit? Le père remarié peut, d'après
l'article 380, demander, par voie de réquisition, l'application de l'article 377, c'est-à-dire la détention de
son enfant pendant six mois au plus. Mais aura-t-il le
droit de requérir une aussi longue détention si son
enfant est mineur de seize ans, alors que, veuf et non
remarié, il ne pouvait le faire détenir, dans ce cas,
que pendant un mois? On a répondu oui: l'article 380 se réfère à l'article 377 *tout entier*, sans distinction entre la première et la deuxième partie. La voie
de la réquisition permet de demander une détention
de six mois, peu importe l'âge de l'enfant qui ne sert
qu'à déterminer dans quel cas la détention peut être
demandée par voie d'autorité. D'ailleurs, les abus,
dit-on, ne sont pas à craindre ; car le président ou le
juge veillera sur les intérêts de l'enfant dont il sera
libre de fixer la détention à moins de six mois.

Nous pensons, au contraire, que ce n'est pas la voie
employée (autorité ou réquisition), mais l'âge de seize

ans qui doit servir de base à la différence du maximum de détention : les articles 380, 381 et 382 du
Code Civil ont eu pour but le plus grand intérêt de
l'enfant. C'est pourquoi ils ont interdit au père d'agir
par voie d'autorité dans certains cas. Il serait au
moins illogique, dans ces conditions, de conclure que
l'article 377, défavorable à l'enfant, doit être appliqué quel que soit l'âge de cet enfant. D'ailleurs tout
le monde est d'accord pour admettre que l'article 382
ne se réfère à l'article 377 que pour indiquer la
forme qui doit être employée. On ne voit pas de raison pour que l'article 380, écrit dans le même but
que l'article 382, ne soit pas conçu dans le même
esprit (1).

*L'enfant du premier lit détenu a-t-il un droit de
recours ?* A-t-il le droit, comme celui qui a des biens
personnels, ou qui exerce un état (art. 382, 1°) d'envoyer un mémoire au Procureur général, qui peut,
après une enquête fixée par l'art. 382, 2°, révoquer
ou modifier l'ordre donné par le président du tribunal ? Il est intéressant de constater tout d'abord
qu'à l'inverse des père et mère qui n'ont aucune voie
de recours contre les ordonnances du président, non
susceptibles d'appel, — puisqu'elles ne sont pas motivées, — l'enfant jouit, au contraire, de la concession bienfaisante du recours. Nous répondrons maintenant que les deux paragraphes de l'article 382 sur
lequel porte la discussion, n'ont pas, à notre avis,

(1) Aubry et Rau, VI, p. 550. — Demolombe, VI, 329. — Demante et Colmet de Santerre, II, 125 bis. — Laurent, IV, 280. —
Contra Dalloz, Rép. V° Puis. pat., 35.

une liaison aussi étroite que l'ont voulu voir MM. Laurent, Demante et Colmet de Santerre. Le deuxième paragraphe de cet article débute, en effet, par les expressions « l'enfant détenu » qui ne peuvent qu'être prises dans un sens général : c'est du moins l'avis de la majorité des auteurs et, en particulier, celle de Vésin, rapporteur au Tribunat. D'ailleurs, le Conseil d'Etat en faisant de notre disposition un paragraphe distinct, au lieu de la laisser à la place qu'elle occupait tout d'abord, dans le corps même de l'article, a bien entendu ainsi la généraliser. Il serait exorbitant d'accorder spécialement la protection de la justice à une situation fort rare, où l'enfant n'a certainement pas besoin d'autant de moyens de défense que lorsque son père a convolé en secondes noces. S'il est détenu, il aura donc le droit d'adresser un Mémoire au Procureur général, dans tous les cas ; l'article 382, 2° s'appliquera à l'enfant détenu d'après l'article 380 (1).

2° Droits de la Mère. — La mère qui n'a, en principe, l'exercice du droit de correction qu'à la mort du père, ne peut jamais agir que par voie de réquisition, et de plus avec le concours des deux plus proches parents paternels de l'enfant. *Concourir* signifie adhérer à la mesure. Le Code a cru devoir restreindre, non pas le droit de correction qui doit appartenir à la mère autant qu'au père, mais l'exercice de ce droit, pour des raisons déjà connues, « la « faiblesse du jugement des femmes, le caractère

______

(1) Aubry et Rau, VI, 288. — Demolombe VI. 331. — *Contra,* Laurent, IV, 288. — **Demante et Colmet de Santerre. II, 127** *bis*.

« d'emportement assez ordinaire à leur sexe (1). »
Vesin ajoutait, galamment, au Tribunat qu' « on ne
« devait pas laisser peser sur la mère toute la res-
« ponsabilité d'une mesure dangereuse. »

Dans le cas de *convol de la mère*, le droit de correction est perdu *entièrement* pour cette dernière,
d'après *l'article 381*. Cette sévérité inexplicable est
l'une des différences choquantes que nous signalions
dès le début de cette étude entre le père et la mère :
les restrictions apportées au droit de correction doivent être uniquement des mesures de précaution prises dans le but d'éviter les dangers causés par l'abus
qui pourrait être fait de cette prérogative de la puissance paternelle. Mais l'intérêt des enfants du premier lit ne commande nullement que la mère soit
dépouillée *entièrement* de la sanction de son droit de
garde et d'éducation. Le droit de réquisition ne lui
est donné, il faut bien le remarquer, qu'à la condition d'avoir l'adhésion des deux parents paternels les
plus proches, ce qui sera une garantie suffisante
pour ces enfants contre les abus d'autorité de la mère
ou de son second mari. Ce que la loi a pris pour une
mesure de précaution contre la mère remariée, nous
l'appellerons une *peine de secondes noces* contre cette
dernière !

Les rédacteurs du Code civil se sont laissés entrainer ici par une idée de symétrie entre les dispositions
concernant l'exercice du droit de correction du père
et celles qui concernent l'exercice du droit de la

(1) Pothier. *Tr. des Pers.*, n. 16.— Cf. Réal. *Exp. des Mot.*, V.—
Locré. III, p. 332.

mère. En effet, si le père se remarie, il ne peut plus
agir par voie d'autorité ; diminution d'un degré de sa
puissance ;   si la mère se remarie, comme elle
n'avait avant son second mariage que le droit d'agir
par voie de réquisition, il fallait, pour restreindre
ses droits d'un degré, lui enlever complétement le
droit de correction.

Il aurait été plus simple et surtout plus équitable
d'appliquer l'article 381 à la mère, remariée ou non,
et d'étendre au père remarié les sages prescriptions
de cet article, c'est-à-dire exiger le concours des deux
parents maternels les plus proches « qui pourront at-
« tester la nécessité de la mesure de rigueur et qui
« seront garants de sa bonne administration » (Réal).
Les précautions sont, en effet, au moins aussi nécessaires, si ce n'est plus, contre l'influence de la marâtre
que contre celle du parâtre. Dans notre sens, nous
pourrions citer l'article 157 du Code civil espagnol qui
donne au père et à la mère, dans le cas de convol,
les mêmes droits de correction, c'est-à-dire que le
juge leur accordera ou leur refusera, à son gré,
l'incarcération de l'enfant.

La mère remariée sera-t-elle complétement désarmée à l'égard de son enfant du premier lit révolté
contre son autorité ? Il faudra distinguer suivant
qu'elle a été ou qu'elle n'a pas été maintenue dans la
tutelle. Dans le premier cas, elle pourra, en vertu de
l'article 468, exercer le droit de correction non plus
comme mère, mais comme tutrice (1). Il faudra pour

(1) Le droit de correction appartiendra au second mari, cotuteur
dans cette hypothèse ; il l'exercera conjointement avec la mère et
au même titre qu'elle (Demolombe, VI, 346).

cela : 1° qu'elle ait, bien entendu, des sujets de mécontentement graves (Cf. art. 375) contre l'enfant
dont elle est tutrice; 2° qu'elle soit autorisée par le
conseil de famille qui ne peut lui permettre que d'agir
par voie de réquisition, de concert par conséquent avec
son second mari, cotuteur de l'enfant du premier lit.

Si la mère n'est point tutrice, elle ne peut plus
user des dispositions de l'article 468. Quel moyen
aura-t-elle pour se faire respecter de son enfant du
premier lit dont la garde lui est pourtant confiée? On
lui reconnaît le droit de s'adresser au tuteur et de
l'obliger à convoquer le conseil de famille.

*3° Influence de la dissolution et de l'annulation du
second mariage du père ou de la mère sur les restrictions apportées à l'exercice de leur droit de correction.* — *Cessante causa, cessat effectus.* Les articles 380
et 381, qui emploient les expressions de « père remarié, mère non remariée », ont eu pour but de frapper
le père ou la mère tant que dure le second mariage,
c'est-à-dire tant que l'influence du parâtre ou de la
marâtre est à craindre; mais lorsque le second mariage est dissous par la mort ou par le divorce, ou
qu'il est annulé *(quod nullum est, nullum producit
effectum)*, on ne peut plus dire que le père ou la mère
est remarié, puisqu'il n'y a plus d'union conjugale.
Il faudra revenir au droit commun ; le père recouvrera
son droit de correction qu'il pourra exercer par voie
d'autorité, dans le cas de l'article 376, et la mère, son
droit de réquisition de l'article 381 (1).

(1) Toullier, I, 1058. — Proudhon, II, p. 247. — Taulier, I,
n. 484. — Marcadé, II, 137 et 140. — Aubry et Rau, VI, § 550,

Ce système, qui paraît très satisfaisant au premier abord, ne peut être adopté parce qu'il a l'inconvénient de *faire la loi*. Tant qu'il n'y aura pas un texte pour restituer aux père et mère dont le second mariage est dissous ou annulé, l'exercice des droits qu'ils avaient avant le mariage, ils devront en rester privés. Nous adoptons cette conclusion (1), d'abord parce qu'elle est favorable aux enfants du premier lit, sans qu'il soit possible, d'autre part, d'accuser notre interprétation de la loi d'édicter une peine de secondes noces. Il n'y a qu'une simple mesure de précaution dont nous demandons le maintien, parce qu'elle est nécessaire pour assurer la protection de l'enfant du premier lit. « Par cela même et par cela seul », dit avec raison M. Demolombe (VI, n. 329), « que le père « (ou la mère) s'est une fois remarié, sa situation en- « vers ses enfants a été changée et altérée pour tou- « jours. Le père (ou la mère) qui se remarie ne con- « serve pas pour les enfants de son premier lit cet « amour complet, absolu, exclusif, qui offre tant de « garanties ! Et l'influence du nouvel époux même dé- « cédé, survit encore le plus souvent dans le cœur du « père, surtout s'il reste des enfants de la seconde « union. » Le danger subsiste donc toujours après la mort du parâtre ou de la marâtre et aussi après le di- vorce. Il continue d'exister surtout si le mariage est

n. 18. — Laurent, IV, 287. — Baudry-Lacantinerie, *Précis*, I, 966 et 968. — Vazeille, II, 425. — Boistel, p. 298. — Chauvin, p. 168.

(1) Massé et Vergé, I, 187. — Demolombe, VI, 324. — Demante et Colmet de Santerre, II, 126 *bis*. — Bernard, p. 190. — Dele- pierre, p. 256. — Leloir, I, p. 115.

annulé (1) : ici, le second conjoint est vivant, et de
plus son influence est presque toujours aussi grande
après l'annulation qui aura été prononcée souvent contre le gré des époux. Il n'y a pas à invoquer, dans cette
hypothèse, la maxime qui régit la matière des nullités
de mariage. Il est certain que le mariage nul ne peut
produire légalement aucun effet ; mais l'illégalité,
l'immoralité, ne peuvent cependant être une prime
pour les père et mère, surtout lorsqu'ils sont de mauvaise foi ! Ce serait, au contraire, le cas d'appliquer
contre eux des peines de secondes noces. Mais, sans
aller jusque-là, nous prétendons que les mesures de
précautions édictées contre l'influence du parâtre ou
de la marâtre, plus que jamais redoutable, doivent être
maintenues lorsque le père ou la mère s'est remarié
et que ce mariage a cessé plus tard d'exister ; car le
fait de l'union conjugale ne peut être anéanti, puisque les tribunaux eux-mêmes l'ont constaté en prononçant l'annulation, que le mariage fût putatif ou
non (Voir cependant en sens contraire Demolombe,
III, n. 337). Il y a eu second mariage, nul il est vrai,
il faut donc préserver les enfants contre les effets
dangereux que cette union peut produire (*producit
effectum*).

On ne saurait, par conséquent, trop prendre de précautions contre les père et mère qui contractent un
second mariage. Ce qui nous encourage à persévérer
dans notre système, en dehors de sa logique avec les
principes de notre loi en cette matière, c'est qu'il

---

(1) Demolombe, VI, p. 563 et 564. — Demante et Colmet de
Santerre. II, n. 131 *bis*, V.

adopte la même solution que celle que nous trouve-
rons consacrée par l'article 386, sur la jouissance légale. Nous demandons seulement que le père et la
mère remariés subissent les mêmes restrictions à
leur droit de correction, celles de l'article 381, qui
seraient certainement suffisantes pour protéger l'enfant du premier lit.

§ 3. — DROIT D'ÉMANCIPATION.

« Conférer l'émancipation, c'est déclarer *avec dis-*
« *cernemement* l'opportunité de fixer un terme à telles
« ou telles prérogatives de l'autorité de famille. »
(Oudot). L'émancipation est donc l'extinction volontaire des droits *de puissance paternelle et de tutelle* (1)
au profit de l'enfant qui est reconnu capable de se
passer de la protection que la loi accorde aux mineurs.
Le père et, à son défaut, la mère doivent user de cette
faculté d'abandon de leurs droits lorsqu'ils le jugent
utile et favorable à leurs enfants, mais alors seulement.

Cette renonciation du père ou de la mère se produira par leur simple déclaration devant le juge de
paix (art. 477); elle sera possible, dès que le mineur
aura accompli sa quinzième année. Elle résultera,
tacitement et de plein droit, de la célébration du mariage de l'enfant (art. 476) *habilis ad nuptias,* c'est-à-

______

(1) L'émancipation ne faisait cesser, à Rome, que la puissance
paternelle, mais la tutelle était ouverte lorsque l'émancipé était impubère.

dire âgé de quinze ou dix-huit ans, suivant les cas.
« Enfants mariés, disaient nos anciens, sont tenus
pour hors pain et pot, c'est-à-dire émancipez. »

L'émancipation a pour but de préparer, par un
stage ou noviciat, le passage du mineur, de l'incapacité qui le frappait à la pleine capacité dont il ne
jouira qu'à sa majorité : aussi ne confère-t-elle à
l'enfant qu'une demi-capacité qui, raisonnablement,
aurait dû être établie de droit, en faveur de tous les
mineurs à l'âge de dix-huit ans par exemple (Cf. art.
384 à propos de l'usufruit légal) pour leur permettre
de devenir habiles aux affaires. Cette demi-capacité
aura pour conséquence la nomination, par le conseil
de famille, d'un *curateur* (1) au mineur émancipé
(art. 480); les auteurs de l'enfant pourront (2) être
chargés de ces fonctions pourvu que l'intérêt du mineur le permette. C'est ainsi que le père ou la mère
que son convol aurait rendu indifférent ou hostile à
ses enfants du premier lit, ne devrait pas être choisi
par le conseil de famille qui n'est nullement obligé de
limiter son choix aux parents.

Comme le tuteur romain *qui auctoritatem inter-
ponebat*, le curateur se borne à *assister* l'enfant qui
agit par lui-même, mais auquel cette assistance est
nécessaire pour certains actes (art. 480, 482). Cepen-

---

(1) *Tutor personæ datur, curator rei.*

(2) Lorsque le père a émancipé son enfant, MM. Aubry et Rau, I,
p. 546, § 131, et Laurent, V, n° 208 prétendent qu'il est son curateur de droit et que le conseil de famille n'aura pas à procéder à
la nomination d'un curateur comme dans le cas d'émancipation par
ce conseil. Besançon, 8 avril 1884.

dant, elle ne suffit pas toujours ; le mineur émancipé est assimilé au mineur en tutelle dans certains cas (1) ; d'autre part, il accomplira seul les actes de pure administration (art. 481), et s'il s'est conformé aux prescriptions de l'article 2 du Code de commerce, « il est réputé majeur pour les faits relatifs à « ce commerce » (art. 487).

L'émancipation ayant pour effet d'affranchir le mineur des puissances paternelle et tutélaire, ce dernier ne sera donc plus soumis aux droits de garde, de correction, de jouissance légale (art. 384) ; mais il n'en sera pas moins obligé d'obtenir pour se marier ou être adopté, le consentement de ses parents ou ascendants.

Ainsi l'émancipation peut être très utile ou très dangereuse suivant les cas pour les enfants du premier lit. Et cependant le convol du père ou de la mère n'a aucune influence, à lui seul, sur le droit d'émancipation que le veuf et la veuve conservent, même lorsqu'ils n'ont pas été maintenus dans la tutelle de leurs enfants du premier lit.

En dehors des hypothèses prévues et punies par la loi du 24 juillet 1889 (2), les tribunaux ne peuvent ni empêcher, ni réprimer les abus dont les enfants du

---

(1) V. art. 457, 458, 461, 464, 467, 483, 903 et 904 du Code civil, et la loi du 27 février 1880 (art. 4), sur l'aliénation des valeurs mobilières appartenant aux mineurs et aux interdits (expliquée par G. Bressolles).

(2) A Rome, Théodose le Jeune avait rendu obligatoire l'émancipation, lorsque les pères de famille avaient abusé de leurs pouvoirs sans souci de la moralité de leurs enfants. (Loi 6, Code, XI, 40 ;— Loi 12, Code, I, 4.)

premier lit seront les victimes, — ou bien s'ils sont émancipés à la légère et contrairement à leurs intérêts, par leur père ou leur mère, — ou s'ils sont au contraire, privés obstinément des bienfaits que pourrait leur procurer l'émancipation qui leur est refusée sans motifs. Il n'y a donc pas de remède à ces abus d'autorité, inspirés le plus souvent par le parâtre ou la marâtre, dans le but de se débarrasser de l'enfant du premier lit, ou, au contraire, de lui refuser sa liberté d'action, surtout si la jouissance légale des biens de cet enfant (mineur de dix-huit ans) appartient à son père remarié d'après l'article 384, et sert à alimenter la nouvelle famille. Ainsi, l'émancipation ne pourra être révoquée, alors même qu'elle porterait le plus grand préjudice à l'enfant, que sur la demande de cet enfant lui-même qui ne renoncera, en général, à sa nouvelle situation, que lorsqu'il y sera contraint, d'après les articles 484 et 485. Le père et la mère remariés, exclus ou destitués de la tutelle, pourront donc impunément priver l'enfant, en l'émancipant, de la protection tutélaire (Caen, 9 juillet 1850, D. 52, 5, 231); la loi de 1889 n'a suppléé qu'en partie à l'imprévoyance du législateur.

La mère remariée pourra-t-elle émanciper ses enfants du premier lit, sans l'autorisation de son mari, ou de justice? Non, dit M. Laurent (V, n° 202) surtout si son mari est cotuteur; la mère ne pourra pas le priver de la cotutelle, à son insu; d'ailleurs les tribunaux interviendront dans le cas d'abus de pouvoir de sa part, c'est-à-dire lorsqu'il fera preuve de mauvais vouloir à l'égard de ces enfants.

Nous répondrons que si le second mari participe à

la tutelle, il n'en est pas de même de la puissance paternelle dont l'émancipation est un des attributs. Le tuteur, ou plutôt le conseil de famille, n'a le droit, d'émanciper ou de ne pas émanciper, que « le mineur « resté sans père ni mère » (art. 478 et 479). D'autre part « l'émancipation peut être placée au nombre des « actes qui ne constituent ni une aliénation, ni une ac- « quisition, ni une obligation, et qui par suite peuvent « être effectuées sans autorisation. En outre la femme « qui se présente devant le juge de paix pour éman- « ciper son enfant n'agit pas en justice, car le magis- « trat compétent remplit alors l'office d'un officier « public et non d'un juge. » (Huc, III, n° 471; II, n° 281). La mère remariée sera donc seule juge de la mesure qu'elle veut prendre dans l'intérêt de l'en- fant ; l'autorité maritale ne doit pas être mise en question.

§ 4. — DROIT DE CONSENTIR AU MARIAGE ET A L'ADOPTION DE L'ENFANT MINEUR DE VINGT-ET-UN OU VINGT-CINQ ANS.

I. *Mariage*. — Tant que l'enfant n'aura pas atteint sa *majorité matrimoniale*, c'est-à-dire vingt-cinq ans pour les garçons et vingt-et-un ans pour les filles, il ne pourra se marier sans le consentement de ses pa- rents (article 148). Il y a, en effet, empêchement di- rimant : s'il est passé outre à la célébration du ma- riage, ce dernier sera déclaré nul (1).

Cependant la loi française n'a pas voulu,

____

(1) *Contra*, Ecosse, Etats-Unis en général.

comme l'exigent les lois russe et suédoise, que l'enfant fût astreint, pendant toute sa vie, à se conformer à cette prescription inexorable ; c'est dans ce but qu'elle a supprimé la nécessité du consentement, à partir de la majorité matrimoniale. L'enfant n'est plus tenu que de requérir le conseil (art. 151) des mêmes parents ; et s'il néglige cette prescription, le mariage n'en sera pas moins valable, l'empêchement étant simplement prohibitif.

Quelles sont les personnes qui peuvent, par leur refus, mettre un obstacle infranchissable à la célébration du mariage ? Ce sont : 1° le père et la mère (art. 148) ; 2° le survivant des père et mère (article 149) ; 3° les aïeuls et aïeules (art. 150) qui remplaceront les père et mère morts ou *qui sont dans l'impossibilité de manifester leur volonté* ; 4° enfin le conseil de famille (art. 160) dont le consentement ne sera, cependant, nécessaire que pour les garçons et les filles, mineurs de vingt-et-un ans, lorsque les parents et ascendants seront morts ou *dans l'impossibilité de manifester leur volonté*.

Mais si le survivant des père et mère convole en secondes noces, conservera-t-il (1) sans restrictions et sans appel le droit de consentir au mariage de ses enfants d'un premier lit ? Dans la discussion qui eut lieu au Conseil d'État, le 26 fructidor, an II, à propos de l'article 149, la section avait proposé un texte ainsi conçu : « Si l'un des deux (époux) est mort « ou dans l'impossibilité de manifester sa volonté, le

(1) *Sic*, Demolombe, V, 45. — Laurent, II, 315. — Bastia, 3 février 1836, S, 36, 3, 247. — *Contra*, Delvincourt, I, p. 55.

« consentement de l'autre suffit, *encore qu'il ait con-*
« *tracté un second mariage* ». Ces derniers mots furent
supprimés, non pas comme inutiles, mais parce que
le convol pouvait avoir une influence fâcheuse ; il fut
question de donner au juge le pouvoir d'examiner si
les circonstances ne permettraient pas de suppléer
au consentement des parents remariés. Nous ne pouvons que déplorer l'oubli du législateur qui n'a pas
résolu la question.

N'y a-t-il pas, au moins, de moyens indirects pour
arriver au même résultat, en luttant contre les abus
et les dangers dont les enfants du premier lit peuvent être victimes — car tel sera le plaisir du parâtre ou de la marâtre — par exemple contre le refus
obstiné du père ou de la mère à la célébration de
l'union désirée par le mineur? Dans notre ancien
droit, d'éminents jurisconsultes, soucieux de l'intérêt exclusif des enfants, comme d'Argentré, ou bien
convaincus, comme d'Aguesseau, de la nécessité du
contrôle de l'autorité paternelle au nom de la société,
émettaient une réponse favorable à notre question ;
le refus injustifié des parents n'était pas sans appel ;
le mineur pouvait se pourvoir devant le juge. D'a-
près une déclaration du roi du 8 mars 1704, « ni les
« ordonnances des rois d'Espagne, ni celles des rois
« de France, n'excluent les juges de connaître des
« oppositions ou refus des père et mère, tuteurs ou
« curateurs pour le mariage des mineurs ». Aucun
texte, sauf la loi de 1889, n'est venu de nos jours confirmer cette mesure de sagesse en faveur des enfants
d'un autre lit, pas plus qu'en faveur des enfants communs.

N'y a-t-il pas pourtant une injustice criante, dans une législation comme la nôtre, qui pose en principe la liberté des mariages et le plus grand intérêt de l'enfant, à sacrifier ce dernier, en le mettant dans l'impossibilité de contracter une union légitime, au gré de ses désirs et surtout parfaitement raisonnable ? Nous sommes les premiers à reconnaître l'utilité et la nécessité dans l'intérêt des enfants, de l'obligation de *demander conseil* à leurs protecteurs naturels, à qui ils doivent témoigner d'ailleurs le plus grand respect. (Art. 371.) Mais, ceci admis, ne trouve-t-on pas que c'est singulièrement prolonger la puissance paternelle que de la faire durer au-delà de la majorité, jusqu'à vingt-cinq ans ? Les légitimes exigences de la liberté de l'enfant ne doivent pas être sacrifiées à l'égoïsme paternel ; le respect de la qualité de père doit céder devant la réalité des choses ; car on ne peut mettre toujours l'équité du côté des parents et l'injustice du côté des enfants !

On a su éviter partout les exagérations de notre Code ; nulle part, la nécessité pour l'enfant d'obtenir le consentement de ses parents n'est admise sans atténuation (1). D'ailleurs cette idée fait tous les jours des progrès chez nous : c'est ainsi que lorsque les parents refusent de donner leur approbation au mariage de leurs fils majeurs de vingt-cinq ans et de leurs filles majeures de vingt-un ans, la loi Lemire,

(1) La plupart des législations étrangères accordent à l'enfant le droit de recourir devant les tribunaux, en cas de refus injustifié des parents. (Allemagne, Danemark, Grèce, Italie, Brésil, Chili, Mexique.)

du 20 juin 1896, permet à ces derniers de passer outre à la célébration du mariage, un mois après avoir demandé conseil à leurs parents par *un seul* (au lieu de trois, d'après le Code) acte respectueux et formel, qui sera même gratuit (art. 6) pour les indigents.

En réfléchissant à la situation malheureuse de l'enfant mineur qui ne peut arriver en aucune façon à triompher de cette opposition injustifiée, trop souvent inspirée par la mauvaise volonté, la colère haineuse du nouveau conjoint, on ne peut s'empêcher de déplorer que la liberté de l'individu ait été sacrifiée à ce que le législateur a pris pour l'utilité générale. Les empêchements au mariage destinés à sauvegarder le consentement ne devraient pas être dirimants, mais simplement prohibitifs, au moins dans des hypothèses comme celle qui nous intéresse (1). Le mariage de l'enfant, sans le consentement des parents, ne devrait pas être radicalement et légalement déclaré nul, sur le fondement d'une idée de protection aussi étroite de la famille. L'ordre social ne saurait être ébranlé par l'extension de la liberté, noble et sainte entre toutes, qui permettra à cet enfant de créer une famille à lui, qui perpétuera dignement son nom et, cela, sans que le moindre

---

(1) La loi canonique a toujours été dans ce sens. Ce sont les parlements et la jurisprudence qui ont créé, dans notre hypothèse, un empêchement dirimant que les rois de France cherchèrent vainement à faire consacrer par l'Eglise. C'est ainsi que le Concile de Trente, auquel s'était adressé Charles IX, refusa de faire du consentement des parents une condition *absolue* de validité du mariage des mineurs.

reproche puisse lui être adressé. Un individu qui est nubile, depuis longtemps déjà, doit pouvoir exercer cette faculté imprescriptible, dont la loi est dans l'instinct, et dans ce qu'il y a de plus élevé de l'âme humaine, qui tient, par conséquent, d'une façon intime à la personnalité et à la moralité de l'homme !

Qu'arrivera-t-il si l'enfant, après avoir éprouvé un refus inspiré par le parâtre ou la marâtre, essaie de passer outre ? Le mariage étant impossible, le rapt, le concubinage seront peut-être les conséquences déplorables de l'impuissance de notre loi. Ce sont là des cas exceptionnels, dira-t-on. Il suffit qu'ils puissent se produire pour que nous fassions tous nos efforts pour faire condamner une disposition législative qui n'admet aucune réserve et qui, partant d'une idée sainte, le respect des parents, aboutit à des conséquences immorales, injustes et, de plus, illogiques avec les grands principes que nous n'avons admis comme base de cette étude, que parce qu'ils étaient conformes à nos lois civiles et sociales. La liberté des mariages, la protection des enfants du premier lit, s'opposent, en effet, également à ce que le droit de l'enfant soit tenu en suspens par l'arbitraire des parents, de même qu'elles ne permettent pas le consentement donné trop facilement, par ces derniers, à un *sot* mariage, c'est-à-dire à un mariage qui ne peut avoir que des conséquences détestables pour les enfants et la famille tout entière.

Il y aurait peut-être un moyen de concilier l'intérêt de l'enfant du premier lit, le respect dû aux parents et le bon ordre social. Pour protéger l'enfant et sa famille, contre des passions dangereuses pour tous, on a imposé à cet enfant un frein, le *veto* de ses parents. Nous proposerions de sanctionner l'infraction du mineur qui a contracté mariage sans le consentement de ses père et mère, non par la nullité de l'union, mais plutôt par des pénalités, des peines pécuniaires (1), qui seraient suffisantes à protéger la famille contre l'introduction, dans son sein et malgré elle, de nouveaux alliés et parents. La pratique nous prouve, en effet, que d'après l'expression populaire, s'il n'y a plus d'argent, il n'y a plus d'amour. L'enfant contrevenant pourrait être puni de l'exhérédation plus ou moins complète, de la révocation des donations à lui faites, etc. Mais ces pénalités ne devraient frapper que l'enfant *coupable*; si, au contraire, les conditions de convenances que peut imposer équitablement la famille, étaient remplies, le mariage de l'enfant qui a subi un refus obstiné et injustifié, sera déclaré valable, sans qu'aucune peine soit prononcée par le tribunal chargé de juger la contestation.

Ne serait-il pas encore plus simple de considérer le père ou la mère — qui subit l'influence absolue de son second conjoint et dont la volonté est par conséquent annihilée par celle du parâtre ou de la marâtre qui suggère tous ses actes, — comme *étant dans l'im-*

---

(1) Cf. L'édit de Henri II, de 1556. Les enfants étaient condamnés à « être, par leurs dits père et mère, et chacun d'eux, exhérédez « et exclus de leurs successions, sans espérance de pouvoir que- « reller l'exhérédation qui, ainsi, aura esté faite. » — Seront de plus revoquées « toutes et chacunes les donations et avantages qu'ils « auraient faits à leurs enfants. »

possibilité de manifester sa volonté, ce qui entrainerait comme conséquence l'application des articles 150
et 160 ? En effet l'opposition de ce père ou de cette
mère, sain d'esprit, il est vrai, mais qui refuse obstinément son consentement, bien que toutes les conditions d'intérêt, de fortune, de situation sociale enfin,
soient réunies pour lui imposer son assentiment qui
ferait le bonheur de son enfant, ressemblent à s'y
méprendre à l'opposition d'un individu privé de raison. Affolé par sa passion qui fait de lui un instrument docile et inconscient de l'ennemi même de son
enfant du premier lit, il est bien, en fait, dans l'impossibilité de manifester une volonté qui ne lui soit
pas suggérée, qui soit la sienne, par conséquent. Il
ne manque plus qu'une constatation de cet état de
démence (1) spéciale, *par les tribunaux*; après quoi,
il suffirait de demander le consentement exigé pour
le mariage de l'enfant du premier lit, en premier lieu
aux parents dont le consentement est requis, à défaut
du père et de la mère, d'après l'article 150 ; et si les
ascendants étaient morts ou dans l'impossibilité de
manifester leur volonté, l'enfant issu d'un autre mariage devrait s'adresser au conseil de famille, dans
le cas seulement où il serait mineur de vingt-et-un
ans (art. 160). Ce système aurait, en somme, l'avantage de protéger les enfants du premier lit et la famille,
non seulement contre le refus de consentement, mais
aussi contre le danger inverse, le consentement donné

---

(1) C. f. l'ordonnance de Blois de 1579, assimilant le second mariage contracté follement à la démence et frappant la veuve remariée
d'une incapacité absolue d'aliéner ses biens.

à tort par les parents remariés qui ont eu pour but de se débarrasser au plus tôt de leur enfant. C'est ainsi qu'en Allemagne, les articles 1305 et 1308 du Code civil donnent au conseil de tutelle le pouvoir d'autoriser l'enfant majeur à contracter mariage si la résistance des parents ne lui paraît pas fondée : et avant de statuer, les parents ou alliés de l'enfant seront entendus.

Comme il serait parfaitement inutile de dévoiler les dissensions qui existent au sein des familles et de faire constater publiquement l'influence honteuse du second conjoint, ce qui serait un véritable scandale qui rejaillirait sur une famille entière, nous serions d'avis que la décision du Tribunal ou de la Cour qui interviendrait dans les systèmes proposés, ne devrait pas énoncer de motifs ; elle devrait être rendue en Chambre du Conseil (1). C'est ce que décide l'art. 67 du Code civil italien qui a voulu éviter le reproche fait au législateur français (2).

Il est inutile de faire remarquer que si, en fait, les père et mère remariés peuvent subir l'influence de leur conjoint, à propos du consentement à donner au mariage de l'enfant mineur du premier lit, il n'en est rien en droit : la femme, frappée de l'incapacité légale par son second mariage, n'a en effet besoin d'aucune autorisation maritale ou judiciaire pour donner ou

(1) C. f. art 355, 356, 357. V. aussi dans la première section du Chapitre Deuxième, *l'obligation de dot*.

(2) Le mineur n'usera de la voie de recours devant les tribunaux que par l'intermédiaire d'un proche parent ou allié ou du ministère public. (C. civ. Italien).

refuser son consentement qui ne suppose ni aliénation, ni obligation, ni acquisition de sa part. C'est
pourquoi nous avons repoussé le système de Delvincourt (I, p. 55, n° 6) d'après lequel la mère remariée,
non maintenue dans la tutelle, ne peut plus consentir
au mariage de ses enfants d'un autre lit, parce qu'elle
ne peut plus autoriser la disposition de l'objet le plus
modique appartenant à l'enfant, et que ce dernier,
par le fait que sa mère a consenti à son mariage, est
devenu capable de faire toutes les conventions ou
donations dont le contrat de mariage est susceptible
(art. 1398). Il y a ici une confusion : les règles de la
puissance paternelle doivent seules être appliquées,
que la mère soit tutrice ou non ; de plus, elle est,
dans les deux cas, dans l'impossibilité de manifester
sa propre volonté, de l'aveu de Delvincourt lui-même,
auquel nous reprochons de s'être arrêté à moitié chemin en ne parlant que de la mère, là où il fallait
parler de puissance paternelle.

L'intervention du magistrat (1) que nous demandons n'est pas une nouveauté, comme nous l'avons
déjà constaté ; c'est ainsi que le consentement du
père de famille auquel il est impossible de suppléer
pendant une période de six ou sept ans depuis que
l'enfant a atteint l'âge légal de la puberté, pouvait,
au contraire, en Droit Romain, être remplacé par

---

(1) Il est intéressant de signaler un premier pas fait dans cette
voie par l'article 17, alinéa 2, de la loi du 24 juillet 1889 qui permet à la justice de contrôler la raison du refus des parents qui ont
abandonné à des tiers leurs droits de puissance paternelle, mais
qui ont conservé le droit de consentir au mariage.

l'autorisation du magistrat, si le père de famille le refusait sans droit, *injuria*. Il est triste de constater que notre loi, à l'inverse de la loi romaine, a commencé par la liberté pour finir par la contrainte !

II. *Adoption*. — Nous ne dirons que quelques mots des restrictions apportées à l'adoption (1) ; ce sujet n'a pas pour l'enfant l'importance capitale que nous reconnaissons à la liberté du mariage. L'adoption de l'homme et de la femme ne sera possible, — tant qu'ils n'auront pas atteint leur majorité *adoptive*, c'est-à-dire l'âge de vingt-cinq ans, — qu'avec le consentement de leur père ou mère, ou du survivant (art. 346); au-delà de la vingt-cinquième année, ils ne seront plus tenus que de requérir leur conseil, par un acte respectueux. Les articles 150 et 160, pas plus, d'ailleurs, que les autres qui ont trait au consentement au mariage, ne peuvent être invoqués, en matière d'adoption ; le consentement des ascendants, ou du conseil de famille à défaut de parents, n'est pas exigé pour l'adoption, en l'absence d'un texte.

Le convol n'exerce aucune influence sur le droit exclusif du conjoint survivant qui continuera, s'il ne se trouve pas dans une situation prévue par la loi de 1889, à exercer souverainement son *velo*, même pour le plus grand préjudice de l'enfant, qui est pourtant majeur de vingt-et-un ans, l'adoption n'étant possible qu'à partir de la majorité ordinaire. Pourquoi notre législateur n'aurait-il pas exigé simplement que l'en-

(1) V. III⁰ partie, Chap. II⁰ Sect I⁰.

fant requière le conseil (1) et non le consentement de ses parents, pour se conformer à un devoir de piété filiale (2)?

II. — Droits de puissance paternelle sur les biens des enfants du premier lit.

§ 1ᵉʳ. — DROIT D'ACCEPTER LES DONATIONS OFFERTES A L'ENFANT.

La donation entre vifs, contrat solennel, a besoin, pour être valable, d'être acceptée par le donataire. Qui acceptera pour le mineur, incapable par conséquent?

1° Si le père ou la mère est *tuteur* de son enfant du premier lit, il sera *obligé*, — et le second mari, cotuteur, sera soumis aussi à la même obligation, — d'accepter les donations offertes au mineur, s'il ne veut être condamné, en vertu de l'article 942, à des dommages-intérêts envers ce dernier. Le conseil de famille appréciera pourtant, avant l'acceptation, ces donations au point de vue moral (art. 935-1°);

2° Si le père ou la mère n'est pas tuteur ou curateur, il *pourra* accepter, la mère remariée n'aura

(1) Cf., loi du 11 février 1881, Genève.

(2) Même solution pour le consentement exigé des père et mère pour permettre à leurs enfants du premier lit d'entrer dans les ordres religieux. « L'enfant, disait Pothier, ne peut entrer dans aucun « état, se faire novice, faire profession religieuse sans le consente- « ment de son père ou de sa mère. » (*Traité des Personnes*, 1, *tit*, VI, Sect. II.) V. Décrets du 28 février 1810, art. 4 et du 18 février 1809, art. 7.

besoin d'aucune autorisation maritale ou judiciaire, parce qu'il y a acquisition, mais pas pour son compte (art. 935-3°);

3° Même du vivant des père et mère, les autres ascendants, quoiqu'ils ne soient ni tuteurs, ni curateurs du mineur, *pourront* accepter pour lui ; aucun ordre hiérarchique n'est établi entre parents et ascendants ; ces derniers peuvent même accepter contre le gré du père ou de la mère, parce qu'ils sont dans l'exercice d'un mandat qui leur est également confié (art. 935-3°);

4° Enfin le mineur émancipé pourra accepter lui-même avec l'assistance de son curateur (art. 935-2°).

La protection de l'enfant du premier lit est donc parfaitement assurée par le droit commun, puisqu'à côté du tuteur, qui est tenu d'accepter la donation et qui est responsable de l'exécution de cette prescription, les ascendants auront le droit d'intervenir dans l'intérêt même de l'enfant qui leur est cher.

§ 2. — JOUISSANCE OU USUFRUIT LÉGAL (1). L'ARTICLE 386.

L'usufruit légal est le droit pour le père durant le mariage et, après la dissolution du mariage, pour le survivant des père et mère d'avoir la jouissance des biens de leurs enfants jusqu'à ce que ces derniers

____

(1) *L'administration légale* des biens propres du mineur est exercée par le père pendant le mariage (art. 389) ; la mort du père ou de la mère la fait cesser et donne ouverture à la tutelle (art. 390), sur l'attribution de laquelle le second mariage exerce une certaine influence. V. la deuxième section.

aient atteint l'âge de dix-huit ans ou plutôt jusqu'à leur
émancipation qui peut avoir lieu avant l'âge de dix-
huit ans (art. 384). Ce droit a son origine dans la
garde coutumière. « La garde », dit, en effet, Pothier,
« est le droit que la coutume donne au survivant des
« deux conjoints par mariage ou, à son défaut ou refus,
« aux autres ascendants de gouverner avec autorité la
« personne des enfants mineurs du dit mariage et *les*
« *biens qui sont advenus aux dits mineurs de la suc-*
« *cession du prédécédé et qui pourraient leur avenir*
« *d'ailleurs.* ». La jouissance légale est l'émolument
de la garde noble, mais non celui de la garde bourgeoise, sauf à Paris cependant.

La jouissance légale appartient donc au survivant
des père et mère, à celui qui exerce la puissance paternelle, auquel les rédacteurs du Code ont voulu
donner une compensation des charges ou obligations
qui lui incombent du fait de cette puissance à lui
confiée : *ubi onus ibi emolumentum.*

Quels seront les *effets du convol* de l'usufruitier sur
cette jouissance légale ? *La mère remariée perdra
seule* ce droit ; l'article 386-2° ne peut être étendu, en
effet, dans le silence de la loi, au père remarié, par
voie d'analogie.

Cette différence, que nous retrouvons constamment
entre le père et la mère remariés, a-t-elle, au moins
ici, sa raison d'être ? Nous répondons *non* sans la
moindre hésitation. Les rédacteurs du Code auraient
eu pourtant la possibilité d'éviter qu'une nouvelle
injustice fût commise. Ils avaient sous les yeux
d'abord l'article 228 de la Coutume de Paris qui, ne
faisant aucune distinction entre le père et la mère,

prononçait, dans tous les cas de convol la déchéance
de la garde noble ou bourgeoise ; la section de législation du Conseil d'Etat était, en outre, du même avis.
« La loi, » disait Vesin, « fait cesser cette jouissance
« pour celui des père et mère contre lequel le di-
« vorce aurait été prononcé et même dans le cas d'un
« *second mariage.* » Mais Cambacérès crut très
utile de faire établir une distinction. « Le père, en se
« remariant », disait-il, « demeure le chef de la fa-
« mille (!), tandis que la mère, par son second ma-
« riage, passe dans une famille nouvelle. Ne serait-il
« pas injuste qu'elle portât dans une autre famille
« les revenus de ses enfants du premier lit et qu'elle
« enrichît son nouvel époux à leur préjudice (1) ? »
Et Réal ajoutait : « Il y aurait inconvenance à éta
« blir en principe que la mère peut porter dans une
« autre famille les revenus des enfants du premier lit
« et enrichir ainsi à leur préjudice son époux (2). »
De là la rédaction définitive de l'article 386 : « Cette
« jouissance... cessera *à l'égard de la mère* dans le
« cas d'un second mariage. »

Les motifs invoqués pour n'appliquer la déchéance
qu'à la mère, n'ont pour nous aucune valeur : il est
tout aussi injuste, et surtout il n'est rien moins
qu'impossible de voir le père porter les revenus des
biens de ses enfants d'un premier lit dans sa nouvelle famille et *enrichir* ainsi sa seconde femme et ses
enfants du second lit (3). Il est bien des hypothèses où

(1) Séance du Conseil d'Etat du 8 vendémiaire an XI ; Locré, III.
p. 322.

(2) Locré *Exp. des mot. sur la puis. pat.*, VII, 65.

(3) A Rome, pour la première fois, sous Constantin, une consti-

l'on pourrait constater la *faiblesse* de l'homme et *l'autorité* de la femme sur son mari ; c'est l'inverse qu'a prévu la loi qui a eu le tort, par conséquent, de ne pas voir le danger partout où il est, et de se laisser entraîner par des idées aujourd'hui démodées, et surtout condamnées par les principes mêmes sur lesquels reposent notre société.

On a craint que le second mariage n'eût pour les enfants du premier lit de la femme, des conséquences plus dangereuses que pour ceux de l'homme. Le second mari, a-t-on dit, a, sous presque tous les régimes matrimoniaux, l'administration des biens de la femme : c'est lui qui perçoit, dans tous les cas, les revenus de ces biens, au moins en fait, dans les hypothèses où la loi ne lui accorde pas ce droit. La mère remariée livre donc les revenus de ses enfants issus d'un précédent mariage à l'administration de son mari qui les détournera de leur emploi naturel. Ce danger ne sera jamais à redouter, d'après le système du Code, quand le père convolera en secondes noces, parce qu'il conservera l'administration des biens.

C'est là une erreur énorme : le père ne résistera pas souvent à la tentation de consacrer les revenus de ses enfants du premier lit à sa nouvelle famille. Nous avouons, par conséquent, ne pas comprendre l'innovation exorbitante du Code, dont les rédac-

tution décida dans l'intérêt des enfants du premier lit que le *pater binubus* perdrait l'usufruit du *pécule adventice*, c'est-à-dire l'usufruit des biens que ses enfants auraient hérité de leur mère (L. 3, C. Théod., VIII, 18). Il faut dire que cette constitution fut abrogée, en 468, par l'empereur Léon.

leurs se sont laissés entraîner par les idées de défaveur, de peines des secondes noces des femmes. Ils ont oublié, ici, comme à propos du droit de correction et de la tutelle, les bonnes résolutions qu'ils avaient prises : pas de haine des secondes noces, mais protection des enfants du premier lit. Ils ont fait le contraire. Ils ont édicté, sans s'en rendre compte peut-être, une pénalité contre la mère (1); car ils ont négligé de parer aux dangers qui menaçaient tout autant les enfants dont le père se remarie que ceux de la mère qui convole en secondes noces. Nous ne craignons pas de le répéter, cette irrégularité choquante entre l'homme et la femme est une véritable injustice ! Que se passera-t-il, en effet, si les deux époux ont chacun des enfants d'un autre lit ? Le mari, conservant la jouissance légale des biens de ses enfants, portera leurs revenus dans la famille de sa femme ; la femme, au contraire, perdra la jouissance légale des biens de ses enfants, dont les revenus seront seuls protégés. Une réforme de l'article 386 s'impose absolument : le convol soit du père, soit de la mère, devrait faire cesser l'usufruit légal. Cette mesure commandée par l'équité est déjà consacrée par l'article 232 du Code civil italien, qui a su se débarrasser de l'influence de notre législation, parce que cette dernière est, ici, insuffisante et illogique ;

(1) Cf. chez les Wisigoths et les Burgondes : la mère devenue tutrice légale de ses enfants à la mort de son mari, conservait, toute sa vie, l'usufruit de la moitié des biens laissés par le défunt à ses enfants, mais à la condition de ne pas convoler en secondes noces. (Toulotte, *Lois du Moyen-Age*, I, p. 125.)

de même l'article 63 du Code civil du canton des Grisons fait du convol du père et de la mère une cause de déchéance du droit d'usufruit, mais seulement lorsque le père remarié a perdu le droit de garde sur ses enfants.

Nous répéterons ici, ce que nous avons dit — à propos du droit de correction — de *l'influence de la dissolution ou de l'annulation du second mariage* sur la perte, pour la mère de son droit de jouissance. — Il n'y a pas de texte qui fasse revivre cette jouissance perdue. Les dangers qui ont motivé la mesure prise dans l'intérêt des enfants du premier lit existent toujours, la mère pouvant se servir des revenus des biens de ces derniers pour entretenir sa nouvelle famille. — De plus, l'article 386-2° ne peut pas être plus absolu dans ses termes : la jouissance *cessera* dans le cas d'un second mariage, dit-il, c'est donc l'extinction définitive. — Enfin, la partialité de l'article 386-2° à l'égard de la mère seule, fait de cet article une *pénalité* contre le fait du convol lui-même : c'est-à-dire que la jouissance ne pourra jamais revivre en faveur de la mère (1); ce qui ne nous empêcherait pas d'adopter la même solution, si nos lois futures appliquaient l'article 386-2° au père remarié, assurant ainsi une *protection équitable* aux enfants du premier lit.

(1) Vazeille, II, 470. - Duranton, III, 386. — Marcadé, art. 386. — Delvincourt, I, p. 93. — Aubry et Rau, VI, 550 *bis*. — Demolombe, VI, 562. — Baudry-Lacantinerie, I, 982. — Demante et Colmet de Santerre, II, 131 *bis*. — Chardon, *Puis. pat.*, n° 160. — *Contra*, Taulier, I, p. 496. — Laurent, IV, 328. — Article 164, Code civil portugais.

D'autre part, la jouissance légale étant indivisible, comprend tous les biens qui peuvent advenir aux enfants, comme nous l'a déjà dit Pothier. La mère ne pourra donc pas réclamer la jouissance légale des biens advenus à ses enfants du premier lit depuis que le second mariage a cessé. L'article 386 n'admet donc ni exception, ni distinction (1).

Avant la loi du 24 juillet 1889, on se demandait si l'article 386 ne pouvait s'étendre *à la mère non remariée qui vit dans une inconduite notoire*, en concubinage, et donne le jour à des enfants naturels. L'affirmative soutenue par nos anciens auteurs (2) et en particulier par Pothier (coutume d'Orléans, Intr. au titre de fiefs, 346), est aujourd'hui définitivement abandonnée (3). Sans doute, les enfants légitimes subiront un préjudice réel ; la jouissance légale de leurs biens procurera à la mère le moyen d'enrichir ses enfants naturels et de les élever aux dépens de la famille légitime. La loi l'a si bien compris qu'elle a fait de l'inconduite notoire une cause de destitution de la tutelle (art. 444) ; mais elle ne l'a pas rangée parmi les causes qui font cesser la jouissance légale et, en l'absence d'un texte formel, on ne peut étendre une déchéance, d'un cas à un autre, par voie d'analogie. Le tuteur nommé pour rempla-

(1) Bourges, 18 juin 1890, D. 91, 2,143.

(2) *Non enim amplius habebit castitate luxuria.* (L. 7, C. de revoc. don. ; nov. 30, Cap. 2 § 1).

(3) V. cependant. Limoges, 16 juillet 1807, 2 avril 1810, S, 13,2, 290, — 23 juillet 1824, S. 26,2,169. — *Contra*, Aix, 30 juillet 1813, S. 14,2,70.

cer la mère destituée administrera les biens de l'enfant; mais l'excédent des revenus, après acquittement des charges de l'usufruit légal, appartiendra à la mère (1) qui sera toujours usufruitière.

L'affection maternelle subsiste, dit-on, malgré l'inconduite. Cela peut être vrai; mais le danger que nous redoutions quand la mère se remarie existera, lui aussi, et plus considérable que dans le cas de convol. Croit-on que si l'influence du second mari n'est plus à craindre, — puisqu'il n'y a pas de second mari, — les effets d'une passion violente et déréglée par conséquent, ne seront pas plus terribles? La mère est coupable, puisqu'elle vit dans une débauche honteuse pour elle-même, injurieuse pour la mémoire de son mari et pour ses enfants! Les tribunaux avaient compris la nécessité d'une loi nouvelle, et la jurisprudence y avait suppléé, en privant la mère débauchée de l'exercice de son droit de jouissance. Enfin, la loi nouvelle si désirée est venue, dans son article 2 § 6 (déchéance facultative), permettre aux tribunaux d'enlever la jouissance légale et tous les autres attributs de la puissance paternelle à la mère dont l'inconduite est notoire et scandaleuse.

Le second mariage du père n'a donc pas pour conséquence directe de faire perdre à ce dernier la jouissance légale sur les biens de ses enfants du premier lit. Quelles sont les circonstances, quels sont les moyens, fournis par le droit commun, qui auront

(1) Lyon, 4 juin 1878, D. 79,2,167. — Alger, 27 déc. 1890, S. 92,2,5. — Aubry et Rau, VI, p. 91. — Demolombe, VI, 565.

(2) Cass., 19 avril 1843, S. 43, 1, 385.

pour résultat d'entraîner la suppression de cet usufruit que le fait seul du convol ne peut faire perdre au père remarié ? Les règles générales de l'usufruit ordinaire devront être appliquées ici, toutes les fois qu'il n'y a pas été apporté de dérogations expresses et malgré le caractère d'indemnité qui a été conféré par les Rédacteurs du Code à la jouissance légale. De la combinaison de ces principes généraux de l'usufruit ordinaire et des principes spéciaux de l'usufruit légal, il ressort que le père ne jouira *pas*, ou ne jouira *plus* des revenus des biens de ses enfants du premier lit dans les hypothèses suivantes :

1° Lorsque ces derniers seront *émancipés* et, au plus tard, lorsqu'ils sont parvenus à l'âge de dix-huit ans, d'après la définition même que nous avons donnée au début (art. 384) — On a critiqué généralement, en disant qu'il était possible d'en trouver une moins injurieuse, la raison invoquée par Cambacérès, sur la proposition duquel a été introduite la restriction qui nous intéresse ; elle ne pourra mieux s'appliquer cependant que lorsqu'il s'agit d'enfants du premier lit. « Si la jouissance légale ne prenait fin « qu'à la majorité de l'enfant », disait, en effet, le Consul, « il serait à craindre que le père ou la mère re- « fusât d'émanciper l'enfant, ou même de consentir « à son mariage qui produira de plein droit son « émancipation, *pour conserver quelques années de* « *plus la jouissance des biens de l'enfant.* »

2° Lorsque le père remarié *fera un abus* de son droit de jouissance légale. — Nous avons, enfin, un texte, l'article 618, qui prévoit et surtout punit l'abus ! Cet article consacre, en effet, l'intervention, le contrôle des tribunaux, ce qui permettra, jusqu'à un certain point, d'éviter les dangers des seconds mariages. Si l'usufruitier excède son droit (*jus utendi, fruendi, salva rerum substantia*), s'il n'exécute pas « la charge de conserver la substance » (art. 578), il y aura abus *(abusus)* et la déchéance pourra être prononcée à l'encontre de cet usufruitier. Le législateur, présumant que l'affection paternelle est inaltérable, a dispensé le père de l'obligation de fournir caution de jouir en bon père de famille (art. 601); il eût été peut-être prudent de rétablir cette garantie, lorsque le père convole en secondes noces (1) et oublie ses devoirs. Il y a là une omission dans la loi; mais il n'en faut pas moins conclure que le père est tenu de jouir en bon père de famille; et s'il détourne, comme nous le craignons, les revenus de son enfant du premier lit de l'usage que la loi prescrit d'en faire, nous croyons que l'intervention des tribunaux sera toujours possible, et l'article 618, applicable. Le respect des prescriptions de l'article 385 sera ainsi assuré. C'est ainsi que, parmi les charges ou conditions imposées au père usufruitier, par cet article 385, nous distinguerons en particulier la nourriture, l'en-

---

(1) Cf. à Rome, où le père institué héritier, à charge de laisser un legs à ses enfants, est dispensé de l'obligation de fournir caution à ses enfants légataires, excepté cependant dans le cas *où il convolait en secondes noces* (Nov. 22, C. 41).

De même, lorsque la mère survivante avait la garde des biens meubles, et qu'elle était obligée par le seigneur féodal de se remarier, « il conviendrait que *son mari baillât caution* de la somme desdits biens meubles restituer, pour ce qu'il est du tout étrange. » (*Grand Coutumier*, II, 41).

tretien et l'éducation des enfants du premier lit, conformément à leur fortune. Nous savons déjà que ce père n'aurait pu être obligé de fournir, de ses deniers, à ces enfants que ce qui leur eût été indispensable, et à condition de plus que les biens de ces derniers n'eussent pas été suffisants pour couvrir les dépenses nécessitées par leur entretien (1). Si donc le père ne remplit pas l'obligation que lui impose son titre d'usufruitier, son droit lui sera retiré. Et, s'il était tuteur de ses enfants du premier lit, il perdra de plus l'administration des biens du mineur, en vertu de l'article 444-2° qui prononce la destitution de la tutelle exercée par un individu incapable ou *infidèle*. Les revenus de l'enfant du premier lit seront rendus à leur affectation, et le père ne sera plus obligé de subvenir à leurs besoins à moins que leurs revenus ne soient insuffisants, le capital du mineur ne devant être entamé que dans le cas de nécessité absolue.

3° Lorsque le père a négligé de faire inventaire des biens composant la communauté dissoute par la mort de la mère des enfants du premier lit (2), ou encore

(1) C'est ainsi qu'il a été jugé que l'entretien des enfants du premier lit n'est à la charge de la communauté qui régit la seconde union, que si l'usufruit légal des biens de ces enfants appartient à l'époux remarié (s'il tombe dans la communauté, par conséquent), et, de plus, si ces biens sont insuffisants. — Paris, 19 mars 1865, S. 65, 2, 235. — Voir, à ce sujet, MM. Mérignhac, *Traité du régime de Communauté* n. 1110 et suiv. — V. aussi, à propos de la mère dotale, Cass., 19 avril 1886, D. 87, 1, 171.

(2) Le père subit une peine différente de celle qui le frappait dans notre ancien droit. Au lieu de faire cesser la communauté à la dissolution du mariage, comme le décide l'article 1442, les articles 240

lorsqu'il a rédigé un inventaire frauduleusement incomplet, ce qui revient au même (art. 1442).

4° Lorsque le père a été exclu de la succession de son premier conjoint ou de toute autre personne, pour cause d'indignité (art. 727), et que cette succession passe aux enfants, sans le concours de la représentation, conformément à l'article 730. Mais il faut remarquer que, dans cette hypothèse, l'usufruit légal des biens composant cette succession cessera seul ; le père conservera en effet son usufruit sur les autres biens appartenant à l'enfant.

5° Lorsque le divorce a été prononcé contre le père (art. 386-1°). V. la IIIᵉ partie.

6° Lorsque le père a été déchu de la puissance paternelle par application de la loi du 24 juillet 1889 ; lorsqu'il aura été privé de ses droits, d'après la loi du 19 avril 1898.

7° Lorsque les biens des enfants proviennent de leur travail personnel ou d'un commerce séparé (art. 387) ; lorsqu'ils font partie d'un majorat (avis du Conseil d'Etat des 25-30 janvier 1811).

8° Lorsque les biens sont donnés ou légués aux enfants, sous la condition expressément formulée par le donateur que le père n'en aura pas la jouissance lé-

et 241 de la Coutume de Paris permettaient aux enfants de soutenir que la communauté avait continué à défaut d'un titre régulier qui en aurait établi la consistance, jusqu'au moment où il leur plairait de la faire liquider. Cette combinaison était la source de nombreux procès, surtout lorsqu'il s'était formé une *communauté tripartite* dans le cas de second mariage du père, entre ses enfants du premier lit, son second conjoint et lui-même qui avaient tous des droits égaux.

gale (art. 387). Voilà le moyen préventif, la précaution avisée que prendra ou que devrait prendre une mère soucieuse de l'intérêt de ses enfants, — comme toute autre personne prévoyante qui ferait une donation ou laisserait un legs aux enfants du premier lit, — lorsqu'elle aura de justes motifs de craindre que son mari ne convole en secondes noces et ne mette ainsi en péril le patrimoine de ses enfants mineurs et non émancipés.

Nous avons supposé jusqu'à présent que le père remarié n'avait pas été exclu ou destitué de la tutelle, en vertu des articles 443 et 444. S'il avait, au contraire, perdu l'administration des biens du mineur, nous déciderions que le tuteur toucherait intégralement les revenus de ce mineur, en ferait l'usage prescrit et remettrait l'excédent seul au père destitué ou exclu, dans les cas très rares où les lois de 1889 et 1898 n'auraient pu recevoir leur application et où la jouissance légale appartiendrait encore au père, ce qui serait plus théorique que pratique.

SECTION II

TUTELLE

La tutelle est un mandat gratuit, imposé par la loi ou par la volonté de l'homme, en vertu duquel une personne capable se trouve obligée, dans un but de *protection des mineurs*, de prendre soin de la personne et des biens de ces derniers. « *Tutela* », disait Servius,

« *est vis ac potestas in capito libero, ad tuendum cum*
« *qui propter ætatem sua sponte se defendere nequit*»
(Ulpien, Dig. fr. 1, lib. XXVI, tit. 1er).

La tutelle qui est instituée chez nous, comme la
puissance paternelle, dans l'intérêt du pupille, — contrairement à la tutelle romaine qui était plutôt organisée dans l'intérêt du tuteur, au moins à l'origine, —
comprend trois éléments nécessaires à son fonctionnement : 1° *le tuteur*, mandataire légal du mineur ;
2° *le conseil de famille*, assemblée de parents ou alliés
du pupille, présidée par le juge de paix et chargée de
contrôler les actes de tutelle et de donner même son
autorisation aux plus importants de ces actes ; 3° *le
subrogé-tuteur*, dont la mission est de veiller à ce que
la gestion de ce dernier soit conforme à l'intérêt du
pupille.

Le seul événement qui puisse donner lieu à la tutelle du mineur non émancipé est la mort de son père
ou de sa mère (art. 390) (1). C'est au conjoint survivant que cette tutelle appartient de plein droit. Cette
mission, toute de confiance et d'affection, devait naturellement lui être confiée, son titre de père ou de
mère étant, en général, une garantie suffisante pour
les enfants. Une faveur nouvelle lui est d'ailleurs accordée par le seul fait qu'il exerce la tutelle légale :
il a le droit, réservé dans tout autre cas, au conseil

(1) En Italie, la tutelle proprement dite ne s'ouvre que lorsque le
père et la mère sont tous deux décédés. — De même, en Espagne
(art. 241), l'ouverture de la tutelle est subordonnée à l'extinction de
la puissance paternelle ; jusque là c'est l'administration légale du
père ou de la mère.

de famille, de désigner à ses enfants par acte de dernière volonté (art. 397), un tuteur qui ne pourra lui succéder dans ses fonctions qu'à son décès.

I. — La mère tutrice et son second mari cotuteur. Les articles 395 et 396.

Tutela est munus virile (1) : les femmes, dans l'ancien droit romain, étaient en tutelle perpétuelle. Elles ne pouvaient, d'autre part, être tutrices ; car les offices virils l'eussent fait sortir de la réserve qu'on lui imposait dans l'*atrium*. C'est comme conséquence de cette fausse assimilation, par les législations anciennes, d'un certain nombre de prérogatives, telles que la tutelle, à des droits publics, que le Code civil a établi des différences très importantes entre la tutelle de la mère et celle du père et que sa défiance, son esprit de défaveur pour la femme, l'a poussé jusqu'à vouloir refuser à cette dernière la possibilité d'être tutrice, même de ses enfants. Cependant une exception a été apportée en faveur des ascendantes

(1) L. 18, Dig. lib. VI, tit. 1 ; l. 1, Cod., lib. V, tit. 35. Des tempéraments furent apportés, avec le temps, à la rigueur excessive de cette règle de l'ancien droit romain. On fait, en effet, dire à Gaïus : *tutela plerumque virile officium est.* (L. 16, Dig., de tut.) Une constitution de Valentinien, Arcadius et Théodose (en 390) permet à la femme d'obtenir la tutelle, à condition qu'il n'existe pas de tuteur légitime ou testamentaire, qu'elle soit majeure de vingt-cinq ans, qu'elle renonce au sénatus-consulte Velléien et qu'elle ne se remarie pas. Justinien, dans la Novelle 118, c. 5, décide que la mère serait admise à la tutelle, avant tout tuteur légitime, pourvu qu'il n'y ait pas de tuteur testamentaire.

(art. 442) qui peuvent toutes être appelées à la tutelle dative, c'est-à-dire déférée par le conseil de famille ; de plus la mère survivante à la tutelle légitime. Dans le but de protéger la veuve, dès la mort de son mari, contre la *faiblesse naturelle à son sexe et son inexpérience des affaires*, les restrictions suivantes ont été apportées à la tutelle donnée à la mère, que le président Fabvre qualifiait de « grande sottise ».

1° Elle aura la *faculté de refuser la tutelle* légitime de ses enfants (art. 394), sans qu'elle ait même à fournir la moindre excuse, à la différence de l'homme qui est obligé d'accepter la tutelle, sauf à invoquer une des excuses inscrites dans les articles 427 et suivants. Il suffit que la mère ne se sente pas l'énergie ou la capacité nécessaire pour gérer les affaires de ses enfants, pour qu'elle puisse refuser une charge qui est au-dessus de ses forces. Cette mesure bienveillante pour la mère lui permet de remplir son devoir. Les Rédacteurs du Code civil, en refusant de consacrer l'exclusion de la femme de toute tutelle (1), ont eu raison de croire à l'affection et au dévouement de la mère qui ne voudra pas, par une vaine satisfaction d'amour-propre, compromettre l'intérêt de ses enfants ; et ils ont fait preuve de sagesse, en apportant, d'autre part, le tempérament de l'article 394 ; dans le cas où la mère refusera la tutelle, cela ne l'empêche pas, pourtant, d'en exercer les fonctions jusqu'à ce qu'elle ait fait nommer un nouveau tuteur.

2° La mère survivante peut recevoir un coadjuteur, conseiller ou *conseil de tutelle* (art. 391 et 392), par

______

(1) Locré, *Lég. civ.*, VII, p. 149.

acte de dernière volonté de son mari, dont les pouvoirs sont limités ; c'est ainsi que le père ne pourrait enlever la tutelle légitime à sa femme (1). L'assistance du conseil (2) sera nécessaire pour habiliter la mère à accomplir les actes spécifiés par le défunt, à condition, cependant, que les restrictions apportées par ce dernier ne touchent nullement à l'exercice de la puissance paternelle. La volonté du mari qui ne juge pas sa femme suffisamment capable de gérer les affaires de ses enfants et qui lui donne dans ce but, un guide, doit résulter d'une déclaration du père devant le juge de paix ou devant notaires ; cette volonté est souveraine, et il n'y aura, à notre avis, aucune voie de recours possible contre cette obligation imposée à la femme, même sans motifs, par son mari. Il est certain qu'il ne faut pas confondre le conseil de tutelle, soit avec le subrogé-tuteur, soit avec le cotuteur : chacun aura un rôle distinct. Par conséquent, si la mère convole en secondes noces, elle ne pourra, malgré le concours de son second mari cotuteur, se passer de l'adhésion du conseil que lui avait imposé son premier mari, dans un but de protection des enfants issus du premier mariage (*Contra* Chardon, Puis. tut., n° 10) ; aucun texte ne fait du second mariage une cause de cessation des fonctions du conseil de tutelle

----

(1) *Contra*, dans certaines coutumes : Voir l'ordonnance de Philippe-Auguste, de 1497, en faveur des habitants de Bourges. Il en était de même à Rome : *Defuncti voluntatem præponi volumus.*

(2) C. f. l'*auctoritas* du tuteur romain, et le conseil judiciaire. Pau, 28 mars 1887, S. 88, 2, 117. D. 87, 2, 166. En Angleterre, le père peut, sans exclure la mère de la tutelle, nommer un tuteur qui exercera ses fonctions conjointement avec elle.

qui ne sera pas inutile en présence du second mari associé à la tutelle. Cette trinité, qui ne rend pas impossible la gestion de la tutelle, offrira la meilleure garantie de bonne administration dans l'intérêt du pupille. Nous déciderons donc que le défaut d'assistance entrainerait la nullité de l'acte.

3° Pour éviter la confusion de part, un *curateur au ventre* devra être nommé, si la femme est enceinte ; nous connaissons déjà l'utilité de cette mesure. (Voir 1re partie, *in fine*.)

4° Enfin le *convol de la mère* (1) entraîne des restrictions à la tutelle qu'elle gère ; le second mariage du veuf n'apporte, au contraire, aucun changement à ses fonctions de tuteur légal (2).

L'inégalité que le législateur a établie entre le père et la mère, à propos de la tutelle de leurs enfants, doit-elle être acceptée sans discussion ? Nous n'avons pas hésité à admettre que les trois premières dispositions édictées spécialement à l'égard de la mère, étaient plutôt de sages mesures, protégeant à la fois la famille et la mère elle-même, et qu'il était inutile de les étendre au père.

Mais la protection des enfants du premier lit est-elle assurée par les dispositions du Code civil spéciales au convol de la mère, qui, seule, ne conserve

(1) Tout ce que nous dirons de la mère tutrice qui se remarie, s'appliquerait au cas où la mère remariée et divorcée viendrait à se trouver appelée à la tutelle par suite du décès de son premier mari. Paris, 14 octobre 1807, D. V° *Min.* n° 116.

(2) En Angleterre, le convol de la mère ne lui fait pas perdre la tutelle.

pas, dans cette hypothèse, la tutelle de plein droit,
mais est soumise aux articles 395 et 396 ? Le second
mariage du père n'aura, en effet, qu'une influence
très indirecte sur la tutelle qu'il exerce : il faudra
que le péril, couru par l'enfant, soit prévu par les
articles 443 et 444, du Code civil, ou par l'article 3 de
la loi du 10 avril 1898 qui prononcent la destitution
du tuteur, ou, encore, par les articles 1 et 2 de la
loi du 24 juillet 1889, qui entraînent, comme nous le
savons, la déchéance de la puissance paternelle *lato
sensu*, par conséquent, celle de la tutelle (1).

C'est dans le but de parer aux dangers, que fait
courir aux enfants du premier lit l'influence du second mari (2), que l'article 395 prescrit, à la mère
qui veut se remarier, de convoquer le conseil de
famille, qui décidera si la tutelle doit lui être conservée ; il faudra, pour cela, que le second mari offre
des garanties suffisantes de moralité. Cependant, il
parait étrange que le père n'ait pas été soumis aux
mêmes prescriptions que la mère. Cette dernière est
soumise à des mesures défavorables, car son acceptation de la tutelle, à la mort de son mari, est une
preuve de sa capacité et de son intention marquée
de gérer les affaires de ses enfants et de les protéger
énergiquement. Si ces enfants courent un danger
quelconque, par suite du second mariage, le contrôle

(1) Poitiers, 21 janvier 1890, D. 91.2.73, et la note de M. de
Loynes.

(2) Dans l'ancien droit, on donnait trois motifs de la déchéance
spéciale à la mère : 1º l'oubli des convenances ; 2º l'indifférence à
l'égard des enfants du premier lit ; 3º la crainte des malversations.

de la famille nous paraît indispensable, dans tous les cas, pour apprécier la valeur morale du nouveau venu, second mari ou seconde femme. « Un second « mariage », disait, en effet, Tronchet, au Conseil d'Etat, « peut faire douter de l'affection du père, « aussi bien que de l'affection de la mère, et il est « des circonstances où ce doute se convertit en cer- « titude ; tel serait le cas où un homme opulent « épouserait sa servante. » Et le projet du Code civil, ne faisant aucune distinction entre le convol du père et celui de la mère, exigeait toujours la con- vocation du conseil de famille.

On n'a pas voulu voir l'influence de la marâtre, au moins aussi dangereuse que celle du second mari ! « Le père, en se remariant, dit Bigot-Préameneu, « devient le chef de la nouvelle famille ; il reste le « maitre de ses affaires, c'est lui qui, de fait et de « droit, continue à gérer la tutelle. Tandis que la « mère qui convole en secondes noces, tombe sous la « puissance du second mari, c'est celui-ci qui, de « fait, administrera les biens des enfants du premier « lit et prendra soin de leur personne. Dès lors, il « faut que le conseil de famille intervienne, pour « examiner si le deuxième mari mérite d'être chargé « de la mission qu'il est appelé à exercer (1). » Il est vrai, qu'en droit, la seconde femme est sous l'au- torité de son mari ; mais, en fait, les exceptions seront si nombreuses où, contrairement aux prévi- sions de la loi, l'influence impérieuse de la marâtre se fera sentir, que le contrôle du conseil de famille

(1) Locré, III, p. 886.

apparait comme indispensable pour le bonheur des
enfants du premier lit La faiblesse n'est pas le monopole des femmes qui se remarient. Le défaut d'affection du père, même exceptionnel, est un danger
redoutable et auquel il faut parer absolument, par
la généralisation de l'article 395, que sa spécialité
rend plutôt blessant pour la femme.

Le second mariage de la veuve la fait passer léga-
ment sous l'autorité de son second mari qui aura,
par conséquent, en fait, l'administration des biens
de l'enfant du premier lit: *qui épouse la veuve, épouse
la tutelle*. Il eût été absolument inutile de faire perdre, pour cela, la tutelle de plein droit à la mère qui
se remarie (1), ce qui aurait pu porter le plus grand
préjudice à l'enfant lui-même, et froisser sans besoin
la mère et son nouvel époux. La convocation du conseil de famille, juge du maintien de la mère dans la
tutelle, est une mesure suffisante pour la protection
du pupille, mais nécessaire pour donner l'investiture

(1) La mère romaine, à qui la tutelle avait été déférée devait renoncer solennellement, *apud acta*, à un second mariage ; on exigea
même qu'elle prêtât serment de ne pas se remarier, ce qui n'empê-
chait nullement que cette promesse fût souvent violée. La veuve qui
avait oublié ainsi Dieu, la mémoire de son époux et l'amour maternel
(Nov. 22, c. 40) perdait tout droit sur les biens de son enfant mineur
et sur ceux de son mari prédécédé ; elle ne pouvait donner à son
second mari plus d'un tiers de ses biens ; enfin, elle encourait l'infamie, à moins qu'elle ne donnât à ses enfants du premier lit, d'a-
près la Novelle, 22, c. 22, la moitié de ses biens sous réserve d'u-
sufruit. Justinien, pour éviter à la veuve un parjure, finit par
supprimer la nécessité du serment (Nov. 94). — La femme qui voulait
contracter mariage devait, au préalable, faire nommer par le magistrat un autre tuteur à ses enfants (Dig. fr, 2, Lib. XXVI. tit. 3).

au paraître. « Sans vouloir frapper de défaveur » dit en effet Berlier dans l'exposé des motifs, « ces secondes « unions qui, dans les campagnes et chez les arti- « sans, ont souvent pour objet de rendre un nouveau « protecteur à des orphelins, il en résulte toujours « que la femme passe dans une nouvelle société, dont « le chef est étranger à ses enfants, et si ce fait ne « saurait, sans injustice, lui faire perdre la tutelle de « plein droit, du moins suffira-t-il pour appeler la « famille à délibérer si elle doit lui être conservée. » Il est à remarquer que la mère qui a perdu la tutelle, parce que le conseil de famille a refusé de la maintenir dans ses fonctions, n'en conserve pas moins la puissance paternelle dont elle pourra, tutrice ou non, exercer les différents attributs.

La loi fait un devoir à la mère elle-même de provoquer la délibération du conseil de famille avant la célébration de son second mariage. La convocation du conseil sera faite, d'après l'article 406, sur la réquisition de la mère et à la poursuite du juge de paix du domicile de l'enfant du premier lit, c'est-à-dire de la mère. Mais cette dernière n'aura pas besoin, pour se remarier, d'attendre le résultat de la délibération. On enseigne généralement que, pour ne pas être déchue de la tutelle, il suffira d'appliquer, à la lettre, l'article 395 : « elle devra, avant l'acte de ma- « riage, convoquer le conseil de famille, » sans avoir par conséquent, à subir les lenteurs, voulues peut-être, de délibérations qui n'auraient pour but que de retarder le second mariage. La protection des enfants du premier lit n'exige pas davantage.

Avant d'examiner les diverses hypothèses qui peuvent se présenter suivant que la mère a obéi à l'article 395 ou qu'au contraire elle n'a pas suivi les prescriptions de la loi, demandons-nous, pour ne plus avoir à en parler, quels sont les effets produits par l'annulation ou la dissolution du second mariage ou par la séparation de corps (1).

1° *Annulation ou dissolution du second mariage.* — Si la mère était tutrice avec son second mari cotuteur, elle conservera sans aucun doute la tutelle qu'elle exercera, dès lors, seule et dans toute son étendue. Mais si la tutelle n'appartenait pas à la mère, soit qu'elle l'eût refusée, qu'elle se fût fait excuser ou qu'elle n'eût pas été maintenue par le conseil de famille, — et rien ne prouve que l'influence du second mari ne soit plus redoutable quand le second mariage a cessé d'exister, -- l'annulation ou la dissolution de ce mariage ne permettra pas de faire rentrer la mère (2), de plein droit, dans la tutelle de ses enfants du premier lit : c'est l'inverse qui est admis par l'article 406 du Code Hollandais, par l'article 164 du Code portugais, et par le droit musulman algérien qui prescrit la réintégration de la mère dans la tutelle ou *hadana*. -- Nous ne ferons pas de difficulté pour admettre que le conseil de famille pourra con-

<hr>

(1) La coutume de Nivernais décide que « la tutelle expire *perpétuellement* par les secondes noces. »

(2) Telle était la solution admise dans le Droit Romain et le Droit Français ancien; de même, l'article 2, chap. XX, du Code Suédois.

fier la tutelle ou la restituer à la mère qui en fait la demande, s'il l'en juge digne et si l'intérêt du mineur ne s'y oppose pas (1), soit qu'il n'y ait pas de tuteur en exercice, soit qu'il y en ait un, en appliquant, dans ce dernier cas, par analogie, l'article 431 *in fine* (Demolombe, VII, n. 431).

2° *Séparation de corps prononcée entre la mère tutrice et le mari cotuteur.* — Le législateur n'a pas prévu cette hypothèse, ce qui est très regrettable. Que déciderons-nous, en l'absence de texte, de l'influence de la séparation de corps sur la tutelle et la cotutelle. La mère reste-t-elle tutrice et le second mari cotuteur ? Oui, en principe. Mais s'il leur est impossible, par suite de leur dissentiment, de gérer ensemble la tutelle, ce sera au second mari, semble-t-il, à perdre la cotutelle, puisque la vie commune n'existe plus. La loi du 6 février 1893 n'a-t-elle pas, dans le même sens, fait cesser la nécessité de l'autorisation maritale pour la femme séparée de corps et consacré ainsi son indépendance ? Ce système proposé par MM. Demante et Colmet de Santerre (II, p. 183), est très raisonnable ; mais il ne peut se concilier avec l'article 395 qui exige que le second mari soit cotuteur *nécessairement ;* or, le second mariage n'est pas dissous. Il faudra donc laisser au mari qui n'a plus l'administration des biens de sa femme, l'administration des biens des enfants de celle-ci ! Dans le cas de conflit entre la tutrice et le cotuteur, le conseil

***

(1) Le conseil pourrait même, à défaut de tuteur en exercice, nommer le parâtre à la tutelle, si l'intérêt des enfants du premier il l'exigeait. — C. f., L., 2 ; Cod., V, 6 ; l. 3 Cod., V, 58.

de famille prononcera (Demante et Colmet de Santerre, II, 155 *bis*).

On pourra cependant apporter une solution différente : il faudra, pour cela, que la mère ou le second
mari puisse être destitué de la tutelle (art. 443
et 444) ou déchu de la puissance paternelle (loi
de 1889), ce qui arrivera assez fréquemment. Si le
cas que nous prévoyons se présente, le mari et la
mère ne seront plus associés, et la femme devra être
digne d'exercer la tutelle, pour que cette dernière
lui soit déférée par le conseil de famille.

Nous ferons remarquer, en terminant, que les lois
sur la tutelle étant d'ordre public, les particuliers
ne peuvent nullement y déroger : en conséquence,
la clause testamentaire qui dispenserait la mère survivante de convoquer le conseil de famille, pour le
cas où elle se remarierait, dans le but de se faire
confirmer dans ses pouvoirs, est nulle et de nul effet,
alors même que ce serait la volonté dernière du
père (1).

Passons maintenant à l'examen des différents cas
dans lesquels peut se trouver la mère remariée, —
suivant qu'elle a, ou qu'elle n'a pas convoqué le conseil de famille, — et qu'elle a été ou qu'elle n'a pas
été maintenue par ce dernier dans la tutelle de ses
enfants du premier lit, avec son second mari comme
cotuteur.

(1) Cass., Naples, 3 février 1883, D., *Sup.* V° *Min.*, p. 659, n. 1.
Fuzier-Hermann, 83, 4, 38.

§ Ier. — LA MÈRE REMARIÉE N'A PAS CONVOQUÉ LE CONSEIL DE FAMILLE

L'article 395 décide « qu'à défaut de cette convo-
« cation, elle perdra la tutelle *de plein droit*, et son
« nouveau mari sera solidairement responsable de
« toutes les suites de la tutelle qu'elle aura indûment
« conservée ». — Toute personne intéressée pourra,
d'après l'article 406, demander la convocation du
conseil de famille qui nommera un nouveau tuteur ;
la tutelle des ascendants n'étant ouverte de plein
droit qu'à la mort des père et mère, la tutelle dative
est seule possible (1). La mère, déchue de la tutelle
légale, pourra, elle-même, être choisie par le conseil
de famille (2). Telle est, du moins, l'opinion généralement adoptée, contraire, il est vrai, à la solution
qu'avait d'abord admise l'article 12 du projet du Code
civil (3), mais qui fut écartée dans la suite. Nous ne
voyons pas d'inconvénient à laisser le conseil de
famille, — qui prendra certainement l'intérêt de l'enfant du premier lit, — restituer à la mère des pouvoirs que son ignorance seule, lui avait, peut-être,
fait perdre ; il ne faut pas confondre, en effet, la déchéance de l'article 395-2° avec la destitution qui

(1) Paris, 24 juin 1856, D., 57, 2, 10 ; S., 56, 2, 527. — Montpellier, 13 juin 1866, D., 68, 2, 162. — Rennes, 21 juillet 1890,
D., 91, 2, 102.

(2) Duranton, III, n. 427. — Massé et Vergé, Zachariae, I,
p. 458, texte et note 7. — Laurent, IV, n. 392. — Paris, 19 novembre 1887, D., 88, 2, 176.

(3) Fenet, X, p. 572.

suppose une faute grave et qui est punie seule par l'article 445. Si la mère remariée devient tutrice dative, elle aura son second mari comme cotuteur (1), parce que l'enfant a droit à la même protection que si la mère avait été maintenue dans la tutelle et que, d'ailleurs, le second mari ne saurait avoir ici une situation plus avantageuse que dans un cas où il n'a rien à se reprocher.

1° *Tutelle de fait de la mère.* — « La tutelle, « pour être indûment conservée, n'en est pas moins « une tutelle, et l'on ne concevrait pas qu'une tutelle « qui se continue ou se conserve cessât d'avoir le ca- « ractère de l'hypothèque légale avec lequel elle a « commencé » (2). Telle est l'opinion la plus logique avec la loi elle-même ; on a voulu cependant démontrer que l'hypothèque légale ne saurait grever les biens d'une personne qui n'est plus tutrice, puisqu'elle est déchue de la tutelle (3). Mais, l'article 395 ne nous parle-t-il pas d'une *tutelle* indûment conservée ? De ce que cet article a eu pour but de punir la mère qui a cherché à se passer d'un avis qui lui eût été, sans doute, défavorable, — car elle n'eût pas, sans cela, hésité à convoquer le conseil, — il faut conclure que la loi a voulu protéger les enfants

(1) Paris, 19 nov. 1887, cit. — Bordeaux, 19 nov. 1889, *Rec.*, Bordeaux, 11, 2, 189. — V. aussi, l'article 239 du Code civil italien. — *Contra*, Marcadé, sur l'article 442, 1.

(2) Grenier, *Tr. des hyp.*, I, n° 280.

(3) Laurent, IV, n. 390 ; XXX, n. 264. — Duranton, XIX, n. 312. — Delvincourt, I, p. 475.

du premier lit. L'hypothèque légale, accordée aux mineurs, par l'article 2121, sur les biens de leurs tuteurs comme garantie de leur bonne administration, ne pouvait donc que continuer à grever les biens de la mère, qui est légalement *tutrice de fait.*
« Il serait inouï, dit M. Demolombe, que la loi eût
« enlevé au mineur sa garantie, dans le cas où elle lui
« devient plus nécessaire. » Car il ne doit pas souffrir d'une situation plus dangereuse pour lui, dont il n'est pas responsable, et l'illégalité commise par la mère ne doit pas davantage relever cette dernière d'une incapacité, ce qui serait plutôt une prime donnée à la mauvaise foi (1).

La mère sera donc responsable de la gestion antérieure au mariage comme tutrice de droit, et de sa gestion postérieure comme tutrice de fait. Mais quel sera le sort des actes passés par elle, lorsqu'elle est déchue de la tutelle, par application de l'article 395-2° ? Elle n'avait plus le droit d'agir ; d'après les principes généraux, ces actes seront déclarés nuls, dans l'intérêt de l'enfant du premier lit, à moins que ce dernier n'en ait tiré profit. Les tiers ne pourront invoquer la nullité. Ils subiront les conséquences de leur imprudence; car ils devaient savoir que la mère était remariée, puisque le mariage est entouré de publicité, et ils devaient surtout refuser de

---

(1) Demolombe, VIII, n. 124. — Valette, sur Proudhon, II, p. 289, n. 6. — Pont, *Des priv. et hyp.*, n° 500. — Demante et Colmet de Santerre, IX, 82 *bis.* — Aubry et Rau, III, 264 *bis.* — Magnin, I, p. 457. — De Fréminville, I, n. 51. — Req., 15 déc. 1825, S., 26, 1, 298. — Colmar, 23 juin 1832, D., V° *Min.*, n. 138.

traiter avec elle, sans être certains de son maintien dans la tutelle par le conseil de famille. La bonne foi des tiers ne pourrait donc elle-même donner à la tutrice le droit d'agir; la nullité n'a pas été établie, d'ailleurs, en faveur des tiers, tandis qu'elle peut être invoquée contre eux (1).

Il est cependant un cas où les actes ainsi accomplis par la mère tutrice de fait ne devraient pas être annulés : c'est lorsque les tiers ont eu toute raison de croire que la mère était toujours tutrice de droit, lorsqu'ils n'ont pas à se reprocher de négligence, c'est-à-dire lorsque les actes de tutelle ont été passés avec l'autorisation du conseil de famille.

Mais, parce que la mère exerce *indûment* la tutelle, et que ses actes ne peuvent obliger le mineur, elle n'en doit pas moins supporter les conséquences de sa faute. Elle devra accomplir les actes conservatoires et elle sera responsable de toutes les suites de la tutelle (2).

2° Cotutelle de fait du second mari : sa responsabilité solidaire. — L'article 395 *in fine* proclame la responsabilité de la mère et celle du second mari; l'enfant pourra exercer son action, *pour le tout et à son choix*, contre sa mère ou contre son parâtre. Cette *responsabilité solidaire* s'applique non seulement aux actes de gestion, mais aussi au défaut de

---

(1) Laurent, IV, n° 391. — Aubry et Rau, § 99 bis, note 13. — *Contra* Demolombe, VII, n° 121. — Demante et Colmet de Santerre, II, n° 146 bis. — Turin, 25 juin 1810, S. 12, 2, 417.

(2) Limoges, 17 juillet 1822, S. 22, 2, 295.

gestion préjudiciable au mineur : cela résulte des travaux préparatoires. C'est, avec juste raison, que la loi a pensé que le second mari serait cotuteur de fait, quand la mère conserverait indûment la tutelle. Aussi approuvons-nous l'extension au paraître des mesures de précautions prises, dans l'intérêt de l'enfant du premier lit, et s'appliquant à *toutes les suites* de la tutelle de fait. Rien ne prouve, en effet, que le conseil de famille eût trouvé dans le second mari les garanties suffisantes pour lui confier la tutelle. De plus, si sa femme est coupable, il ne l'est pas moins. Il devait user de son autorité pour obliger sa femme à se conformer à la loi. Ces raisons sont plus que suffisantes pour démontrer la nécessité de traiter le second mari et la mère qui ont désobéi à la loi, d'une façon qui ne soit pas plus favorable que s'ils y avaient obéi.

a) Le second mari est-il responsable de la gestion antérieure au mariage, comme de la gestion postérieure ? C'est l'affirmative qui prévaut, tant en doctrine (1) qu'en jurisprudence (2) ; elle était admise, de même, en droit romain (3) et dans notre ancien droit (4) ; de même, encore l'article 237 du Code civil

(1) Delvincourt, I, p. 271. — Duranton, III, 426. — Aubry et Rau, I, § 99 bis. — Valette sur Proudhon, II, p. 290. — Demante et Colmet de Santerre, II, 144 bis. — Magnin, I, 457. — De Fréminville, I, 50. — Grenier, I, n° 280. — Locré, VII, p. 101.

(2) Nimes. 30 nov. 1831, S. 32, 2, 139. — Caen, 22 mars 1860, S. 60, 2, 210. — Alais, 4 mars 1886, G. P. 86, 2, 257.

(3) L. 6, Cod. VIII, 15.

(4) Domat, *Lois civiles*, I, 46. — Pothier, *Hypothèques*, 3. — Ferrières, *des Tutelles*, I, 116.

italien décide qu'à défaut de convocation du conseil,
la mère sera déchue de l'administration des biens,
et son mari « solidairement responsable de celle
« exercée dans le passé et indûment conservée depuis ».
Ce système s'appuie aussi sur la différence de rédaction entre les articles 395 et 396 : ce dernier seulement rend la mère et son mari responsables solidairement « de la gestion *postérieure* au mariage »,
tandis que l'article 395 les rend responsables « de
« *toutes* les suites de la tutelle indûment conservée ».
Et la cour de Dijon (1) a même ajouté « qu'il résulte,
« *à l'évidence*, de la discussion au Conseil d'Etat que
« le mari est responsable de la gestion tant antérieure que postérieure au mariage. »

Ceci n'est pourtant pas exact. La rédaction primitive de l'article 395 était, en effet, la suivante : « et
« son nouveau mari est solidairement responsable de
« la gestion *à compter du jour de l'acte du ma-
« riage* (2) ». Elle fut remplacée, sur la proposition
de Berlier par celle-ci : « Le mari sera responsable de
« l'indue gestion, *qui aurait eu lieu depuis le nouveau
« mariage*. » Les mots « indue gestion » furent supprimés à la suite d'une observation du Tribunat qui demandait que le second mari fût responsable aussi du
défaut de gestion ; et le Conseil d'Etat, dans la rédaction définitive, adopta, *probablement*, l'idée, mais
non les termes de la modification proposée par le Tribunat. Il y a donc, au moins, un doute assez justifié
pour ne pas adopter l'argument de la Cour de Dijon,

(1) Dijon, 16 juillet 1862, D. 62, 1, 146.
(2) Fenet, X, p. 572.

tiré des travaux préparatoires ; les partisans de la négative en font même leur principal système de défense (1).

Le mineur pourra donc agir, à son gré, pour le tout contre sa mère ou contre son parâtre puisqu'il y a solidarité parfaite entre eux (2) ; mais, d'après l'article 1213, celui qui aura payé, aura un recours contre l'autre, la mère et son second mari n'étant tenus chacun que pour moitié, d'après les règles de la solidarité qui doivent indubitablement s'appliquer ici. Il est certain que ce recours n'aura quelquefois aucune importance : si le conjoint est insolvable, l'autre supportera seul, en définitive, le fardeau de la dette.

b) Les immeubles du second mari sont-ils grevés de l'hypothèque légale de l'article 2121 ? Si la mère avait conservé indûment la tutelle, le pupille avait, à Rome, une hypothèque tacite sur les biens de sa mère et sur ceux du second mari qui répondaient de toutes les suites de la tutelle, *ne quid incuria, neque fraude depereat.* On admet, de même, généralement (3), que tous les biens du second mari sont, de

(1) Demolombe, VII, 126 et suiv. — Massé et Vergé, I, 229. — Du Caurroy, I, 594. — Mourlon, *Rep. écr.*, I, 1091. — Laurent, IV, n° 389.

(2) Les parlements accordaient au mari, qu'ils considéraient tout d'abord comme responsable *solidairement*, le droit de discussion, comme simple caution.

(3) Aubry et Rau, III, 264 *bis.* — Demolombe, VII, 128. — Massé et Vergé, I, 229. — De Fréminville, I, 51. — Chardon, 14. — Grenier, I, 280. — Cass., 14 décembre 1836, S. 37, 1, 88. — Cass.,

nos jours, frappés de l'hypothèque légale des mineurs : on étend ainsi, comme on l'avait déjà fait pour la mère, les règles de la tutelle à la cotutelle de fait, parce que c'est la seule solution qui ait l'avantage de sauvegarder l'intérêt de l'enfant du premier lit, et, en même temps, de ne pas récompenser une faute ou une négligence des nouveaux époux. Cependant les avis sont divisés sur le point de savoir si l'hypothèque ne prend pas date, avant le jour du mariage, au jour même de l'hypothèque de la mère, ce que l'on refuse d'admettre (1), en général, parce que le second mari n'est pas tuteur, même de fait, à cette époque, à la différence de la mère qui était tutrice de droit avant son mariage. Mais l'hypothèque prendra date, certainement, au moins au jour du mariage, le tuteur de fait devant supporter les mêmes charges et incapacités (2), que le tuteur de droit, ce qui est logique, équitable et conforme à l'intérêt des enfants du premier lit.

§ 2. — LA MÈRE REMARIÉE A CONVOQUÉ LE CONSEIL DE FAMILLE ET EST MAINTENUE DANS LA TUTELLE

Le conseil de famille convoqué par la mère qui va se remarier, conformément à l'article 395, décidera

27 juin 1879, S. 79, 1, 55. — *Contra*, Delvincourt, I, p. 475. — Marcadé, II, art. 395. — Duranton, III, 426.

(1) Demante et Colmet de Santerre, II, 144 *bis*. — Pout, *Priv. et hyp.*, I, 500. — Alais, 4 mars 1886, G. P., 1886, 2, 257.

(2) Ainsi, tant que le compte de tutelle n'est pas rendu et apuré, la jurisprudence décide que le tuteur de fait ne pourra recevoir aucune donation de son pupille, l'enfant du premier lit. Cass. 14 décembre 1836, cit.

— sans qu'il lui soit nécessaire d'indiquer les motifs de sa décision, et sans qu'aucun recours soit possible contre cette dernière, à l'inverse de ce que décident les articles 447 et 448 à propos de la destitution ou l'exclusion (1) — si la mère doit être maintenue dans la tutelle ; et il ne devra refuser sa confiance à la mère et à son second mari, que pour des raisons graves qui l'auront convaincu des mauvais effets produits par le maintien d'une tutelle qui ne pourrait qu'être dangereuse pour les enfants du premier lit.

1° *Tutelle de droit de la mère.* — La tutelle de la mère dont le mandat a été confirmé par le conseil de famille, est-elle *légale* ou *dative?* Dans le cas où la mère a été déchue de la tutelle pour n'avoir pas convoqué le conseil de famille, nous avons admis que la *nouvelle* tutelle qui pourrait lui être déférée par le conseil de famille était dative, sans aucun doute. Mais il n'en est pas de même, à notre avis, dans l'hypothèse qui nous intéresse, puisque, d'après l'article 395 lui-même, la tutelle a été *conservée* ici à la mère. La tutelle légale se continue donc ; le rôle du conseil se borne à maintenir l'état de choses existant ; il ne nomme pas une tutrice. Par conséquent, la tutelle n'est pas dative, elle parait pourtant avoir un caractère mixte, qui a divisé les auteurs et la ju-

(1) Duranton, III, 437. — Aubry et Rau, I, 96 et 99 *bis*. — Demolombe, VII, 140 et 167. — Cass., 17 novembre 1813, S. 14, 1, 74. — Grenoble, 18 janv. 1854, S. 55, 2, 737. — Seine, 31 janv. 1895, *Mon. Just. Paix*, 95, 160. — *Contra*, Montpellier, 14 mai 1883, S. 86, 1, 50. — Château-Chinon, 19 juin 1885, G. P. 1885, 2, 139. — Caen, 13 décembre 1897, D. 98, 2, 505.

risprudence, mais qui ne nous permet pas, à bien examiner, de contester à la mère son titre de tutrice légale, dans un cas où rien ne justifierait la déchéance.

Le conseil de famille peut-il, en maintenant la mère dans la tutelle, lui imposer des conditions d'administration? Le conseil de famille peut-il, plus généralement, modifier les pouvoirs du tuteur? La question est vivement controversée. En faveur de la négative (1) on soutient que, la tutelle étant d'ordre public, on ne peut déroger à ce principe en donnant au conseil de famille des pouvoirs que ne lui confère aucun texte, alors surtout que la loi a réglé avec un soin minutieux les attributions du tuteur et celles du conseil de famille. Nous admettons avec les partisans de l'affirmative (2) que la tutelle est d'ordre public, en ce sens que le conseil de famille ne pourrait étendre les pouvoirs du tuteur. Mais il peut certainement les restreindre, surtout si le tuteur est datif et même si la tutrice a été maintenue dans la tutelle légale (qui n'en a pas moins un caractère mixte). Le conseil pouvait ne pas maintenir ou ne pas nommer le tuteur. Or, qui peut le plus peut le moins. Donc, il peut limiter les pouvoirs de la mère tutrice, dans l'intérêt de l'enfant du premier lit, il est inutile de le dire, à

(1) Laurent, IV, n. 386. — De Fréminville, I, 57. — Magnin, I, 455. — Rouen, 8 août 1827, S., 30, 2, 84. — Agen, 14 décembre 1830, S., 31, 2, 191.

(2) Aubry et Rau, I, 99 *bis*. — Demolombe, VII, 146 et 630. — Grenoble, 28 juillet 1832, S., 33, 2, 76. — Caen, 30 décembre 1845, S., 46, 1, 621. — Agen, 24 décembre 1860, D., 61, 2, 20.

condition qu'il ne s'agisse pas de restrictions à la puissance paternelle qui seraient regardées comme nulles et de nul effet (1).

Par conséquent et *a fortiori*, nous déciderons que la mère tutrice et son second mari cotuteur seront obligés de se conformer aux prescriptions des articles 454, 455, 456 et 470 qui s'appliquent « à toute tutelle autre que celle des père et mère, » c'est-à-dire à la tutelle légale spéciale qui est conservée à la mère et que ne visent certainement pas les expressions restrictives des articles 454 et 470 (tuteur autre que les père et mère). Cette solution (2) s'impose, d'ailleurs, quand on réfléchit que le mari cotuteur *datif* est soumis aux règles de la tutelle autre que celle des père et mère et qu'il ne peut y avoir deux règles différentes, suivant qu'il s'agit de la tutelle de la mère ou de celle du parâtre. Car ces deux tutelles ne sont qu'une en définitive (3). Nous choisissons, sans hésiter, la plus logique avec nos principes, la plus favorable aux enfants du premier lit, qui seront ainsi protégés, sans qu'il soit possible de dire que la puissance paternelle de la mère soit diminuée par le règlement de l'emploi et le contrôle des revenus du

(1) Cass., 5 mars 1855, D., 55, 1, 342.

(2) Cass., 5 mai 1856, D., 56, 1, 242. — Rouen, 8 août 1827, cit. — L'article 453 sera de même applicable, puisque l'article 386 a enlevé la jouissance légale à la mère. Le père et la mère tuteurs ne pourront davantage aliéner, hypothéquer les biens de leurs enfants, transiger, etc., qu'en se conformant aux articles 457 et suivants et à la loi du 27 février 1880.

(3) Cass., 15 nov 1898, S., 99, 1, 140.

mineur dont la mère ne jouit plus, puisqu'elle est remariée.

2° *Cotutelle de droit du second mari : sa responsabilité solidaire.* — « Lorsque le conseil de famille, « dûment convoqué, dit l'article 396, conservera la « tutelle à la mère, il lui donnera *nécessairement* pour « cotuteur le second mari, qui deviendra solidaire- « ment responsable avec sa femme de la gestion pos- « térieure au mariage. » Cette exception au principe de la tutelle est une conséquence de l'obligation pour la femme d'être autorisée par son mari ; l'incapacité de la femme mariée est donc la cause de la cotutelle. La loi a présumé que toutes les fois que la mère serait tutrice, son mari exercerait, en fait, la tutelle ; elle a voulu qu'il ait, en droit, le titre de tuteur.

Le mari sera donc cotuteur, même s'il est mineur ; le silence gardé par la délibération du conseil de famille sur la nomination du parâtre ne l'empêche- rait pas d'être nécessairement cotuteur. — Le lien qui unit la tutelle à la cotutelle est si étroit, que toute cause qui met fin à l'une met, en principe, fin à l'autre : si le mari ne peut plus gérer la cotutelle, s'il est, par exemple, excusé, exclu ou destitué, la mère ne pourra plus être tutrice (1). Il faut admettre, cependant, qu'il en serait autrement, s'il est interdit judiciairement : il n'y aura plus à craindre, dans ce cas, que le mari veuille se mêler de l'administration

(1) Demolombe, VII, 138 et 139. — Aubry et Rau, I, p. 411. — Bruxelles, 18 avril 1810, D., V° *Min.*, n. 364. — Bourges, 28 avril 1857, S., 57, 2, 508.

des biens des mineurs. — Enfin, nous devons admettre que l'ascendante tutrice aurait aussi son second mari cotuteur, tel serait le seul moyen en effet de concilier l'intérêt de l'enfant du premier lit et l'incapacité de la femme mariée.

Le mari cotuteur n'en est pas moins un véritable tuteur, comme la mère. Quelles sont les fonctions respectives de la tutrice et du cotuteur et quelle est leur étendue ? Le second mari ne pourra, — quelque difficulté qu'il y ait de gérer à deux la tutelle, — administrer seul, sans le concours de sa femme (1), ce qui serait rendre inutile, pour cette dernière, son titre de tutrice et l'exposer de plus, par suite de la responsabilité que l'article 396 fait peser sur elle solidairement avec son second mari, aux périls auxquels ce dernier l'exposerait par une gestion imprudente dont elle ne pourrait arrêter les effets. — Le parâtre ne pourrait pas davantage administrer seul, dans les cas où son régime matrimonial lui confère l'administration des biens de sa femme (2); le droit d'administration du mari sur les biens de sa femme ne lui confère pas le droit d'administration (propre au tuteur) sur les biens des enfants de sa femme, qui sont toujours en dehors des conventions matrimoniales. — La femme pourra-t-elle administrer alors, seule, avec l'autorisation de son mari ? La Cour de Bruxelles dit que « le beau-père des enfants mineurs « du premier lit n'est que simplement adjoint à la

(1) Rolland de Villargues, 46.

(2) De Fréminville, I, n. 171. — Chardon, n. 21 et 22. — Magnin, I, 458 à 461.

« tutelle et cette adjonction n'est qu'une suite néces-
« saire de l'autorité que la loi accorde au mari sur sa
« femme : le mari ne doit pas être considéré comme un
« tuteur principal, mais uniquement comme un tuteur
« adjoint à sa femme, pour lui donner les autorisa-
« tions dont elle a besoin pour gérer la tutelle (1) ».
Nous ne sommes pas de cet avis, qui nous paraît contraire à l'esprit et aux termes de la loi : le second mari
est cotuteur, c'est à-dire tuteur ; il doit agir concur-
remment avec la mère. Le concours des deux époux
sera donc *nécessaire* pour *tous* les actes de la tutelle (2). Cependant, le refus injustifié de l'un des
époux ne devrait pas mettre obstacle à un acte nécessaire, ou avantageux pour l'enfant du premier lit.
On admet qu'alors un recours est possible, et le conseil
de famille pourra être appelé à trancher le conflit
entre les deux tuteurs (3).

On discute encore sur le point de savoir si le concours de la mère et de son mari exige que les actes
de tutelle soient accomplis par tous deux. L'acte passé
par l'un des époux sans l'adhésion de l'autre, mais
aussi sans opposition de sa part, ne peut-il être considéré comme valable et supposant un consentement
tacite ? Il est à craindre que la responsabilité de
l'époux qui ignorait l'acte de son conjoint, ne soit
gravement engagée.

(1) Bruxelles, 27 avril 1826, D., V° *Min.*, n. 102.
(2) Aubry et Rau, § 99 *bis*, n. 39. — Demolombe, VII, 137. —
Vigié, I, 768. — A la cessation de la tutelle, il ne sera rendu qu'un
seul compte pour la gestion des deux époux. — Cass., 19 avril 1886,
D., 87, 1, 171 ; S., 90, 1, 109.
(3) Demolombe, VII, 137. — Chardon, n° 10.

L'hypothèque légale des mineurs (art. 2121) frappe les biens du second mari, comme ceux de la femme; elle ne garantit, sans contredit, que la gestion du mari postérieure au second mariage. Il n'est pas, en effet, responsable de la gestion antérieure, car ce serait revenir à la pénalité qui frappe seul le mari en faute, et qui ne peut nullement être étendue à une hypothèse où le second mariage n'a rien de dangereux pour les enfants du premier lit. Ce dernier pourra, à son choix et pour le tout, exercer les actions qui découlent de la tutelle, soit contre sa mère, soit contre son parâtre, qui auront ensuite l'un contre l'autre un recours pour moitié de ce qu'ils auront payé, ce que nous avons déjà constaté.

Le mari cotuteur cessera ses fonctions si sa femme perd la tutelle pour une raison quelconque; mais il pourra, — nous le rappelons aussi, — être nommé tuteur, par le conseil de famille, dans l'intérêt des enfants.

§ 3. — LA MÈRE REMARIÉE A CONVOQUÉ LE CONSEIL DE FAMILLE, MAIS ELLE N'A PAS ÉTÉ MAINTENUE DANS LA TUTELLE.

Les membres de la famille de l'enfant du premier lit, sous la présidence du juge de paix, ont refusé leur confiance à la mère, — parce qu'ils n'ont pas trouvé dans le second mari les garanties d'aptitude, de solvabilité, d'honorabilité nécessaires à tout bon administrateur, — ou qu'ils ont compris que l'affection de la mère pour ses enfants ne serait pas ce qu'elle devrait être, — enfin qu'ils sont convaincus que les intérêts des enfants du premier lit ne seraient

pas en bonnes mains. Nous avons dit que la délibération du conseil de famille n'aura pas besoin d'être
motivée, puisque la mère n'est ni destituée, ni exclue
de la tutelle, et qu'aucun texte n'oblige le conseil à
donner à la mère elle-même, les motifs de son refus.
Nous savons aussi que ce refus, — qui ne peut pas,
comme le soutient M. Laurent, blesser la mère dans
son honneur, — n'est pas susceptible d'être réformé,
en appel, par les tribunaux, l'article 883 du Code de
procédure civile, ne devant pas ici recevoir, à notre
avis, son application, parce qu'il est plus particulier
que ne le voudraient les partisans de l'affirmative
(le chapitre X auquel il appartient ne s'occupant que
de l'administration des biens des mineurs) et qu'il
serait d'ailleurs, plus préjudiciable qu'utile à l'enfant
du premier lit. Car le tribunal qui a enlevé la tutelle
à la personne désignée par le conseil de famille, ne
peut, — ceci n'est nullement contesté, — la rendre
lui-même à la mère ; et le conseil de famille s'entêtera,
cela est presque certain, à ne pas nommer cette dernière. Quoiqu'il en soit, la question est des plus
controversées.

Si la mère n'a pas été maintenue dans la tutelle,
le conseil de famille devra nommer, pour la remplacer, un tuteur, suivant les règles du droit commun.
Nous répéterons une fois de plus, que le refus du
conseil de maintenir la mère dans la tutelle, n'aura
aucune conséquence sur l'exercice de la puissance
paternelle ; elle n'en conservera pas moins tous les
attributs qu'elle n'a pas perdus par le fait du convol,
et elle restera soumise, de même, à toutes les obligations que lui impose sa maternité. Le rôle du

tuteur (1) se bornera à la gestion de la fortune des
enfants du premier lit. *Aliud est tutela, aliud educa-*
tio: et la mère pourra seule mettre fin, par l'émancipation, à la puissance paternelle et à la tutelle à la
fois. Les droits de puissance paternelle appartien-
draient même à la mère qui, au lieu de n'avoir pas
été simplement maintenue dans la tutelle, aurait été
destituée ou exclue, conformément aux articles 443
et 444; mais ils cesseraient de lui appartenir, si la
loi du 24 juillet 1889 avait reçu son application et
qu'un tuteur eût été nommé à la place de la mère
(art. 10) déchue de la puissance paternelle et tutélaire.

II. — Droit de choisir un tuteur testamentaire.
Les articles 399 et 400.

« Le droit individuel de choisir un tuteur parent
« ou même étranger n'appartient qu'au dernier mou-
« rant des père et mère », (art. 397) qui ne pourra
procéder à cette nomination que par acte de dernière
volonté, par une déclaration devant le juge de paix
ou devant notaires (art. 398 et 392). C'est la seule
hypothèse, parmi celles où le tuteur n'est pas désigné
de plein droit par la loi, où sa nomination ne soit
pas faite par le conseil de famille. « Celui des pa-
« rents, » disait Leroy, « que la mort vient arracher
« au fils dont il était le seul appui, sentira des re-
« grets moins déchirants, s'il lui laisse un ami du

---

(1) *Tutor de suo alere pupillum non compellitur.*

« choix de son cœur ; il meurt et sa tendresse vivra
« encore près de cet enfant que la nature aban-
« donne. »

Cette disposition testamentaire n'est permise toutefois qu'au père ou à la mère survivant (1) qui *gère
la tutelle jusqu'à son décès*. « Il était tout naturel »,
disait le tribun Huguet « en donnant la tutelle de
« droit aux père et mère, de leur conférer le droit de
« choisir, d'élire un tuteur à leurs enfants ; c'était
« une suite de cette première confiance que leur donne
« la loi. » Mais si cette confiance leur a été retirée
par suite de leur incapacité, de leur exclusion, de
leur destitution ou de la déchéance prononcée contre
eux par application de la loi de 1889, il était encore
plus naturel de les priver, comme conséquence, du
droit de choisir un tuteur à leurs enfants pour le
temps qui suivra leur décès, et surtout pour les remplacer leur vie durant. Le conjoint survivant perdra,
d'ailleurs, ce droit, même lorsqu'il aura refusé ou
qu'il se sera fait excuser de la tutelle : il ne pourra
pas nommer, pour le remplacer de son vivant, un
tuteur à ses enfants, malgré l'avis contraire de Mal-
leville, sur l'article 397, parce que ce droit n'appartient qu'au dernier *mourant* ; il ne pourra pas davantage nommer un tuteur dans son testament, parce
qu'il ne peut conférer à autrui un droit qui ne lui

(1) La mère n'eut, à Rome, le droit de désigner un tuteur testamentaire, que du jour où le testament devint accessible aux femmes ; il semble que, dès Alexandre Sévère, la confirmation par le
magistrat du choix fait par la mère, fût de droit. (Const. 4, Cod.
Lib. V, tit. 28).

appartient plus, et encore moins destituer le tuteur en exercice.

Le *père remarié* aura certainement le droit de choisir à ses enfants du premier lit un tuteur testamentaire, à la condition d'être tuteur lui-même à l'époque de son décès, comme nous venons de l'expliquer.

Le *convol de la mère* entraine, — comme toujours, contre elle seule, — l'application de mesures qui auraient bien pu être étendues à l'homme, dans un esprit de véritable sollicitude à l'égard des enfants du premier lit.

C'est ainsi que, d'après l'art. 399, « la mère rema-« riée et non maintenue dans la tutelle des enfants « de son premier mariage, ne peut leur choisir un « tuteur ». C'est facile à comprendre : il y a ici, contre elle, un motif de suspicion légitime, puisque le conseil de famille l'a écartée de la tutelle ; elle ne peut, comme nous l'avons constaté déjà, déléguer un pouvoir qui ne lui appartient pas. Son choix n'empêcherait donc pas la tutelle légitime des ascendants de subsister.

Mais, si la mère remariée a conservé la tutelle, après décision du conseil de famille l'y autorisant, elle aura alors incontestablement le droit *personnel* de choisir un tuteur testamentaire, par conséquent sans l'assistance du conseil de tutelle, s'il lui en avait été donné un, et sans l'autorisation, ni le concours de son second mari. Cependant, l'art. 400 qui constate ce droit de la mère, ajoute que son « choix ne « sera valable qu'autant qu'il sera confirmé par le con-« seil de famille, » par crainte que ce choix ne soit fait

en faveur du second mari ou, au moins, sous son
influence. Si le conseil de famille ne confirme pas le
tuteur dans les pouvoirs que lui a conférés la mère
(et cette décision du tribunal domestique est sans
appel) (1), la tutelle dative sera alors seule possible :
car la nomination d'un tuteur par la mère maintenue
dans la tutelle n'en est pas moins valable et a pour
conséquence (arg. art. 402) d'exclure la tutelle légale
des ascendants (2); il en sera de même si le tuteur
élu par le père ou la mère n'accepte pas la tutelle
testamentaire (art. 401).

Il faudra appliquer l'article 399, même à la mère
qui a refusé la tutelle ou qui s'en est fait excuser ;
elle a dû faire nommer dans ce cas, un tuteur par le
conseil de famille (art. 394). Si elle se remarie plus
tard, elle ne pourra pas plus que si elle ne se rema-
riait pas, nommer à ses enfants un tuteur testamentaire ; pourtant, on ne peut pas dire ici « qu'elle n'a
pas été maintenue dans la tutelle » par le conseil
de famille; elle ne sera donc pas tombée sous le
coup de l'article 399. Nous n'en déciderons pas
moins qu'il n'y aura jamais lieu d'appliquer l'article 400, d'après les principes que nous avons
posés au début de ce sujet particulier à la tutelle
déférée par la mère : elle ne peut conférer une
charge qu'elle n'exerce pas elle-même (3), alors

(1) Aubry et Rau, I, pp. 390, 391.

(2) Demolombe, VII, 179 à 181. — Aubry et Rau, I, pp. 413 et
414. — Baudry-Lacantinerie, I, p. 537.

(3) Delvincourt, I, p. 105. — Demolombe, VII, 161 à 163. —
Aubry et Rau, I, p. 537. — *Contra*, Demante et Colmet de Santerre,

même que la tutelle serait vacante à son décès (1).

Pour les mêmes motifs que nous avons déjà plusieurs fois invoqués (V. droit de correction, jouissance légale, etc.), nous déciderons que l'article 400 devrait continuer à recevoir son application, même lorsque le second mariage de la mère aurait cessé d'exister ; les dangers redoutés subsistent presque toujours, avec autant de force, après la dissolution ou l'annulation du mariage, il serait illogique et au moins imprudent de ne pas laisser le choix de la mère soumis à la confirmation du conseil de famille : le fait seul du second mariage a fait perdre, en effet, à la mère, la confiance qu'elle pouvait inspirer au législateur.

p. 184 et 185. — Du Caurroy, I, n. 598. — Rolland de Villargues, n 55.

(1) En sens contraire , Taulier, II, 30. — Zacchariæ, Massé et Vergé, I, p. 141. — Chardon, III, n. 38.

CHAPITRE II

Protection des intérêts pécuniaires des enfants du premier lit en général.

SECTION PREMIÈRE

OBLIGATIONS NÉES DU PREMIER MARIAGE
ENTRE LES ENFANTS DU PREMIER LIT MAJEURS
OU MINEURS ET LEUR FAMILLE

Sous ce titre, dont la première partie est empruntée au chapitre V, *du Mariage* (tit. IX, liv. 1ᵉʳ du Code civil), sont réunies :

1° L'obligation alimentaire réciproque entre parents et enfants, — qui est une obligation civile ;

2° L'obligation pour les parents de doter de plus leurs enfants qui n'est pas, au contraire, consacrée par nos lois.

Nous allons exposer les diverses modifications qui ont été apportées par le fait du convol du père et de la mère à l'accomplissement de ces obligations dont la nécessité est évidente et l'utilité incontestable.

§ Iᵉʳ. — OBLIGATION ALIMENTAIRE. L'ARTICLE 206.

L'obligation réciproque de se fournir des aliments quand ils sont dans le besoin existe entre époux et en

ligne directe entre parents *in infinitum*, et même entre
certains alliés (art. 205, 206, 207). La pension allouée
doit être fournie en argent, suivant les besoins de
l'alimentaire (*non œtati, sed necessitati alimenta de-
bentur*) et la fortune de celui qui la fournit (art. 208).
Exceptionnellement, la pension est payée *en nature*,
ce qui veut dire que celui qui doit cette pension recevra l'alimentaire *à son feu et à sa table*, dans deux
cas : 1° s'il ne peut payer la pension ; 2° si le père ou
la mère offre de recevoir son enfant (art. 210 et 211).
Cependant le tribunal décidera souverainement et en
connaissance de cause ; il est certain que, s'il y a
lieu de craindre que l'enfant ne soit pas bien traité
dans la maison paternelle, — ce qui sera, en fait, exceptionnel, mais qui pourra se présenter cependant
si l'enfant est d'un premier lit et s'il se trouve en présence d'un parâtre ou d'une marâtre hostile. — le
tribunal devra, dans cette hypothèse. rejeter la proposition du père ou de la mère, sans la moindre hési-
sitation.

De plus, si les besoins de l'alimentaire cessent ou
diminuent, ou que la fortune de celui qui doit la
pension soit anéantie ou fortement entamée, il y
aura lieu de faire prononcer en faveur de ce dernier
la décharge ou réduction de cette pension (art. 209) ;
le jugement qui en fixe le *quantum* étant essentiellement provisoire, le juge qui l'avait fixé en premier
lieu pourra être appelé à y apporter les modifications
exigées par les circonstances.

Les enfants doivent donc des aliments à leurs père
et mère en particulier (art. 205) ; réciproquement
(art. 207), les parents en doivent à leurs enfants, à

quelque lit qu'ils appartiennent, puisqu'aucun texte
ne leur enlève ce droit, ce qui est justice (1). — Le
second mariage du père ou de la mère, dont la première union a été dissoute par la mort ou par le divorce, ou qui a même été annulée, n'aura aucune
influence sur la pension alimentaire à lui payée par
ses enfants du premier lit en leur nom personnel;
oportet edere. La déchéance de la puissance paternelle elle-même (V. la loi du 24 juillet 1889, art. 1er)
laisse subsister la pension alimentaire payée par l'enfant. Il en sera de même si l'enfant du premier lit,
au lieu d'être tenu de l'obligation alimentaire en son
nom personnel, payait la pension, à titre d'héritier
de son auteur défunt, par application de la loi du 9
mars 1891. Cette loi, en effet, après avoir appelé le conjoint survivant à la succession de son conjoint prédécédé (art. 767), lui accorde, en outre, dans l'article 205-2° nouveau (2), une créance alimentaire sur la
succession du prédécédé pour le cas où il se trouverait dans le besoin par suite de l'insuffisance de la
part qui lui revient: ce qui retombera le plus souvent sur les enfants, qui ne devront pas se plaindre,
alors même que leur réserve serait attaquée, puisque la loi elle-même le veut ainsi, et qu'une volonté
contraire du *de cujus* ne saurait même empêcher ce

(1) Colmar, 5 janvier 1840, S., 12, 2, 352.

(2) Si l'époux remarié devient veuf, peut-il cumuler les deux pensions alimentaires ? Il semblerait juste que ce soit la succession du
second conjoint qui acquitte la pension, seule, ou au moins la première ; en cas d'insuffisance, elle serait complétée par la succession
du premier conjoint.

résultat. « C'est le droit à la vie du conjoint pauvre, » dit M. Paget. Mais, pour pouvoir prétendre
ici a ce droit, qui ne peut être exercé que dans un
qref délai, l'époux ne doit pas être divorcé (V. cependant, dans la troisième partie, l'article 301). Il
doit être *veuf*. L'annulation du premier mariage ne
lui permet pas davantage, dans aucun cas, de réclamer la pension. La loi de 1891 l'exige ainsi ; mais
elle n'a pas cru faire de plus du second mariage,
comme elle le fait pourtant à propos du droit d'usufruit créé par l'article 767, une cause de déchéance
du droit aux aliments. « Vous avez décidé, » disait
en effet M. de Ventavon dans son discours au Sénat,
« que la pension alimentaire attribuée à l'époux
« survivant ne serait soumise à aucune déchéance
« résultant du convol. » C'est la règle contraire qui
est admise en Autriche, et le Code civil portugais
(art. 1231 et 1232) décide de même que le convol
du conjoint survivant lui fait perdre son droit aux
aliments.

Il est certain cependant que le second mariage
pourrait apporter indirectement des modifications à
la dette alimentaire des enfants du premier lit ; nous
voulons dire que, s'il était prouvé que les besoins de
l'alimentaire eussent cessé, ou eussent simplement
diminué, par le fait de ce second mariage, la décharge ou même la réduction, dont nous parlions
plus haut, pourraient être prononcées sans aucun
doute.

« Les gendres et belles-filles, » dit l'article 206,
« doivent également et dans les mêmes circonstances
« des aliments à leurs beau-père et belle-mère. »

C'est une conséquence de l'alliance, parce que chaque conjoint devient ainsi, en quelque sorte, le fils ou la fille des parents de son conjoint (1) ; ce qui le prouve bien, c'est qu'il est tenu de la dette alimentaire, au même rang que le fils ou petit-fils.

Mais, il est incontestable que les enfants du premier lit (beau-fils et belle-fille, *privignus* et *privigna*), ne tombent pas sous le coup de cet article 206, et qu'ils ne doivent pas des aliments, — au moins personnellement, — à leur parâtre et à leur marâtre (beau-père, belle-mère, *vitricus*, *noverca*). Notre interprétation repose sur les travaux préparatoires de cet article : Tronchet, au Conseil d'Etat, fit supprimer dans l'ancien article les mots « leurs alliés dans la même ligne, » qui auraient pu permettre la confusion grossière que nous signalons, et les fit remplacer par les expressions actuelles « beaux-pères, belles-mères, » indiquant ainsi le sens à donner à ces expressions ; d'ailleurs, en particulier, le mot gendre employé dans l'article 206, n'a jamais signifié enfant d'un premier lit que l'on appelle exclusivement beau-fils.

Indirectement, cependant, les enfants du premier lit supporteront la pension alimentaire, allouée par application de la loi de 1891, au second conjoint survivant et ils la supporteront, comme nous l'avons montré déjà pour le premier conjoint survivant, même si leur réserve est attaquée (2).

Le texte primitif de l'article 205-2°, auquel nous

(1) Paris, 10 août 1894, D., 95, 2, 517.
(2) Saint-Etienne, 22 mars 1894, *Rev. Not.*, n° 9, 236

faisions allusion à l'instant, était ainsi conçu : « les
« enfants doivent également des aliments à leurs
« alliés dans la même ligne, à moins que *lesdits alliés*
« *n'aient convolé en secondes noces.* » Donc les *en-*
fants du premier lit par alliance (gendres et brus), -
si je puis m'exprimer ainsi, — n'avaient plus le fardeau
de la dette alimentaire, par suite du convol de leur
père ou mère. Mais l'article 205-2° a été remplacé,
dans la rédaction définitive, par l'article 206 actuel qui
ajoute : « mais cette obligation cesse : 1° *lorsque la*
« *belle-mère a convolé en secondes noces*, 2° lorsque
« celui des époux qui produisait l'affinité et les en-
« fants issus de son union avec l'autre époux sont
« décédés » (1).

De la première de ces dispositions qui nous intéresse seule, nous concluons que le beau-père ne perd
pas en se remariant le droit d'exiger des aliments de
ses gendres et brus. Mais pourquoi la belle-mère est-
elle la seule à subir la déchéance? Il n'y a pas à répondre que le second mariage relâche les liens produits par l'alliance, dans l'hypothèse où l'époux qui
produit cette alliance est encore vivant, et, dans tous
les cas, ces liens sont aussi relâchés ou affaiblis, dans
le cas de convol du beau-père.

Cette différence entre le second mariage du beau-

_____

(1) Cass. Civ., 13 juillet 1891, **D.** 93, 1,353. — Dans le cas de divorce, en l'absence d'une disposition spéciale, il n'est pas permis au
juge, par extension de cet article 206, de condamner le mari divorcé
à payer une pension alimentaire à la mère de celle qui a été sa femme.
— Orléans, 22 mars 1892, **D.** 93, 2, 354. — Toulouse, 10 mars 1890,
D. 91, 2,276.

père et celui de la belle-mère est difficile à expliquer raisonnablement. Elle est une conséquence certaine des idées admises dans notre ancien droit, de défaveur à l'égard des secondes noces (1) : le convol des veuves est vu d'un mauvais œil par les rédacteurs du Code civil qui n'ont pas cru, en cela, commettre une injustice, surtout lorsque ces veuves ont des enfants du premier lit âgés, puisqu'il sont mariés. — On a dit aussi que la pension alimentaire payée à la belle-mère qui est remariée servirait à entretenir sa nouvelle famille, parce que son second mari en aura la disposition, tandis que ce résultat ne se produira jamais, d'après ce même système, lorsque le beau-père devient le chef d'une nouvelle famille. Si l'on admettait ce raisonnement il faudrait admettre, *a fortiori*, que le convol de la mère doit entrainer la même déchéance, ce que nous ne retrouvons nulle part dans notre loi.

D'ailleurs, s'il en était ainsi, la belle-fille devrait, elle aussi, perdre, par le fait de son convol, son droit aux aliments. Or, il n'en est rien ; le texte est muet, et l'on ne peut, malgré le désir de MM. Aubry et Rau d'appliquer l'article 207 à notre hypothèse, étendre une aussi grave déchéance par voie d'analogie. Le texte et l'esprit de l'article 206 s'y opposent (2) ; l'idée de défaveur attachée au second mariage ne s'est pas

(1) Demante et Colmet de Santerre, I, 293 *bis*. — Baudry-Lacantinerie, I, 593.

(2) Demante et Colmet de Santerre, I, 289 bis. — Laurent, III, 97. — Baudry-Lacantinerie, I, 393. — *Contra*, Duranton, II, 421. — Marcadé, art. 204 à 207. — Aubry et Rau, VI, 553. — Demolombe, IV, 28.

présentée à l'esprit des rédacteurs du Code ; ou, du moins, ces derniers ont bien voulu oublier leur parti pris, eu égard à la jeunesse de la belle-fille qui l'excuse jusqu'à un certain point, d'avoir voulu joindre à son affection maternelle l'amour légitime d'un second mari. Pourvu que ses enfants du premier lit soient vivants, elle pourra donc exiger des aliments, de son beau-père et de sa belle-mère, grands parents de ces enfants, quel que soit le nombre des mariages qu'elle aurait contractés successivement. Le Code civil italien (art. 140 et 142) assimile, au contraire, le convol de la belle-mère et celui de la belle-fille pour en faire une cause de déchéance de l'obligation alimentaire. En toute justice, le convol des beaux parents et celui des gendres et brus, hommes ou femmes, auraient dû produire les mêmes conséquences.

La belle-mère perd donc, en se remariant (1), sa créance alimentaire à l'égard de ses gendres et brus. Mais elle n'en conserve pas moins, il ne faut pas l'oublier, celle qu'elle a à l'égard de ses enfants du premier lit et des enfants de ceux-ci ; les gendres et brus ne cesseront pas de supporter d'une manière indirecte, mais tout aussi sensible, un appauvrissement par le fait de la diminution des revenus de leur conjoint ou de leurs enfants.

---

(1) Cette déchéance est définitive ; on ne peut, en appliquant la règle *cessante causa, cessat effectus*, faire revivre l'obligation alimentaire, à la dissolution ou à l'annulation du second mariage de la belle-mère. C. f. la même question et la même réponse sur le droit de correction, la jouissance légale. C'est d'ailleurs une pénalité édictée contre la belle-mère.

Mais si les gendres et brus sont libérés, à l'égard de leur belle-mère remariée, du paiement de la pension qu'ils lui servaient, conservent-ils, malgré cela, le droit de lui demander des aliments, s'ils sont dans le besoin ? La réponse est difficile et la jurisprudence est muette. La négative s'appuie sur la solution donnée au 2° de l'article 206 : quand celui des époux qui produisait l'affinité et les enfants qui étaient issus de cette union avec l'autre époux sont décédés, l'obligation alimentaire cesse *ex utroque latere*, cela ne fait aucun doute pour personne. Pourquoi l'obligation alimentaire ne serait-elle pas réciproque aussi dans notre hypothèse ? L'article 207 dit en effet: « les obligations résultant de ces dispositions sont réciproques ». Le 1° de l'article 206 a été visé par l'article qui le suit (207) tout comme son 2°; donc la belle-mère remariée sera libérée du paiement de toute pension à ses gendres et brus, sans quoi le principe de la réciprocité serait violé (1).

Nous croyons, au contraire, cette interprétation en opposition avec les textes et les principes eux-mêmes. L'article 206 dit bien que la belle-mère perd son droit par le fait de son convol, mais il ne dit nullement que ce convol la libère de son obligation ; donc cette dernière subsiste. Il est certain, d'autre part, que l'article 207 établit la réciprocité de l'obligation alimentaire ; mais il ne parle nullement de réciprocité dans l'extinction de cette obligation, qui n'existe

____

(1) Delvincourt, art. 206. — Demolombe, IV, 29. — Baudry-Lacantinerie, I, 395.

donc pas. L'affirmative (1) nous parait plus rationnelle : nous voyons bien, d'autres fois, dans les articles 202, 300 et 1518, par exemple, que certains droits reconnus réciproques par la loi elle-même, peuvent être enlevés cependant à l'une des parties seulement, sans que l'autre les perde. De ce que la belle-mère est déchue de son droit aux aliments fournis par ses gendres et brus, il ne s'ensuit nullement que ces derniers doivent subir la même déchéance à son égard, pas plus qu'un père, dont le fils ingrat aurait perdu le droit d'exiger de lui une pension pour subvenir à ses besoins, ne serait condamné, à titre de réciprocité et sans autre raison, à ne pouvoir s'adresser à ce fi's pour lui réclamer aide et assistance.

Quoi qu'il en soit, *nemo potest proprio facto se ab obligatione liberare* ; de plus, la déchéance établie à l'égard de la belle-mère par le Code civil a un caractère pénal, et nous savons que *pœnalia non sunt extendenda*. Si la belle-mère n'avait qu'à se remarier pour être libérée d'une obligation qui pèse sur elle, il n'y aurait plus déchéance ; et il ne nous appartient pas de donner une interprétation différente d'un texte qui a été inspiré, sans que ses rédacteurs s'en soient doutés, peut-être, par une idée de défaveur contre les secondes noces ou, plutôt, contre les belles-mères, et, certainement non, par le principe que nous voudrions voir appliqué constamment : la protection des enfants du premier lit, sans parti pris aucun.

(1) Duranton, II, 420. — Duvergier, sur Toullier, II, p. 614. — Marcadé, art. 204 à 207, 4. — Aubry et Rau, VI, 553. — Laurent, III, 77.

La dot (1) est *l'apport* soit du mari soit de la femme,
qu'il provienne de donations ou successions, —
qu'il se réalise avant ou pendant le mariage. Elle a
donné son nom au régime dotal : ce qui ne prouve
nullement qu'elle soit plus spéciale à ce régime qu'à
tout autre.

*1. — De l'obligation pour les parents de doter leurs
enfants et, en particulier, leurs enfants du premier
lit.* — Quand on considère la destination de la dot,
qui est de faire face aux besoins du ménage, son
utilité publique qui consiste à faciliter et à permettre
les mariages, « sans lesquels l'Etat ne pourrait subsister, » comme le fait remarquer Berlier dans l'*Exposé des motifs,* on est étonné que la loi n'ait pas
consacré l'obligation, pour les parents, de doter leurs
enfants du premier lit. L'utilité de cette mesure se
fait pourtant sentir pour ces derniers surtout : ils peuvent perdre un bel avenir, une belle situation, une
affection qui leur est chère, — comme nous le
disions à propos du refus de consentement des
parents à leur mariage, — par la faute, par le mauvais vouloir de leur père ou de leur mère remarié,
dont l'opposition au mariage projeté se manifeste
indirectement par le refus de doter leurs enfants, —

(1) L'article 1540 donne une définition de la dot qui est trop
spéciale.

inspiré uniquement par l'animosité instinctive du
parâtre ou de la marâtre. Lorsque les parents se
sont acquittés de l'obligation que leur impose l'article 203, — nourrir, entretenir et élever leurs enfants,
— ils ne doivent plus rien à ces derniers. L'article 204 l'affirme en précisant : « L'enfant n'a point
« d'action contre ses père et mère pour *un établisse-*
« *ment par mariage ou autrement* (1). »

Pourquoi les rédacteurs du Code ont-ils écrit une
règle aussi inflexible, sans y apporter la moindre
exception, même en faveur des enfants du premier
lit ? Les motifs qui ont décidé les rédacteurs du Code
à adopter la règle coutumière *ne dote qui ne veut* (2),
au lieu de celle du droit romain (3) et des pays du
droit écrit (4), d'après laquelle la fille avait une
action contre son père pour lui demander une dot,
— ces motifs, dis-je, peuvent ne pas exister dans
notre hypothèse. On a cru à la générosité naturelle du père qui aimera toujours ses enfants par
dessus tout ; il eût été impie d'ébranler l'autorité
paternelle, en donnant une arme aux enfants contre

(1) Il a droit à une pension alimentaire, mais non à une dot.

(2) Roussilhe. *Dot*, n. 33.

(3) *Reipublicæ interest mulieres dotes salvas habere, propter quas
nubere possent.* Dig., loi 23, III, I. 2 ; Voir aussi Dig., loi 49, *de
ritu nupt.* XXIII, 2.

(4) V. *Parlement de Toulouse*, 13 août 1587 et 13 juin 1612. —
Toulouse, 22 frimaire an XII, qui consacre la jurisprudence des
parlements avant la promulgation du Code civil. — Cass., 28 octobre 1807, S. 8.1.46, qui décide, de même, que la pension, que l'enfant s'est fait adjuger avant la promulgation du Code civil, oit être
continuée.

leurs parents. Mais le législateur a certainement
compté sans la méchanceté du second conjoint qui a
pris (cela ne se voit que trop fréquemment) sur l'esprit de ce père ou de cette mère, un ascendant tel
qu'il a pu lui faire oublier ses devoirs les plus sacrés.

Il y a donc un oubli à réparer : puisqu'il est admis
que le droit de disposition du conjoint remarié est
limité spécialement à l'égard de son nouvel époux,
puisqu'il est admis, d'autre part, que les enfants
peuvent être dotés, — comme nous allons le voir, —
il n'y a plus qu'un pas à faire dans cette voie : empêcher une injustice, ou au moins un refus vexatoire
pour les enfants du premier lit. On veut que la liberté
du mariage des parents soit respectée : d'accord ;
mais que la liberté du mariage des enfants le soit au
moins autant ! Il y a là une question de justice.

Doter ses enfants est donc un devoir, quand ils
n'ont pas de biens personnels ou quand ces derniers
ne sont pas suffisants et qu'aucune raison sérieuse
ne s'oppose à leur mariage. Cette dette d'affection
n'est qu'un devoir *naturel* (1), c'est-à-dire une obligation civile imparfaite (2). La formule de l'art. 204 :
« L'enfant n'a pas d'action... » se concilie, en effet,

(1) Cass., 5 avril 1892, D., 92, 1, 234.

(2) L'obligation civile de donner à sa fille une dot convenable,
dans la mesure de ses facultés, c'est-à-dire sans compromettre son
propre entretien, incombe au père et à la mère, dans les législations allemandes, parmi lesquelles certaines étendent ce bénéfice
au fils. — V. Landrecht Wurtemb, IV, 13, § 1 ; bav., I, 6, § 13,
n. 4, 7 ; pruss., II, 2, § 232 ; — Codes civils allemand, § 1620 ; et
autrichien, §§ 1220 et 1231.

très bien avec l'idée d'une obligation naturelle à la
charge des parents. Ceci aura en particulier pour
conséquence de rendre valable l'engagement, sous
signature privée, pris par les parents de constituer
à leurs enfants une dot déterminée, dont le montant
sera fixé dans l'acte : car une obligation naturelle
peut servir de cause à une obligation civile. La
constitution de dot, par suite de la novation opérée
(art. 1271) ne devra plus alors être considérée comme
une pure libéralité, puisque le père ou la mère qui
s'est engagé à doter son enfant, *nullo jure cogente*,
a donné la vie civile à une obligation qui lui incom-
bait (1). — Nous ne saurions partager l'opinion de
M. de Folleville (I, n. 38), qui ne voit dans ce devoir
des parents qu'une *obligation morale ou de conscience*, qui n'aurait pas même la valeur d'une obligation naturelle ; — nous ne sommes pas davantage
de l'avis de MM. Rodière et Pont (I, n. 96), et de
M. Laurent (XVI, n. 159), qui admettent bien qu'il y
a obligation naturelle, mais qui soutiennent qu'elle
ne peut devenir efficace que par le paiement effectif
ou une donation régulière en la forme. — Pothier,
auquel nous avons demandé la réponse à notre question, dit, dans son *Traité de la Communauté* (n. 646) :
« L'obligation de doter les enfants communs est une
« dette qui n'est que *naturelle*, pour l'acquittement
« de laquelle la loi ne donne aucune action aux en-

(1) Aubry et Rau, V, § 500, n. 6, p. 223. — Demolombe, XXIV,
n. 351. — Guillouard, I, n. 140. — Dalloz, *Rép.*, n. 1195, V° *Contrat de mariage*; et *Sup.*, n. 430, cod. V°. — Mais la dot n'en sera
pas moins réductible.

« fants contre leurs père et mère. C'est pourquoi
« chacun des conjoints ne doit doter que s'il le veut
« bien, et, pour la même raison, chacun d'eux ne
« contribue à la dot que pour la part pour laquelle
« il veut bien y contribuer. »

Voici maintenant les moyens que nous proposons
pour faire de l'obligation qui nous intéresse si vivement, une obligation civile. Considérée à Rome comme
un *officium pietatis*, cette dette des parents put être
réclamée en justice, depuis Caracalla ; l'intervention
du magistrat fut autorisée pour forcer le consentement du père, et plus tard de la mère, qui s'oppose-
raient *injuria*, sans motifs, au mariage de leur enfant (1), ou qui refuseraient de lui constituer une
dot, la simple négligence à chercher un parti pour
l'enfant étant même répréhensible.

Pourquoi n'appliquerait-on pas au père et à la
mère remariés qui refusent, sans justes motifs, de
doter leurs enfants du premier lit, et qui, subissant
l'influence du parâtre et de la marâtre, sont, en
quelque sorte, dans l'impossibilité de manifester leur
volonté, des mesures analogues à celles que prescrit
l'article 511, spécial à la constitution de dot de l'enfant de l'interdit ? D'après ce système, qui n'est pas
nouveau pour nous (V. *Consentement au mariage*,)

____

(1) L'article 1624 du Code civil allemand permet au père et à la
mère de refuser de doter leur fille qui s'est mariée sans leur consentement ou, en général, qui a commis une faute. — De même,
l'article 1222 du Code autrichien permet aux parents de refuser
toute constitution de dot, à leur fille qui s'est mariée, à leur insu
ou contre leur gré, si *le Tribunal approuve ce refus*.

certains parents des enfants du premier lit, leurs tuteur et subrogé-tuteur, s'il y en a, auraient le droit de veiller aux intérêts de ces enfants et d'assurer la liberté de leur mariage qui serait mise en péril, en agissant contre leurs père et mère qui s'obstineraient *injuria* à ne pas vouloir leur constituer une dot, dans la mesure de leurs facultés : le respect de l'autorité paternelle serait ainsi assuré, l'enfant n'ayant pas personnellement le droit d'agir contre ses parents. D'autre part, pour éviter que des dissensions familiales ne soient étalées au grand jour, alors qu'elles doivent être ignorées du public, nous demanderions que le Tribunal, chargé de juger la contestation, réuni en la chambre du conseil, après avoir entendu le procureur de la République, prononce, sans énoncer les motifs, s'il y a lieu ou s'il n'y a pas lieu de suppléer au refus du père ou de la mère. Tel serait le moyen de ramener les parents à leurs obligations, sans scandale (1).

II. — *De la possibilité pour la femme remariée de constituer une dot à ses enfants du premier lit. — L'article 1555, C. civ.* - L'incapacité légale qui frappe la femme remariée, comme toute femme mariée, est, nous l'avons dit, un réel inconvénnient pour ses enfants issus d'une union précédente. La mère qui voudra constituer une dot, ou établir un de ses enfants, a besoin de l'autorisation de son mari ; ce dernier n'a besoin d'aucune autorisation pour aliéner au profit de qui que ce soit. Cette inégalité

(1) Cf. Fenet, *Trav. prép. du Code civ.*, IX, art. 202 à 204.

choquante a révolté bien des gens qui se sont faits les apôtres du féminisme, et ont demandé à ce que la femme ne soit plus assujettie à l'autorité maritale, au moins sans l'avoir bien voulu : si elle est soumise à un régime de biens qui lui enlève la direction, l'administration, les revenus de sa fortune personnelle, que ce soit après l'avoir choisi ! Cela est juste, utile ; la réforme est urgente. Il est excessif de voir que, quelque régime qui ait été adopté ou qui soit survenu (1) dans le cours du mariage, la femme ne recouvre jamais sa capacité : la mort, le divorce ou la séparation de corps (L. de 1893) seuls la lui rendent. Tant que dure la vie commune, il faut assurer le *respect du mari*, à cause de la *fragilitas sexus !* Ce sont là des mots, et rien que des mots : que l'on instruise la femme, et qu'il ne soit plus question de son inexpérience, de sa pudeur, de sa timidité !

Le mari, qui a des enfants du premier lit, pourra donc leur constituer une dot ou les établir. La femme remariée (2), de son côté, ne pourra-t-elle cependant se passer de l'autorisation que lui refuse injustement son second mari ? Il est juste que ce *veto* ne soit pas sans appel. L'autorisation du mari qui constitue entre les mains de ce dernier un devoir qu'il remplit si mal, sera remplacée, suppléée par l'autorisation de justice qui permettra à la mère de doter ses enfants du premier lit. Il est nécessaire

(1) Art. 1443.

(2) La femme remariée est absolument libre de disposer par acte testamentaire ; pour une donation entre vifs, il lui faut l'autorisation maritale.

pourtant de distinguer sous quel régime la mère s'est remariée.

1° Si le *régime de la communauté* a été adopté, l'autorisation de justice (art. 217 et 218) ne permettra que *l'aliénation de la nue-propriété des propres* de la femme ; l'usufruit des biens donnés devra être conservé au mari, puisque les fruits et revenus (art. 1401) sont communs : l'autorisation du mari serait donc nécessaire et indispensable pour permettre l'aliénation de l'usufruit (art. 1426). — Voir, à la fin de ce paragraphe, la constitution de dot faite avec les biens de la communauté, et l'article 1469.

2° Si le *régime sans communauté* est la loi que s'est donnée la mère pour son second mariage, il faudra encore l'autorisation de justice, si le mari refuse son consentement pour doter les enfants du premier lit avec les *immeubles* qui font partie de la dot de la mère (art. 1535) ; mais la *nue-propriété* pourra seule être l'objet de la donation ; l'usufruit devra être réservé au mari, parce que les fruits sont censés apportés à ce mari pour soutenir les charges du ménage et ne peuvent être perçus par sa femme (art. 1530).

3° Si le *régime de séparation de biens* a été choisi, la mère aura toujours besoin de l'autorisation de justice à défaut de celle de son second mari (art. 1538) ; elle pourra donner même à ses enfants du premier lit *la nue-propriété et l'usufruit*, puisqu'elle a la libre disposition de ses revenus (art. 1536). Elle devra cependant conserver à son mari la part de ses revenus fixée par son contrat ou par la loi comme contribution personnelle aux charges du ménage (art. 1537) ; sans quoi le second mari pourrait demander ce qui lui manque aux intérêts produits par les biens constitués en dot par la mère à ses enfants d'un premier lit.

4° *Régime dotal adopté par la mère remariée.* — La mère a des biens dotaux et des biens paraphernaux (1). — En ce qui concerne les *biens paraphernaux*, c'est-à-dire ceux qui n'ont pas été constitués en dot et qui sont, en conséquence, aliénables, elle pourra les donner en dot à ses enfants du premier lit avec l'autorisation de justice, suppléant celle du second mari (art. 1576), sous les mêmes réserves que celles que nous avons déjà faites pour le régime de séparation de biens (art. 1575.)

Les *biens dotaux* sont *inaliénables* (art. 1554) : ce principe subit plusieurs exceptions qui s'expliquent par des raisons de faveur et surtout de nécessité. L'une de ces exceptions a été admise, dans l'intérêt des enfants. L'article 1556 permet à la femme de donner ses biens dotaux, avec l'autorisation de son mari, pour l'établissement de leurs enfants communs ; et l'on conclut de la rédaction de cet article que l'autorisation du mari, — qui est le père des enfants, — ne peut être suppléée par l'autorisation de justice. Heureusement, le législateur a songé aux enfants d'un premier lit et il a compris avec raison que le droit commun ne devait pas être appliqué ici, comme

(1) Sous le régime dotal, la paraphernalité est la règle, la dotalité, l'exception (art. 1541) ; sous le régime sans communauté, c'est l'inverse.

dans les autres cas que nous avons précédemment
énumérés. « La femme peut, dit l'article 1555, avec
« l'autorisation de son mari ou, *sur son refus, avec*
« *permission de justice,* donner ses biens dotaux pour
« l'établissement des enfants qu'elle aurait d'un ma-
« riage antérieur ; mais, *si elle n'est autorisée que*
« *par justice, elle doit réserver la jouissance à son*
« *mari.* » Le régime dotal n'a pas, comme en Droit
Romain, pour but principal de sauvegarder la dot,
dans l'intérêt des seconds mariages ; notre loi a voulu
conserver les biens dans la famille. Les motifs qui ont
déterminé le législateur à rendre les biens dotaux inaliénables, loin de s'opposer ici à l'aliénation de ces
biens, doivent donc au contraire, la favoriser, en permettant à la mère de s'acquitter d'une obligation qui,
pour être naturelle, n'en est pas moins légale.

Ce qui frappe surtout à la lecture comparative des
articles 1555 et 1556, c'est que l'établissement des
enfants du premier lit ou de leurs descendants en
général sera toujours possible, que le second mari le
veuille ou ne le veuille pas ; il en est autrement pour
l'enfant commun dont la dot ne peut être valablement constituée par sa mère, avec les biens dotaux
de cette dernière qu'avec l'autorisation du mari, qui
est en même temps le père, comme nous l'avons fait
remarquer. Cette distinction est très raisonnable. La
loi a compté sur la tendresse, l'affection et la générosité du père qui ne refusera pas injustement d'établir ses enfants et qui sera, d'après les idées admises
par le Code, plus expérimenté que la mère ; son refus
sera alors sans appel. Les mêmes raisons de bienveil-
lance paternelle se retrouveront rarement chez le se-

cond mari, le parâtre dont le refus injustifié, vexatoire, ne devait pas être la sentence frappant définitivement les enfants de sa femme. L'article 1555 est une mesure sage en définitive : 1° elle permet à la mère de vaincre une résistance immorale, en faisant autoriser la constitution de dot par les tribunaux ; 2° mais, d'autre part, comme il ne faut pas porter atteinte aux droits du mari, l'aliénation des biens dotaux de la femme ne pourra porter que sur la nue-propriété, l'usufruit de ces biens étant réservé au mari.

Que signifie le mot *donner* employé par l'article 1555, comme d'ailleurs par l'article 1556 ? L'établissement des enfants du premier lit, — que ce soit pour fonder une maison de commerce, une exploitation agricole ou industrielle, pour acquérir le titre d'avocat, de médecin, pour devenir officier, professeur, pour faire son volontariat, etc., ou plus simplement pour se marier, — ne trouve donc aucun obstacle sous le régime dotal, puisque l'inaliénabilité est supprimée dans ce but. La vente des biens dotaux et l'hypothèque, — garantissant un emprunt, — qui frappera ces biens, doivent donc être autorisées, comme la donation proprement dite, à condition que le prix provenant de ces opérations serve à établir les enfants. On veut procurer toutes les facilités désirables à cet établissement ; il faut donc admettre, dans le sens large, tout ce qui permettra d'arriver à une donation en faveur des enfants du premier lit. La vente de la nue-propriété donnera *actuellement* une dot à ces enfants. L'emprunt permettra d'en faire autant, mais il ne sera guère possible qu'en admettant la validité de l'hypothèque. C'est là certainement la pensée qu'auraient eue les rédacteurs du Code civil s'ils n'avaient cru que l'on pourrait discuter sur ce point. La constitution de dot doit, en somme, être facilitée par tous les moyens licites, directs ou indirects (1).

III. — *Dot constituée par le père ou la mère à ses enfants du premier lit, avec des biens composant la communauté. — L'article 1469.* — Pour que la femme remariée puisse constituer une dot à ses enfants issus d'un précédent mariage avec les biens dépendant de la communauté, nous savons qu'elle doit être autorisée par son mari, qui peut seul engager ces biens (art. 1426), parce qu'il est *seigneur et maître de la communauté, potest perdere, dissipare, abuti.* D'autre part, le père remarié ne peut valablement donner pour l'établissement de ses enfants du premier lit que des *effets mobiliers, à titre particulier,* conformément à l'article 1422, c'est-à-dire à *condition qu'il ne s'en réserve pas l'usufruit*; les enfants communs sont en effet seuls exceptés. L'article 1469 n'a apporté, quoi qu'on ait voulu dire, aucune exception à la règle de l'article 1422; donc, si

(1) Taulier, V, p. 286. — Rodière et Pont, III, 1794. — Baudry-Lacantinerie, III, p. 241. — *Req. rej.*, 1er avril 1845 ; S., 45, 1, 256. Cass. 23 juin 1880 ; S., 81, 1, 78. — Caen 9 juillet 1889, D., 90, 2, 137. — La femme remariée sous le régime dotal pourrait aussi faire autoriser par la justice l'aliénation d'un immeuble dotal pour fournir des aliments à ses enfants du premier lit, en vertu de l'article 1558 ; les auteurs discutent sur le point de savoir si c'est le 2e ou le 3e de cet article qui doit être invoqué dans cette hypothèse.

le mari a donné à ses enfants d'un premier mariage
des biens mobiliers de la communauté dont la disposition lui est interdite, cette donation sera révocable;
s'il leur a donné un immeuble de la communauté,
« la femme ou ses héritiers ont le droit d'exercer
« contre l'enfant donataire l'action révocatoire pour
« obtenir *en nature* la part qui leur revient dans cet
« immeuble (1) » Cet enfant aura cependant un recours en garantie contre son père qui l'a doté ou contre la succession de ce dernier, pour la valeur de
l'immeuble au jour de l'éviction (2) (art. 1440 et 1547).
Il y a exception à la règle : *Donator de evictione non
tenetur.*

L'article 1437 du Code civil pose en principe que
« toutes les fois qu'il est pris sur la communauté une
« somme, soit pour acquitter les dettes ou charges
« personnelles de l'un des époux... et généralement
« toutes les fois que l'un des époux *a tiré un profit
« personnel* des biens de la communauté, *il en doit ré-
« compense.* » Récompense est synonyme d'indemnité.
« La récompense n'excède jamais, dit Pothier, ce
« qu'il en a coûté à la communauté, quelque grand
« qu'ait été le profit que le conjoint a retiré. » Les
récompenses ne se liquident et ne se paient qu'à la
dissolution de la communauté. Parmi les hypothèses,
où l'un des époux a tiré un profit personnel des biens

(1) Civ. Cass. 14 août 1855, D., 55, 1, 372. — Dans le même sens :
Rodière et Pont, II, n. 888. — Laurent, XXII, n. 32. — Guillouard,
II, n. 714.

(2) Nancy, 17 mai 1861, D., v° *Cont. de Mar.*, *Sup.*, n. 411, en
note.

de la communauté, il faut citer en premier lieu : la
dot constituée par cet époux au profit de son enfant
d'un premier lit ; de même, la prime de volontariat
payée pour ce dernier (1): enfin, la donation faite,
même par personne interposée, sous le nom de laquelle
l'époux est censé s'être avantagé lui-même, sauf pourtant s'il ne s'agit que d'une libéralité modique (2) qui
ne sera pas rapportable. L'article 1469 consacre équitablement le principe du rapport des biens qui ont
servi à établir l'enfant du premier lit : « Chaque
« époux ou son héritier rapporte également les som-
« mes qui ont été tirées de la communauté, ou la va-
« leur des biens que l'époux y a pris pour *doter un*
« *enfant d'un autre lit*, ou pour doter personnellement
« un enfant commun ». Nous donnons au mot *doter*
le sens très large de *libéralité* dont est gratifié l'enfant d'un autre lit. « Il y a lieu à récompense », disait, en effet Pothier, dans l'Introduction à la Coutume d'Orléans. « lorsque le mari a donné des biens
« à ses enfants d'un précédent mariage ; car il ne
« peut avantager les siens en fraude de la part de sa
« femme ». La loi, pour assurer la conservation des
biens dans les familles, devait surveiller les donations faites, avec les biens de la communauté, aux
enfants du premier lit : elle s'est occupée de l'hypothèse de la constitution de dot qui est l'acquittement
d'une dette naturelle, d'un devoir personnel ; le mari

(1) Cass., 14 avril 1886, S. 86, 1, 289. D. 87, 1, 169. — *Contra*,
Cass., 23 juin 1869, D. 70, 1, 5.

(2) Guillouard, II, n. 723. — Cf. l'art. 852, à propos du rapport,
en matière de succession.

a certainement disposé alors des biens communs pour
ses affaires personnelles. Mais le mot dot, comme le
mot établissement (art. 204, 851, 1422, 1427 C. civ.),
désigne toute disposition à titre gratuit pouvant procurer aux enfants une existence indépendante. L'article 1437 devra donc être appliqué pour *toutes les
donations* faites aux enfants du premier lit avec les
biens communs; l'art. 1469 n'est qu'une application
du principe, mais non le seul.

SECTION II

DROITS HÉRÉDITAIRES DES ENFANTS DU PREMIER LIT

L'individu, comme propriétaire, est libre de jouir
et de disposer de sa fortune comme il l'entend. A ce
principe absolu de la Rome primitive (*uti legassit, ita
jus esto*), la loi est venue apporter des restrictions
nécessaires au bon fonctionnement de l'organisme
social : à côté du respect du droit de propriété, il a
fallu assurer la protection des ascendants et descendants contre les libéralités excessives qui tendraient
à les dépouiller.

La conservation des biens dans la famille est le but
essentiel du système successoral de notre Code. La
paternité impose des devoirs aux parents. C'est pourquoi le législateur a divisé en deux parties le patrimoine héréditaire des père et mère : l'une qui est
réservée aux enfants, la *réserve* (1) ; l'autre, à

(1) La réserve est, d'après **M.** Demolombe, une portion de la

l'égard de laquelle reparaît le droit de disposition entière du propriétaire, la *quotité disponible*. Les enfants sont ainsi protégés contre les passions de leurs parents.

Il a fallu veiller, — par l'institution d'une quotité disponible spéciale entre époux, — à ce que la tendresse aveugle du prémourant n'entrainât pas ce dernier à faire au survivant des libéralités exagérées; car les époux ne sont pas unis entre eux par les liens du sang, ils n'ont pas une communauté d'origine; aussi le Code civil ne leur attribue-t-il pas une réserve(1). Cependant, les époux ne peuvent être traités comme des étrangers; pour permettre l'accomplissement des devoirs, nés du mariage, même après la mort de l'un des conjoints, la quotité disponible a été *en général* étendue par l'article 1094, en faveur du conjoint survivant, conformément aux vœux de la nature et de la société.

Mais la présence d'enfants du premier lit devait restreindre la liberté de disposer de leur père ou mère en faveur du parâtre ou de la marâtre : les articles 1098, 1496 et 1527, ont eu pour but de préserver les intérêts de ces enfants de tout préjudice causé par les seconds mariages.

D'autre part, en l'absence de libéralités faites au conjoint survivant, successeur irrégulier (2), il était

succession *ab intestat* que la loi assure à certains héritiers, contre les libéralités du défunt. (VI, n° 442.)

(1) *Contra* Code civil italien, art. 812 à 814. — V. aussi l'article 631 du Code prussien.

(2) Aubusson, 21 mars 1893. D. 95, 2, 9. *Gaz. Pal.* 93, II, 199. — Paris, 11 février 1898, S. 98, 2, 165.

indispensable de suppléer à l'affection présumée du défunt : cette situation intéressante a attiré, à toute époque, l'attention du législateur. Il serait inhumain en effet de ne pas éviter au conjoint accablé par la douleur, les souffrances et la misère succédant à l'aisance et au bien-être. Une loi qui s'est bien fait attendre, la loi du 9 mars 1891, est venue enfin augmenter le droit héréditaire du conjoint survivant (art. 767, C. civ.), en s'inspirant des distinctions déjà faites par les articles 1094 et 1098. C'est par ce droit sur la succession *ab intestat* du conjoint prédécédé que nous allons commencer cette étude.

I. — Droit héréditaire du second conjoint survivant. Les lois du 14 juillet 1866 et du 9 mars 1891. Le nouvel article 767.

L'ancien article 767 du Code civil appelait le conjoint au dernier rang des successibles, immédiatement avant l'Etat ; il ne suppléait donc nullement à l'imprévoyance des époux. Il « consacrait, par le fait,
« l'abolition que la loi du 17 nivôse an II, art. 67,
« avait déjà prononcée, de tous les gains de survie,
« légaux ou coutumiers, établis dans l'ancien Droit
« en faveur des conjoints survivants : pour la femme,
« c'était le *douaire* en pays de coutumes et l'*aug-*
« *ment de dot* en pays de droit écrit ; pour le mari,
« c'était le *contre-augment* en ces derniers pays, et,
« pour les deux conjoints, la *quarte du conjoint pau-*
« *vre* (1), que la jurisprudence des parlements de

---

(1) Ce n'est que dans le dernier état du droit romain que le con-

« droit écrit avait empruntée aux Novelles 53 et 117
« et avait étendue de la veuve au mari survivant (1). »

« Telle était la loi qui pendant quatre-vingt-huit
« ans a méconnu l'un des sentiments les plus vifs de
« la nature humaine, l'amour conjugal (2)! » Quelques lois spéciales avaient pourtant cherché à améliorer le sort du conjoint survivant : comprenant que les droits de viduité accordés à la veuve dotale ou commune par les articles 1465, 1481, 1570 étaient insuffisants, le décret du 30 mars 1806 accordait aux veuves non remariées sans la permission de l'empereur, une pension prise sur le revenu du *majorat*. — De même les lois des 11 avril 1831, 18 avril 1831 et 9 juin 1853, sur les pensions civiles et militaires, permettent à la veuve de conserver la pension, même si elle se remarie, à condition de conserver la qualité de Française ; il en est autrement des pensions des veuves des employés du Sénat, de la Chambre des députés, qui sont perdues dans le cas de convol. — Les veuves, mêmes remariées, auront, de même encore, droit à la moitié de la rente fournie par la Caisse de retraites pour la vieillesse, d'après la loi du 20 juillet 1886. — Un droit de succession spécial est accordé au conjoint du déporté, même remarié dans la suite, par la loi du 25 mars 1873.

joint survivant est appelé à la succession du prédécédé par l'institution de la *bonorum possessio unde vir et uxor*.

(1) G. Bressolles, professeur honoraire à la Faculté de Droit de Toulouse.

(2) J. Paget, doyen de la même Faculté, professeur de Droit romain.

Enfin, *la loi du 14 juillet 1866*, sur les droits des héritiers et ayants cause des auteurs, avait surtout accordé au conjoint survivant un droit héréditaire considérable qui consiste dans la jouissance des droits de propriété littéraire ou artistique dont l'auteur prédécédé n'a pas disposé par acte entre vifs ou par testament (1). « La femme, disait M. le conseiller d'Etat Riché, « a partagé les triomphes de l'auteur, a con- « solé ses espérances déchues, est la première dépo- « sitaire de sa pensée relative à la publication nou- « velle, à la correction de ses œuvres, et, *au moins* « *lorsqu'elle ne change pas son nom*, est considérée « comme la gardienne la plus pieuse de sa mémoire. » Qu'il y ait des enfants du premier lit ou qu'il n'y en ait pas, l'article premier *in fine* décide que cette puissance cessera au cas où le conjoint survivant contracte un nouveau mariage. « Le législateur n'a « pas voulu que la veuve conservât un avantage qui « ne lui est attribué qu'en souvenir de sa première « union. Son second mariage est une sorte d'ingrati- « tude envers l'auteur dont elle portait le nom ; la loi « l'en *punit* en lui retirant l'usufruit qu'elle ne devait « qu'à son titre de veuve (2). » Cette déchéance est donc inspirée uniquement par les idées de défaveur de secondes noces ; c'est une peine plutôt qu'une mesure de précaution. Il est à remarquer que cet usufruit du conjoint survivant peut être cédé, à un éditeur par exemple ; le convol aura naturellement pour

----

(1) La loi de 1866 a fixé à 50 ans la durée *maxima* du privilége après la mort de l'auteur.

(2) Pouillet, *Propriété littéraire et artistique*, 227.

effet d'anéantir l'usufruit non seulement entre les mains du cédant, mais aussi entre celles du cessionnaire.

Le nouvel article 767, créé par la loi du 9 mars 1891, est une sage réforme, due aux efforts persévérants de M. Delsol, qui, depuis vingt ans, voulait combler la lacune du Code, et suppléer ainsi à l'absence ou à l'insuffisance des gains nuptiaux volontaires. « C'est « une restauration dans le domaine de l'histoire », dit M. Paget ; « la plupart des peuples modernes nous « ont, d'ailleurs, précédés et nous dépassent encore « dans cette voie. »

La loi du 9 mars 1891 appelle, *dans tous les cas*, le conjoint survivant à la succession du prédécédé : il ne succède, cependant, en propriété, que lorsqu'il n'y a pas de parents au degré successible. Dans tous les autres cas, une part de succession en *usufruit* (1) lui est assurée, variable selon la qualité des héritiers. Ainsi se trouvent à la fois conciliés le principe de la conservation des biens dans la famille et l'affection présumée du défunt pour sont conjoint.

Cet usufruit qui permettra à ce conjoint de mener une existence honorable, en harmonie avec la situation dont il avait joui du vivant de son conjoint prédécédé, sera de *moitié*, lorsque le défunt meurt sans postérité légitime ; — il sera du *quart* de la suc-

(1) Cf. le douaire qui, à partir du treizième siècle, « premièrement n'emporte que usufruit ». (Jean Desmares, Décisions 175). De même l'augment de dot, le contre-augment. — Le système français n'est guère suivi qu'en Suède, et dans les cantons suisses de Genève, Zurich et Bâle-Ville.

cession, s'il y a des enfants communs. — Enfin il sera
« d'une *part d'enfant* (1) *légitime le moins prenant*
« *sans qu'elle puisse excéder le quart*, si le défunt a
« des enfants nés d'un précédent mariage ». C'est la
seule hypothèse où la loi tienne compte, dans une
certaine mesure, du nombre des enfants, pour fixer
la part d'usufruit du conjoint. Il faut remarquer, de
plus, que l'article 767 reproduit, dans ce cas, les termes mêmes de l'article 1098 : la vocation héréditaire
du conjoint survivant consiste dans l'usufruit de la
quotité disponible qui lui est spéciale et qui porte,
comme nous le verrons, sur la propriété.

Si le *de cujus* laisse à la fois des enfants communs
et des enfants du premier lit (l'article 767 ne prévoit
pas ce cas) doit-on appliquer distributivement les
alinéas 3 et 4 de l'article 767 ou, au contraire, obéir
simplement à la règle de l'alinéa 4, par analogie à ce
que nous déciderons pour l'article 1098, quand les
enfants du premier et du second lit demanderont la
réduction ? C'est cette dernière solution que nous
adoptons, car la loi de 1891 a eu pour but de simpli-
fier le plus possible la liquidation des successions (2).
D'ailleurs, la part d'enfant est la même (art. 745),
quelque soit le mariage dont il est issu (3).

L'usufruit légal de l'article 767 est soumis aux
règles ordinaires de l'usufruit, par exemple, à l'obli-

---

(1) Cf. la quarte du conjoint pauvre (L. 1, D. *unde vir et uxor*,
38-11) ; les lois des Bavarois (tit XIV, § 9) et des Wisigoths (liv. IV,
tit. II, § 14) ; et de nos jours les Codes Sarde et Autrichien, etc.

(2) Baudry et Wahl, I, n° 813.

(3) Bourges, 28 décembre 1891, S. 92, 2, 69, D. 93, 2, 170.

gation pour l'usufruitier de fournir caution, d'après l'article 601, à moins qu'il n'en soit dispensé expressément. Cet usufruit est cependant convertible en une rente viagère équivalente (1), dans l'intérêt des héritiers eux-mêmes.

Pour calculer la portion des biens sur laquelle doit porter l'usufruit du conjoint survivant qui vient à la succession du prédécédé, — et nous verrons, sous l'article 1098, ce qu'il faut entendre par les expression « part d'enfant le moins prenant, » — on fera la masse des biens existants auxquels seront réunis *fictivement* (art. 857) les biens seuls dont le *de cujus* a disposé sans dispense de rapport (2) au profit des successibles (3), en conséquence, l'usufruit ne grèvera jamais les biens donnés ou légués (4), puisque le conjoint n'est pas réservataire, — pas plus qu'il ne pourra porter sur les biens qui font l'objet d'un retour successoral (art. 351, 747, 766) et surtout d'un droit de réserve; le conjoint survivant sera ainsi exhérédé tacitement.

Le conjoint survivant exercera donc son droit d'usufruit sur les seuls biens existants et disponibles, à condition, toutefois, qu'il n'ait pas déjà été

(1) Seine, 14 juillet 1893; G. P., 93.2.543; D., 94.2.105.

(2) Rappelons que, depuis la loi du 28 mars 1898, la dispense de rapport est sous entendue dans les libéralités testamentaires, contrairement à la règle antérieurement suivie.

(3) La réunion fictive prescrite par l'article 922 du Code civil, en matière de réduction, est plus étendue que celle imposée par le nouvel article 767, puisqu'elle tient compte des biens donnés à des tiers et des biens donnés par préciput et hors part.

(4) Paris, 11 février 1898, cité.

gratifié, même par préciput et hors part, auquel cas
les libéralités qu'il aurait reçues seraient imputables
sur son droit d'usufruit (1). Parmi les libéralités, il
faut compter, en dehors des donations et legs, les
avantages qui peuvent résulter pour l'époux survivant de l'adoption de tel ou tel régime matrimonial
comme le décident, en matière de quotité disponible,
les articles 1496 et 1527 (2).

Mais, lorsque les libéralités faites au conjoint survivant seront en pleine propriété, comment se fera
l'imputation ? Il faut, d'après l'article 767, lui-même,
tenir compte du *montant* de la libéralité, et non de son
revenu seulement (3), de la part d'usufruit qu'elle
contient : c'est la *valeur réelle* (4) de cette libéralité
qui fera l'objet de l'imputation, « qui présentera
« peut-être », disait M. Piou dans son rapport, « quel-
« ques difficultés quand les libéralités antérieure-
« ment faites à l'époux auront eu pour objet une
« pleine propriété, mais les tribunaux habitués à
« résoudre de semblables difficultés arriveront sans
« peine à d'équitables évaluations. »

Nous avons fait remarquer que le droit d'usufruit
du conjoint ne pourrait s'exercer que sur les biens

(1) Ussel, 16 mars 1895, G. P., 95.1.478. — Cf., la quarte du
conjoint pauvre.

(2) Nancy, 25 février 1891, D., 91.2.353. — V. Baudry-Lacantinerie et Wahl, nº 582. — *Contra* Rouen, 11 février 1892, D., 93.
2.169.

(3) Aubry et Rau, VII, § 664 *bis*. — Cass., 28 mars 1866, S. 66.1.
217.

(4) Baudry-Lacantinerie et Wahl, I, nº 829. — Seine, 11 juillet
1893, *Rev. not.*, nº 9089.

existants. L'article 917 ne pourra donc s'appliquer (1) et le conjoint ne pourra, par conséquent, pas obliger les enfants du premier lit à lui abandonner la quotité disponible en propriété, à moins qu'ils ne préfèrent laisser l'usufruit grever plus de biens qu'il n'en reste dans la succession ; ce qui transformerait le rapport fictif, seul conforme à la loi, en un rapport réel et aurait pour effet de transporter, d'une manière définitive, les biens de la famille du *de cujus* dans le patrimoine d'un étranger.

Pour que le conjoint survivant puisse prétendre à l'usufruit de l'article 767, il faut : 1° qu'il ne soit pas divorcé ; 2° qu'un jugement de séparation de corps n'ait pas été prononcé contre lui ; 3° qu'il ne soit pas remarié, dans certains cas.

« *En cas de second mariage* », dit l'article 767, *in fine*, « *l'usufruit du conjoint cesse, s'il existe des descendants du défunt.* » — « Le législateur a trouvé », dit M. Rouard de Card (2), « que les descendants « étaient plus dignes d'intérêt que le conjoint dont « le sort est assuré par un nouveau mariage ; d'ailleurs, cette solution est conforme à la volonté probable du *de cujus*, qui, en matière successorale, « doit toujours être prise en grande considération. » — « Cette cause restreinte, au cas où le défunt a « laissé des enfants, » nous fait remarquer M. Paget, « repose sur ces deux idées — que le conjoint survi-

---

(1) Baudry-Lacantinerie et Wahl, I, n° 823. — Huc, V, n° 130. — Vigié, II, n° 620. — Cass., 30 juin 1885, S. 85.1.352, D. 86.1.255.
(2) Professeur de Droit civil à la Faculté de Droit de Toulouse.

« vant ne doit pas porter dans une nouvelle famille,
« des biens qui, même entre ses mains, et à titre
« d'usufruit, sont le patrimoine des enfants, — et
« que le nouveau mariage lui assurera des moyens
« d'existence suffisants. Peut-être aussi le législa-
« teur a-t-il subi l'influence de ce désir du mourant
« de rester l'objet unique de l'affection conjugale du
« survivant (1) ! »

La question de savoir si le convol devait être une
cause de déchéance (2) de l'usufruit de l'article 767,
— comme le second mariage de la femme l'était pour
la jouissance légale de l'article 386, — a donné lieu
à des discussions très intéressantes entre les Facultés de Droit, les Cours d'appel et les membres de
Parlement. C'est une solution intermédiaire qui a été
adoptée (3) : la protection des enfants du premier lit
est ainsi assurée; la déchéance n'a rien des peines
de secondes noces, comme le font remarquer dans
leurs rapports M. Delsol et M. Piou ; car elle a
l'avantage, sur celle de l'article 386, de frapper à la
fois l'homme et la femme.

Il faut, pour que le convol entraine la cessation (4)

---

(1) V. aussi dans ce sens, ce que dit M. Delsol, dans l'Exposé
des Motifs, *Journal officiel*, 29 juin 1876, p. 4629.

(2) La plupart des législations étrangères sont en faveur de la
négative ; mais, un grand nombre exigent que le père ou la mère
remarié conserve tout ou partie de sa part héréditaire à ses enfants
du premier lit.

(3) Le règlement de la Compagnie de l'Est appliquait déjà,
avant 1891, un système où étaient conciliés la protection des enfants de l'employé, et des droits de la veuve remariée.

(4) En Italie, il faut pour que le convol fasse perdre au conjoint

de l'usufruit, qu'il *existe des descendants* du défunt,
enfants ou petits-enfants, peu importe à quel lit ils
appartiennent. Les descendants du *de cujus* doivent,
par conséquent, n'être ni renonçants, ni indignes, ni
morts au moment du convol : sans cela, le conjoint
survivant remarié conserverait son usufruit, puisqu'il ne serait plus question alors de protection d'enfants du premier lit. On ne pourra pas accuser, je
l'espère, l'article 767, *in fine*, d'avoir porté atteinte à
la liberté des mariages !

La rente viagère, remplaçant l'usufruit, devra logiquement cesser, par identité de motifs, dans le cas
de second mariage du conjoint survivant, s'il existe
des descendants du conjoint prédécédé (1).

Mais rien ne s'oppose à ce que le défunt relève, par
contrat de mariage ou par testament (2), son conjoint
survivant de la déchéance de l'article 767, *in fine*, qui
ne s'applique pas, en effet, aux dons et legs, à moins,
cependant, que ces derniers n'aient été faits sous la
condition de non convol (3).

Il faudrait décider, comme partout ailleurs, que
l'usufruit perdu ne revivra pas, lorsque le second
mariage aura été dissous ou aura été annulé, parce
que les raisons de la déchéance existent toujours.

---

survivant les libéralités qu'il tient du défunt, qu'il s'agisse de la
femme remariée avant l'expiration du délai de viduité (art. 128).

(1) Baudry-Lacantinerie et Wahl, 1, n 857.

(2) Cf. Nov. 22, c. 2.

(3) V. toutefois plus haut, 1re partie, Ch., I, sect.. Ire, *in fine*.

II. — Quotité disponible spéciale entre époux. — Les articles 1098, — 1099 et 1100, — 1496 et 1527.

L'institution d'une réserve, au profit des enfants et à laquelle le père de famille ne pourra porter atteinte par des donations entre vifs faites à des étrangers, la restriction apportée à la liberté de tester, ne sont pas particulières à notre droit français. De tout temps et dans presque tous les pays, le législateur a rendu indisponible une partie de la succession *ab intestat* des ascendants.

Pourtant, lorsque le gratifié est le conjoint du disposant, la réserve ordinaire de l'enfant (v. art. 913) n'est plus de même quotité. Il est très naturel d'étendre la quotité disponible entre époux, père et mère des réservataires. L'article 1094 (1), en apportant une exception à une disposition d'ordre public, ne peut être critiqué par les enfants eux-mêmes, puisque l'intérêt de leur père ou mère survivant est en jeu et que l'amour de ce dernier pour sa famille ne peut être mis en doute.

Mais il n'en sera plus de même, lorsque les libéralités tendront à avantager l'un des époux au préjudice des enfants du premier lit de l'autre : il faudra alors prendre des précautions toutes particulières contre les conséquences de ces unions souvent mal assorties. C'est ce qui a été fait presque partout. La

---

(1) L'article 1094 crée un disponible très étendu entre époux, lorsqu'il n'y a ni enfants ni descendants.

quotité disponible entre époux sera inférieure à la
quotité disponible ordinaire, d'après l'article 1098
ainsi conçu : « l'homme ou la femme qui ayant des
« enfants d'un autre lit, contractera un second ou
« subséquent mariage, ne pourra donner à son nou-
« vel époux qu'une part d'enfant légitime le moins
« prenant, et sans que, dans aucun cas, ces dona-
« tions puissent excéder le quart des biens. » Et les
articles 1496 et 1527 donnent, de même, aux enfants
du premier lit l'action en retranchement, lorsque les
avantages résultant pour le nouvel époux de l'adoption de tel ou tel régime matrimonial, excédent la
quotité disponible restreinte de l'article 1098 (1).

Il est bon de remarquer, tout d'abord, que malgré sa
rédaction (l'homme ou la femme *ne pourra*) qui semble indiquer une *incapacité personnelle*, comme le
voulait un système aujourd'hui abandonné (2) créé
contre le nouveau conjoint, l'article 1098 n'en est
pas moins une règle *d'indisponibilité réelle* édictée en
faveur des enfants du premier lit. La protection de
ces derniers contre la faiblesse de leurs parents remariés et l'avidité de leurs parâtre et marâtre, exi-
geait-elle, cependant, l'établissement d'une réserve
plus forte à l'égard du nouvel époux qu'à l'egard
d'un étranger? Il faut bien convenir que l'article 1098
— en dépit des intentions des rédacteurs du Code

(1) L'indisponibilité des articles 1098, 1496 et 1527, n'est pas réciproque; pourvu que le nouvel époux n'ait pas lui-même d'enfants
d'un premier lit, il pourra disposer au profit de son conjoint dans
les limites de l'article 1094.

(2) Coin-Delisle, art. 1098, n. 2.

Civil, — est une pénalité qui frappe les époux remariés, une peine de secondes noces; il suffisait, pour protéger les enfants du premier lit, de revenir au droit commun, et d'assurer la réserve de l'article 913 par des dispositions comme celles des articles 1496 et 1527, 1099 et 1100 qui auraient limité suffisamment la quotité disponible à laquelle le nouveau conjoint devrait pouvoir prétendre, comme le peut un étranger quelconque.

Quoi qu'il en soit, l'article 1098 du Code civil n'a pas été édicté en haine des secondes noces : l'étude comparative des différentes lois ou constitutions qui ont cherché, tant à Rome, que dans notre ancien Droit, à porter remède à une situation dangereuse pour les enfants du premier lit, nous en fournira la preuve la meilleure.

I. *En droit Romain*, les premières constitutions qui aient en vue la protection des enfants du premier lit sont dues aux empereurs chrétiens : c'est d'abord la loi *femina: quae*, 1. 3, C., *de secund. nupt.*, V, 9, rendue en 382 par Gratien, Valentinien et Théodose Ier, spéciale aux veuves ; — puis la loi *generaliter*, 1. 5, C., *de sec. nupt.*, rendue en 444, par Théodose II et Valentinien III, qui étendait aux veufs les dispositions de la précédente loi. Les femmes, — ou plutôt les époux, — qui convolaient en secondes noces, *conjuges binubi*, devaient conserver à leurs enfants du premier lit ou à l'un d'eux (1) les *lucra nuptialia*,

(1) Ce droit d'élection fut enlevé à la mère par la nov. 2, c. 1, et au père par la nov. 22, c. 25. — Si l'un des enfants du premier lit

c'est-à-dire tous les biens qui leur étaient parvenus, de leurs conjoints, lors des fiançailles ou de la célébration du mariage, par donation à cause de mort, par testament, fideicommis, legs ou toute autre libéralité. Mais l'époux remarié avait toujours la possession de ces biens et le droit d'en jouir; son convol lui faisait perdre la nue propriété seulement. Ce que nous disons du second mariage devait, d'ailleurs, s'étendre à tous les mariages successifs. Les gains nuptiaux que l'époux remarié a retirés de ses mariages divers, doivent être réservés respectivement aux enfants du conjoint dont il les a reçus (Nov. 22, c. 29). Les enfants avaient, pour les protéger contre les aliénations, faites par leur auteur remarié, des biens que ce dernier aurait dû conserver, — une action en revendication contre les tiers (Nov. 22, c. 24), — une action *in reintegratione ex maternis vel paternis facultatibus* (sur les biens propres de l'époux remarié), — une *condictio*, pour exiger, de leur père ou de leur mère qui a convolé en secondes noces, la valeur des biens consommés; ils furent garantis enfin contre l'insolvabilité de leur mère remariée par une Constitution des empereurs Léon et Anthémius (L. 6, C., *de sec. nupt.*) qui leur accorda une hypothèque générale que Justinien donna aux enfants de l'homme remarié (L. 8, C. *de sec. nupt.*)

meurt, laissant lui-même des enfants, ces derniers prennent sa place (l. 7, C., *de sec. nupt.*), que le décès de l'enfant du premier lit soit antérieur ou postérieur au convol, cet enfant prédécédé a le droit de choisir, parmi ses descendants, lequel profitera de ses droits.

La loi *femina quæ*, toujours dans le but de conserver aux descendants du conjoint prédécédé les biens donnés par ce dernier à l'un de ses enfants qui meurt à son tour, décide que, si la mère remariée a succédé à l'enfant, elle n'aura que l'usufruit des bien recueillis par elle dans cette succession ; cependant, si le décès de l'enfant du premier lit est antérieur au convol, la mère aura la pleine propriété des biens qui ne provenaient pas du mari, mais de ceux-là seulement (l. 5, C. *de sec. nupt.* et Nov. 22, c. 40.)

Enfin, pour empêcher que le conjoint remarié ne fit sur ses propres biens des libéralités excessives à son nouveau conjoint, les empereurs Léon et Anthénius, en 469, dans une Constitution connue sous le nom de loi *Hac edictali*, décidèrent que le veuf ou la veuve qui contracterait un second ou subséquent mariage, ne pourrait donner à son nouvel époux, *novercæ aut vitrico*, qu'une part d'enfant, et, en cas de partage inégal, une part d'enfant le moins prenant (L. 6, C. V, 9. et Nov. 22, c. 27.). Ce qui avait pour conséquence d'empêcher le père ou la mère remarié, qui avait pourtant les plus graves motifs de mécontentement contre un enfant du premier lit, d'exhéréder celui-ci, de peur de ne pouvoir rien donner à son conjoint. C'était trop : aussi Justinien décida-t-il que les enfants du premier lit exhérédés par leur père ou leur mère pour cause d'ingratitude, — et des mesures spéciales furent prises pour éviter l'exhéradation sans motifs graves (1), — ne pour-

____

(1) Les empereurs Constance et Constantin avaient interdit à la mère remariée de révoquer pour cause d'ingratitude, les donations

raient plus attaquer les libéralités excessives faites à leur parâtre ou à leur marâtre (L. 10, C. V, 9; L. 11 et 19, C, *de inoff. test.*)

Ainsi ces *pœnæ secundarum nuptiarum* avaient en vue l'intérêt des enfants du premier lit et la morale publique; mais il est incontestable qu'elles étaient très défavorables aux secondes noces.

II. *Dans notre ancien droit*, les pays de droit écrit appliquaient les constitutions *fœminæ quæ*, *generaliter* et *hac edictali* qui ne furent pas admises dans les pays de Coutumes. Au seizième siècle, un événement qui est demeuré célèbre dans les annales juridiques, fit regretter l'absence de toute protection des enfants du premier lit (1). La dame Anne d'Aligre, veuve et mère de sept enfants, réussit à se faire épouser en secondes noces par un jeune gentilhomme, Georges de Clermont, au prix d'une donation considérable (2). Le chancelier de l'Hôpital saisit cette

faites à ses enfants du premier lit : la mère avait fait injure à ces derniers en se remariant (L. 7. C. VIII, 56). — A cette règle trop rigoureuse, Justinien apporta trois exceptions, dans la nov. 22, c. 35 : 1° lorsque l'enfant a attenté aux jours de sa mère ; 2° lorsqu'il a levé sur elle des mains impies ; 3° lorsqu'il a cherché à lui faire perdre sa fortune.

(1) Les donations entre époux étaient en principe prohibées pendant le mariage, mais les conjoints pouvaient s'avantager aussi largement qu'il leur convenait avant le mariage et dans le contrat de mariage.

(2) « Epouser une femme veuve, en bon français, signifie faire sa fortune ». (La Bruyère, *Des biens de fortune.*) — La dame d'Aligre avait fait don à son nouvel époux de toute sa fortune, ne laissant à ses enfants que leur légitime, c'est-à-dire un quatorzième à chacun.

occasion pour faire rendre par François II, l'*Edit des secondes noces*, en juillet 1560. « Comme les femmes
« veuves, est-il dit dans le préambule de cet édit,
« ayant enfants sont souvent invitées et sollicitées à
« de nouvelles noces, et ne connaissant pas être re-
« cherchées plus pour leurs biens que pour leurs
« personnes, elles abandonnent leurs biens à leurs
« nouveaux maris, sous prétexte et faveur du ma-
« riage ; leur font des donations immenses, mettant
« en oubli le devoir de nature envers leurs enfants,
« de l'amour desquels tant s'en faut qu'elles s'en
« dussent éloigner par la mort des pères ; que les
« voyant destitués des secours et aide de leur père,
« elles devraient par tous moyens s'exercer à leur
« faire l'office de père et de mère ; desquelles dona-
« tions outre les querelles et divisions entre maris et
« enfants, s'ensuit la diminution des bonnes familles,
« et conséquemment diminution de la force de l'état
« public, à quoi les empereurs ont voulu pourvoir
« par plusieurs bonnes lois et constitutions, sur ce
« par eux faites et, Nous, entendant l'infirmité du
« sexe, avons loué et approuvé icelles lois ».

Quoique l'Edit des secondes noces ne parle que des
femmes veuves, il fut étendu, en pratique, aux
hommes veufs (Ricard, *Des Donations*, Ch. IX),
conformément au droit romain, dont il reproduisait
d'ailleurs, dans deux *chefs*, les constitutions. « Ordon-
« nons que les femmes veuves, ayant enfants ou
« enfants de leurs enfants, si elles passent à de nou-
« velles noces, ne pourront en quelque façon que ce
« soit, donner leurs biens meubles, acquêts ou acquis
« par elles, d'ailleurs que de leur premier mari, ni

« moins leurs propres à leurs nouveaux maris, père,
« mère ou enfants desdits maris, ou autres person-
« nes qu'on puisse présumer être, par dol ou fraude,
« interposées, plus qu'un de leurs enfants ou enfants
« de leurs enfants; et s'il se trouve inégale division
« de leurs biens, faite entre leurs enfants ou enfants
« de leurs enfants, les donations par elles faites à
« leurs nouveaux maris, seront réduites et mesurées
« à la raison de celui des enfants qui aura le moins ».
Ainsi s'exprimait le premier chef de l'Edit, reprodui-
sant presque textuellement la loi *hac edictali* et qui
avait pour sanction l'action en réduction accordée
aux enfants du premier lit seuls.

Le second chef de l'Edit, inspiré de la loi *feminæ
quæ*, déclarait l'époux remarié, grevé d'une espèce
de substitution en faveur de ses enfants du premier
lit, mais non en faveur d'un seul à son choix ; l'article 279 de la Coutume de Paris étendit ce deuxième
chef, en rendant indisponible pour la femme ayant
des enfants du premier lit, la part de conquêts retirée
par elle de la communauté dissoute ; cette extension
fut admise par la jurisprudence (Arrêt du 4 mars 1687)
à l'égard de l'homme.

Enfin, des peines de secondes noces furent édictées
surtout par l'*Ordonnance de Blois*, de 1579, qui assimile le mariage contracté follement à la démence et
à la prodigalité. « Comme plusieurs femmes ayant
« enfants d'autres mariages, se remarient follement
« à personnes indignes de leurs qualités, » (art. 182)
la nouvelle loi frappe lés veuves d'une incapacité
absolue d'aliéner leurs biens, de quelque manière
que ce soit, « pour l'injure atroce faite, dit Pothier,

« par la mère à la mémoire de son mari, en abdiquant
« le nom illustre qu'il lui avait donné, et une famille
« illustre dans laquelle il l'avait fait entrer, pour
« prendre le nom et entrer dans la famille d'une
« personne indigne » Cet article 182 de l'Ordonnance
de Blois ne fut pas étendu aux hommes par la jurisprudence.

On ne pourra nier que ces lois qui voulaient surtout être favorables aux enfants du premier lit, ne
soient d'une excessive sévérité pour les secondes
noces.

III. *Pendant la période intermédiaire*, la loi du
17 nivôse an II a aboli expressément le premier chef
de l'Edit, dans son article 13 ; quant au second chef,
il était implicitement abrogé par l'art. 61 de la même
loi. Les peines de secondes noces étaient ainsi sup-
primées ; les libéralités entre époux ne pouvaient
être faites qu'en *usufruit*, et cet usufruit ne pouvait
excéder la moitié des revenus des biens du disposant,
que ce dernier laissât des enfants du mariage ou des
enfants du premier lit.

Les Rédacteurs du Code civil revinrent aux idées
anciennes ; l'art. 176 du projet (1) était même plus
sévère que l'Edit de 1560. « L'homme ou la femme
« qui, ayant des enfants d'un autre lit, contractera
« un second ou subséquent mariage, ne pourra don-
« ner à son nouvel époux qu'une part d'enfant légi-
« time et *en usufruit* seulement. Il ne pourra disposer
« à titre gratuit ni onéreux, des immeubles qu'il a

____

(1) Locré, IX, p, 270.

« recueillis à titre de don de son époux ou de ses
« époux précédents, tant que les enfants issus des
« mariages desquels sont provenus ces dons exis-
« tent ». Cette dernière partie de l'article, correspon-
dant au second chef de l'Edit, fut supprimée parce
qu'elle était en opposition avec les articles 896, 732
et 745 du nouveau Code ; elle contenait, en effet, une
substitution légale, elle permettait la recherche de
l'origine des biens et établissait des inégalités injus-
tifiables entre les enfants des différents lits d'un même
père ou d'une même mère.

Les articles 1098, — 1099, 1100, — 1496 et 1527 du
Code civil consacrent, par conséquent, le premier chef
de l'Edit seulement, c'est-à-dire la loi *hac edictali* ; ils
permettent les donations en pleine propriété, mais
ils fixent leur maximum au quart des biens du donateur, à la différence de la loi de nivôse et de l'article 176 du projet. Ainsi les dispositions du Code civil
sont moins défavorables aux seconds mariages que
les lois antérieures protectrices de l'enfant du premier lit, et même que certaines législations étrangères actuelles, comme celles de l'Espagne, du Portugal, de la Louisiane, du Wurtemberg, de la République Argentine, du Pérou, du Canton du Valais,
qui rappellent le second chef de l'Edit des secondes
noces (1).

(1) De même, dans le canton de Fribourg (art. 124 C. civ.), le
conjoint remarié ne peut rien donner en propriété à son nouveau
conjoint. — Dans le canton de Bâle, le consentement écrit des enfants
du premier lit majeurs ou de leurs tuteurs, s'ils sont mineurs, est
nécessaire pour valider le contrat de mariage de leur auteur remarié, et cela afin de garantir leurs droits successoraux.

Mais, à l'inverse, en Angleterre, au Canada, en Prusse, en Norwège, au Mexique, on n'a pas cru devoir apporter des restrictions particulières à la faculté de disposer de l'époux remarié qui a des enfants d'un premier lit, en faveur de son nouveau conjoint. C'est ce qu'a fait aussi tout récemment le nouveau Code civil pour l'Empire d'Allemagne qui « est « parti de l'idée qu'un nouveau mariage étant bien « souvent contracté précisément dans l'intérêt des « enfants du premier lit, il est inique de le frapper « d'une sorte de pénalité ; que de semblables dispo-« sitions légales sont de nature, soit à empêcher un « mariage désirable d'ailleurs, soit à indisposer le « nouveau conjoint contre les enfants du premier « lit, et que *les intérêts matériels de ceux-ci sont* « *suffisamment protégés par les règles sur la ré-* « *serve* (1) ».

Nous osons espérer que nos lois seront aussi, moins injustes contre les parâtres et les marâtres légitimes : qu'ils soient traités comme des étrangers à l'égard des enfants du premier lit, c'est tout ce que l'on peut raisonnablement demander, la protection de ces enfants n'exigeant pas davantage que le respect de leurs droits d'héritiers réservataires, c'est-à-dire, comme nous en avons déjà émis le vœu, l'application de l'art. 913 strictement assurée par les articles 1496 et 1527, — 1099 et 1100. L'article 1098 ne devrait pas exister dans un Code qui permet dans les limites de l'article 913, les libéralités faites par un

---

(1) Lehr, *Droit civil Germanique* : Motive zu dem entwurfe eines burgerl. gesetzbuches für das deutsche Reich. IV, 560.

père veuf à sa concubine, la marâtre illégitime (1).
« S'il y a lieu, faisait remarquer Ricard, d'appré-
« hender que toutes personnes unies par le mariage
« ne puissent modérer leurs libéralités, combien n'y
« a-t-il pas lieu de le craindre, lorsque la passion du
« donateur et du donataire, l'un pour l'autre, est illé-
« gitime ». Que les parâtres et les marâtres légitimes
puissent donc recevoir des parents de l'enfant du
premier lit au moins autant que des *concubins!*

Nous sommes cependant heureux de constater,
pour la première fois, en matière de succession et de
quotité disponible, que le Code civil traite d'une
égale façon, l'homme et la femme et qu'il n'est plus
question ici de faiblesse spéciale à la mère remariée.

§. 1er — DOUBLE MAXIMUM IMPOSÉ PAR L'ARTICLE 1098 A LA QUOTITÉ
DISPONIBLE EN FAVEUR DU PARATRE ET DE LA MARRTRE.

Pour que l'article 1098 puisse recevoir son application, il faut qu'au moins un (2) enfant (ou petit
enfant *in infinitum*) (3) du premier lit vienne à la succession du *de cujus* : c'est-à-dire qu'ils ne soient pas

(1) Dans notre ancien droit la donation était annulée. — Cf. article 1480 Code civ. portugais. — *Contra*, Alger, 10 mars 1879,
D. 80, 2, 224. S. 80, 2, 9.

(2) *Non est sine liberis cui vel unus filius unave filia est.*

(3) Agen, 5 décembre 1849, S. 50, 2, 104. — Demolombe, VI,
619. — Baudry-Lacantinerie et Colin, 4078 et 4116. — Les petits-
enfants ne peuvent compter cependant que pour l'enfant qu'ils
représentent dans la succession. Il suffit que l'enfant du premier
lit soit simplement conçu, *Infans conceptus...*

tous morts, renonçants ou indignes. Le Code civil a eu pour but d'augmenter la réserve des enfants, pour les mieux protéger contre les libéralités excessives faites par leurs parents à leurs parâtres et marâtres. Or, *pour être réservataire, il faut être héritier.* L'opinion contraire, rejetée aujourd'hui presque unanimement, accordait l'action en réduction aux enfants, en vertu de leur titre de descendants *jure sanguinis, jure naturali*, sans exiger d'eux la qualité d'héritiers : elle s'appuyait sur l'édit des secondes noces, l'opinion de Pothier (contrat de mar., nᵒ 568 et 590) et celle de Ricard (III, nᵒ 978). Nous sommes d'avis, par conséquent, de ne pas appliquer l'article 1098, même si les enfants du second lit viennent (seuls) à la succession : la majorité des auteurs pense avec raison, que cet article n'a pas été fait pour eux.

Le double maximum de l'article 1098 (1) est une innovation du Code civil. « M. Berlier », dit Fenet (XII, p. 417), « observe qu'en accordant au nouvel époux « la faculté de recevoir une part d'enfant, il est peut- « être convenable de modifier cette règle ; car s'il n'y « avait qu'un enfant ou deux du premier mariage et « point du second, le nouvel époux pourrait, en par- « tageant avec eux, avoir la moitié ou le tiers de la « succession. L'opinant pense qu'il serait juste d'éta- « blir à côté de la règle principale une exception « portant qu'elle ne pourra, à l'égard du nouvel « époux, excéder une quotité quelconque de la suc-

---

(1) La quotité disponible de l'article 1098 varie avec le nombre des enfants, comme celle de l'article 913 et contrairement à celle de l'article 1094.

« cession, par exemple le quart. » C'est ce qui fut adopté. La vieille haine contre les secondes noces n'était pas éteinte !

Comment sera calculée cette part d'enfant le moins prenant ? Il faudra compter tous les enfants du donateur, à quelque lit qu'ils appartiennent, ou du moins tous ceux qui sont *héritiers.* Il est admis, en principe (1), que les enfants renonçants ou indignes ne peuvent, — pas plus que s'ils étaient morts sans postérité, — être comptés pour le calcul du disponible ordinaire (art. 913). Les expressions de l'article 1098 visent l'enfant *prenant le moins* dans la succession et doivent, *a fortiori*, exclure les enfants renonçants et indignes qui ne pourront donc faire nombre pour le calcul du disponible spécial. — Les enfants des différents lits venant à la succession partageront entre eux par tête (art. 745). Quant aux enfants issus des enfants prédécédés, ils ne seront comptés que pour la tête de leur père (art. 914), même s'ils étaient les descendants d'un enfant *unique* prédécédé : la part de l'époux se calculera toujours sur celles des souches ou de l'unique souche, suivant les principes admis en matière de calcul de la réserve, par le Code civil qui ne permet pas, comme l'édit des secondes noces (2), de calculer la part du conjoint d'après le

(1) *Contra* Cass. 1869, S. 70, 1, 452, et la jurisprudence en général.

(2) En ce sens, Pothier, 565. — Lebrun, succ., 22. — Ricard, don., 1272. — *Contra* Toulouse 16 mai 1619. — Demolombe XXIII, n° 585. — Duranton, IX, n° 803. — Toullier, III, n° 877. — Grenier, IV, 704 et 705. — Baudry-Lacantinerie et Colin, II, 4077.

nombre « *des enfants ou enfants de leurs enfants* » suivant les expressions même de l'Edit.

Enfin, le nouvel époux lui-même sera compté *pour un enfant de plus*, pour le calcul de la part d'enfant, conformément à l'opinion de Renusson (*Tr. de la comm.* IV, ch. III, n° 67), qui faisait très justement remarquer que si le conjoint donataire « n'était pas reçu à « partager avec les enfants la portion retranchée, « il se trouverait *qu'il aurait moins que l'enfant le* « *moins prenant,* » ce qui aurait pour conséquence la violation de l'article 1098. Pothier et Ricard n'étaient pas de cet avis, et, de nos jours encore, on oppose à notre système, l'article 921 d'après lequel les donataires ne peuvent demander la réduction, *ni en profiter*, ce que le conjoint pourrait faire, cependant, s'il prenait part au partage : à cela nous répondrions que le conjoint, en prenant part au partage, ne vient que recouvrer ce qu'on lui a enlevé, quand on a retranché l'excédent des libéralités qui lui avaient été faites au-delà du disponible de l'article 1098 (1).

S'il n'y a pas d'enfants du premier lit, qui vienne à la succession du *de cujus*, quel sera le droit du conjoint survivant qui a été gratifié d'une « part d'enfant » ? Cette question, controversée dans notre ancien droit, doit être résolue selon l'intention présumée du défunt : si on ne peut la découvrir, il fau-

___

(1) Delvincourt, II, p. 43. — Demolombe, VI, n° 600. — Colmet de Santerre, IV, n° 278. — Vazeille sur l'art. 1098, n° 17. — Aubry et Rau, VII, § 690. — Laurent, XV, n° 401. — *Contra*, Troplong, IV, n° 2706. — Grenier, IV, n° 708.

dra donner au conjoint gratifié, le maximum du disponible de l'article 1098, c'est-à-dire le quart des biens (1).

« La part d'enfant le moins prenant », disait Pothier (*Contr. de Mar.*, n° 561), « à laquelle est réductible « la donation faite au second mari, est la part que « cet enfant le moins prenant a droit d'avoir dans les « biens de la donatrice, *et non pas celle dont il veut* « *bien se contenter* quoique moindre que celle qu'il a « le droit d'avoir ». C'est la solution admise aussi de nos jours (2). On ne peut faire subir au conjoint donataire la négligence de l'un des enfants du premier lit, et surtout son entente frauduleuse avec ses frères et sœurs. La part du parâtre ou de la marâtre sera donc celle à laquelle, *en droit* mais non en *fait*, chaque enfant peut prétendre ; elle ne pourra être, par conséquent, inférieure à la réserve.

Elle ne pourra, d'autre part, *jamais excéder le quart* de la succession du donateur : telle est la limite apportée par le Code civil à toutes les donations, libéralités, avantages faits aux parâtres et marâtres. Cette restriction n'existait pas dans l'*Edit des secondes Noces*. Le Code civil italien qui reproduit dans son

(1) Toullier, V, n° 827. — Troplong, IV, n° 271. — Aubry et Rau, VII, p. 287. — Demolombe, XXIII, n° 590. — Marcadé, article 1098, n° III. — Duranton, IX, 824. — Paris, 14 mars 1825, D. 26, 2, 3. — Vazeille, comme Lebrun, décide que le nouvel époux aura droit à la succession toute entière. — Pothier (598) et Ricard (1281) décidaient qu'il ne pouvait recueillir que la moitié de la succession.

(2) Demolombe, VI, n° 582. — Colmet de Santerre, IV, n° 278 *bis*.

article 770, notre article 1098, a cru devoir permettre
au nouveau conjoint de recevoir la moitié de la succession (art. 805), lorsqu'il n'existe qu'un enfant du
premier lit.

L'article 917 et l'article 1098. — Si la libéralité
faite au nouveau conjoint consiste en un usufruit ou
une rente viagère dont la valeur excède la quotité
disponible, faudra-t-il appliquer l'article 917 qui donnera aux enfants, héritiers réservataires, l'option,
ou d'exécuter la disposition, ou de faire l'abandon
de la quotité disponible ? L'article 1098, à la différence de l'article 1094 (1), n'a pas fixé de disponible
en viager.

L'article 917, d'autre part, qui ne constitue pas à
proprement parler une quotité disponible, a eu pour
but d'éviter avant toutes choses, l'arbitraire des évaluations d'usufruit ; l'abandon qui est un droit pour
les réservataires et pour eux seuls, n'est qu'un moyen
spécial de réduction, un moyen de préserver la réserve. Il n'existe donc aucun motif pour ne pas appliquer l'article 917, conçu en termes généraux, lorsque la disposition entre vifs ou testamentaire est
faite au profit du second époux au lieu d'être faite à
un étranger. La difficulté de faire des évaluations
vraies étant aussi grande dans le cas de l'art. 1098
que dans le cas de l'article 913, qui ne fixent tous
deux que des disponibles en propriété, il y a lieu de
suivre la même règle et d'appliquer dans les deux cas

(1) Aussi refuse-t-on d'appliquer l'article 917, au cas de l'article 1094.

l'article 917, pour se conformer au vœu du législateur lui-même qui redoute si fort les estimations d'usufruit. La jurisprudence et la doctrine sont d'ailleurs unanimes en ce sens (1).

On a cependant discuté sur la difficulté d'application de l'article 917 au legs de rente viagère fait au nouveau conjoint. Les articles 1970 et 1973 ne parlent-ils pas, en effet, de la *réduction* de la rente viagère et ne font-ils pas exception par leurs termes généraux et la date de leur promulgation à l'article 917? Nous ne le croyons pas; les articles 1970 et 1973 parlant de réduction en général, ont entendu certainement se référer au mode exceptionnel de réduction de l'article 917; le sens douteux de ces articles ne peut d'ailleurs prévaloir contre les termes précis et formels de l'article 917 dont la place se trouve au siège même de la théorie de la réduction. Le législateur s'est mal expliqué, c'est tout ce que l'on peu conclure.

Mais l'article 917 ne devrait plus recevoir son application : 1° lorsque le nouveau conjoint a été gratifié d'un legs consistant en nue-propriété, — qui ne pourra porter que sur la nue-propriété du disponible de l'article 1098 ; — 2° lorsque ce conjoint a été gratifié de « *tout l'usufruit dont la loi permet au prémourant de disposer*, » — ce qui veut dire que le *de cujus*

<hr>

(1) Aubry et Rau, VII, § 684 *bis*. — Demolombe, II, 462. — Laurent, XV, n. 402. — Cass. 1er juillet 1873 ; S. 74, 1, 17. — Bastia. 12 janvier 1876 ; S., 72, 2, 164. — Lyon, 20 mai 1887, *Mon. jud.* Lyon, 30 septembre 1887. — Saint-Omer, 25 mai 1894, *Rep. gén. prat. du not*, 95, 8157.

interdit l'application de l'article 917 (1) et que le parâtre ou la marâtre ne pourra recevoir que le quart en
usufruit au maximum (2) et non la moitié comme on le
soutient dans un système qui, s'appuyant sur la loi
fiscale du 22 frimaire an VII, prétend que d'après
la jurisprudence la valeur de l'usufruit est de la moitié de la valeur en pleine propriété.

L'article 1098 et les convols successifs. — La quotité
disponible de l'article 1098 peut-elle être donnée autant de fois qu'il y a de subséquents mariages ou bien
une seule fois à tous les nouveaux conjoints réunis?
Quel est le maximum du disponible dans cette hypothèse? L'édit des secondes noces disait en termes précis que les veuves ne pourraient donner à «*leurs nouveaux maris*» plus qu'à l'un de leurs enfants. Aussi
Pothier (566) et Ricard (1321) décidaient-ils que tous
les époux réunis ne pourraient recevoir plus d'une
part d'enfant le moins prenant. Mais l'article 1098
ne parle que du «*nouvel époux.*» De cette différence
de rédaction est née une controverse. Duranton,
(IX, n. 804) soutient que chaque nouveau conjoint
peut recevoir une part d'enfant, à condition que la
quotité disponible de l'article 913 ne soit pas dépassée;
car, si les rédacteurs du Code avaient voulu reproduire la solution de l'édit, ils en auraient reproduit
les expressions. Mais, d'après l'article 1098, le conjoint donateur ne peut donner au maximum que le
quart des biens. Aussi nous n'hésiterons pas à repous-

---

(1) Orléans, 6 août 1874; S., **74, 2. 288.**
(2) Poitiers, 27 mai 1851; S., **52, 2, 1**; D., **52, 2 277.**

ser ce système contraire à la protection des enfants du premier lit, et, — conformément aux travaux préparatoires, à l'esprit de la loi en matière de réserve et au texte même de l'article 1098, — nous nous rallierons à l'opinion émise par Pothier et Ricard : le père ou la mère ne pourra donner à ses nouveaux conjoints collectivement, qu'une part d'enfant le moins prenant, sans pouvoir multiplier les parts d'après le nombre des mariages et sans que le quart des biens soit dépassé. Bigot-Préumeneu disait de l'édit de 1560 : « On a maintenu cette sage disposition. » Comment admettre d'ailleurs que les rédacteurs du Code aient voulu se montrer plus indulgents que ceux de l'édit pour les troisièmes et quatrièmes mariages, quand ils se sont montrés plus sévères en ajoutant au premier chef de l'édit la restriction du quart des biens ? Tel est le système admis par la majorité des auteurs (1) et qui seul assure la protection que notre loi a voulu donner, — à l'excès même, — aux enfants du premier lit, exposés ici à de plus grands dangers. Donc, chaque nouvel époux ne pourra recevoir que la différence entre ce qui a été donné aux époux précédents et la quotité disponible pour eux tous, telle que nous venons de la fixer; il faudra, par conséquent, que cette quotité disponible n'ait pas été épuisée. Il est bien entendu que nous n'avons parlé, dans cette discussion, que de donations de biens présents réellement reçus par les conjoints donataires prédécédés, les autres

---

(1) Demolombe, XXIII, n. 572. — Marcadé, sur l'art. 1098, III, — Aubry et Rau, VII, § 690, texte et note 46. — Huc, VI, n. 485. — Baudry Lacantinerie et Colin, II, n. 4095.

donations ou legs devenant caducs par le prédécès
des donataires.

Les articles 913 et 1098. — Comment s'exécuteront
les libéralités faites au second époux et les libéralités
préciputaires faites à un enfant ou à un étranger?
Ces libéralités ont pour limite un disponible en propriété, mais bien différent comme quotité. Ces disponibles, qui ne pourront se cumuler, car ils entame-
raient la réserve, pourront cependant *concourir* à
deux conditions : 1° que, dans leur ensemble, ils ne
dépassent pas le disponible de l'article 913 ; 2° que
le nouvel époux ne reçoive pas une libéralité su-
périeure au taux fixé par l'article 1098 (1). La réduction s'opérera d'ailleurs d'après les principes posés
par l'article 923.

*Comment formera-t on la masse sur laquelle devra
se calculer la quotité disponible de l'article 1098 ?* —
On suivra les mêmes règles que s'il s'agissait de calculer le disponible ordinaire :

a) Si l'époux donateur n'a fait de libéralités qu'à
son conjoint, la part d'enfant se calculera sur la
masse totale des biens existant dans la succession,
et l'époux donataire, considéré comme un enfant de
plus, recevra une part égale à celle appartenant à
chacun des autres enfants.

(1) Demolombe, VI, n. 568. — Troplong, IV, n. 2708. — Laurent,
XV, n. 392. — Lyon, 20 mai 1887, *Mon. jud.*, Lyon, 5 septembre
1887. — Nancy, 25 février 1891, *Gaz. Trib.*, 3 avril 1891, S., 92,
2, 65. — *Contra* Agen, 27 août 1810, S., 11, 2, 112.

b) Si l'époux donateur a fait des libéralités à d'autres qu'à son conjoint, il faudra distinguer : — 1° si ces libéralités ont été faites à des étrangers, le conjoint donataire pourra demander la réunion fictive à la masse, de l'excédant de la donation sur le disponible ; — 2° si ces libéralités ont été faites aux enfants, elles doivent être déduites de la masse, si elles sont *par préciput*, et la part du nouvel époux ne se calculera qu'après cette déduction (1) ; si elles ne sont pas préciputaires, il faudra les réunir fictivement à la masse, ce qui ne violera nullement la règle que le rapport n'est dû que par le cohéritier à son cohéritier (art. 857), puisqu'il n'y a ici que rapport *fictif*. Telle est d'ailleurs la solution conforme à l'article 922 qui exige pour le calcul du disponible l'imputation des biens donnés, réunis fictivement aux biens existant dans la succession (2).

§ 2. — AVANTAGES ET LIBÉRALITÉS RÉDUCTIBLES

De quelles libéralités faut-il tenir compte pour décider si le disponible de l'article 1098 a été dépassé ? Le législateur, dans le but de faire respecter *absolument* les droits de l'enfant du premier lit, a fait tomber sous le coup de l'article 1098, toutes les libéralités directes ou indirectes faites au parâtre

----

(1) Il faudra aussi distraire de la masse la portion des biens à laquelle les enfants naturels peuvent prétendre. V. à la fin de l'ouvrage.

(2) Demolombe, VI, n. 594 et 595. — Troplong, IV, n. 2740. — Laurent, XV, n. 401. — Orléans, 1er février 1883, D., 85, 2, 104.

ou à la marâtre par les parents de l'enfant ; les avantages que le second conjoint peut retirer des conventions matrimoniales sont aussi soumis à la réduction, par les articles 1496 et 1527.

1° *Libéralités directes*. — L'article 1098 s'applique indifféremment aux *donations entre vifs* et aux *legs*, aux donations *par contrat de mariage* et aux donations faites *pendant le mariage* (1). *Quid*, des donations faites *avant le contrat de mariage?* Les tribunaux apprécieront: si les enfants du premier lit peuvent prouver que la libéralité a été faite en vue de l'union projetée, pour frauder la loi, par conséquent, l'article 1098 recevra alors son application; mais la fraude ne pourra pas être présumée (2).

Tombent encore sous le coup de l'article 1098 les *dons mutuels et réciproques* (3), les donations *onéreuses ou rémunératoires* : en ce qui concerne ces dernières, il y aura lieu, pour apprécier l'avantage sujet à réduction, de déduire du montant de la donation, la valeur des services ou des charges, en com-

---

(1) Faites pendant le mariage, les donations sont alors seulement *révocables* (comme les legs) ; elles sont réductibles, mais elles ne sont pas nulles (art. 1096).

(2) Demolombe, XXVIII, nº 574. — Marcadé, **IV**, nº 344. — Aubry et Rau. VII, § 690. — Laurent, XV. nº 395. — Liége, 4 février 1865, Pasic. belge, 65, 2, 88. — *Contra*, Toullier, V, nº 876, d'après lequel la donation doit être présumée avoir été faite de mauvaise foi.

(3) Grenier, IV, nº 693. — Aubry et Rau, VII, § 690. — Baudry-Lacantinerie et Colin, II, nº 4085. — Bordeaux, 16 août 1853, S., 55, 2, 753 ; D., 54, 2, 22.

pensation desquels la donation a été faite (1), et, si ces services et charges ne sont pas appréciables en argent, la réduction portera sur la libéralité tout entière.

2° *Libéralités indirectes*. — Ce ne sont des donations que par le résultat : elles aboutissent, en effet, à l'enrichissement du nouveau conjoint, par l'appauvrissement de l'autre époux qui a certainement agi dans une intention libérale, mais *per viam indirectam*. Tels sont les avantages qui peuvent résulter d'une renonciation faite par le père ou la mère de l'enfant du premier lit, à une succession qu'il était appelé à recueillir de préférence à son nouveau conjoint.

Doit-on considérer, de même, comme un avantage indirect sujet à réduction, le bénéfice qui peut résulter pour le nouveau conjoint, d'une *assurance sur la vie* contractée à son profit, par l'époux remarié ? L'assurance sur la vie est un contrat *sui generis* qui garantit les individus, des préjudices que leur décès peut occasionner à leur famille : moyennant le paiement d'une prime unique ou périodique par l'assuré, l'assureur s'engage à son tour à payer à son décès une indemnité consistant en un capital ou en une rente viagère. Si le capital assuré est payé au second conjoint de l'assuré, par exemple, y aura-t-il pour ce dernier un avantage réductible, et sur quoi portera la réduction ?

---

(1) C. f. l'art. 942, Code civ. Autrichien, — l'art. 162, Code civ. Espagnol — et l'art. 898, C. des biens, de 1888, du Monténégro.

Et d'abord, il n'y a pas lieu de présumer la libéralité plutôt que l'acte à titre onéreux. Il faudra rechercher la commune intention des parties au moment du contrat. Ainsi lorsque le mari a contracté une assurance au profit de sa seconde femme, pour le remboursement de la dot de cette dernière, il est évident que l'article 1098 ne saurait être invoqué : il n'y a pas, en effet, de libéralité, pas d'enrichissement de la femme. Mais il arrivera le plus souvent que le stipulant aura voulu avantager son conjoint ; l'article 1098 sera alors certainement applicable, que les primes aient été acquittées sur les revenus ou sur les capitaux du conjoint remarié (1). On discute surtout sur la question de savoir si la réduction doit porter sur le capital assuré ou sur le montant des primes : c'est le dernier système qui est appelé à triompher définitivement en jurisprudence (2).

3° Avantages résultant des conventions matrimoniales : les articles 1496 et 1527. — Lorsqu'il n'existe pas d'enfant d'un précédent mariage, les avantages indirects qui résultent pour l'un des époux du partage inégal de la communauté ne sont pas considérés comme des libéralités sujettes à réduction (V. art. 1516 et 1525). Au contraire, au regard des enfants

____

(1) Herbault, *Ass. sur la vie*, n° 260. — *Contra* de Caqueray, *Rev. prat.*, 1863, XVI, p. 196.

(2) Baudry-Lacantinerie et Barde, *Obl.* I, n° 205. — Agnel, *Ass.*, n° 451. — Lefort, *Tr. du Cont. d'Ass.*, p. 184. — Rome, *du Cont. d'Ass.*, p. 368 et suiv. — Cass., 27 juin 1896, D., 97, 1, 73. — Rouen, 27 mai 1897, D., 98, 2, 289. — Paris, 23 juin 1898, D., 1900, 2, 1.

que l'un des époux a d'un précédent mariage, ces mêmes avantages, résultant des conventions matrimoniales (1), sont soumis à la réduction. C'est le retour au droit commun consacré par les articles 1496 et 1527. Il n'y a pas à rechercher l'intention de l'époux binube. Des termes des articles précités, il résulte que la loi n'examine qu'une chose : l'existence d'un avantage excédant le disponible de l'article 1098. Nous approuvons, sans réserve, la différence que la loi fait entre les premiers et les seconds mariages, le donataire étant, en général, dans le premier cas, le meilleur ami de l'enfant, tandis que, dans le second, ce sera souvent son implacable ennemi.

a) L'article 1496, qui s'occupe des avantages résultant de la *communauté légale*, adoptée tacitement ou expressément par l'époux remarié et son nouveau conjoint, est ainsi conçu : « Tout ce qui est dit ci-
« dessus sera observé, même lorsque l'un des époux
« ou tous deux auront des enfants de précédents ma-
« riages. — Si toutefois la confusion du mobilier et
« des dettes, opérait au profit de l'un des époux, un
« avantage supérieur à celui qui est autorisé par
« l'article 1098, au titre *des Donations entre vifs et*
« *des Testaments,* les enfants du premier lit de l'autre
« époux auront l'action en retranchement. »

(1) La stipulation du régime dotal ne peut donner lieu à l'application de l'article 1098, que si certaines clauses du contrat manifestent l'intention de l'un des époux d'avantager son conjoint (Cass., 13 avril 1858, S., 59, 1. 415.)

« Ce n'est pas la loi, immédiate et *per se* », disait
Pothier (Contr. de Mar., n. 551) (1), « qui fait tomber
« dans la communauté les choses qui y tombent, c'est
« la convention tacite ou virtuelle, intervenue entre
« les parties, par laquelle elles sont censées qu'elles
« y tombassent, qui les y fait tomber. L'avantage
« que le second mari ressent de ce qui y est tombé
« de la part de sa femme plus qu'il n'en est tombé de
« la sienne, est donc un avantage qu'il tient de la
« convention tacite ou virtuelle qu'il a censé avoir
« eue avec sa femme, et, par conséquent, qu'il tient
« de sa femme. »

Toutes les fois que les apports des époux seront
inégaux et que la différence entre les deux excédera
la quotité disponible de l'article 1098, le conjoint
dont l'apport est le plus faible, sera réputé avoir reçu
une libéralité (2). C'est ce qui se produira, sans aucun
doute, lorsqu'il y aura confusion des deux mobiliers
présents et des dettes respectives.

On discutait dans l'ancien Droit et l'on discute encore aujourd'hui sur le point de savoir si l'article
1496 s'étend aux avantages résultant de la confusion
des mobiliers *futurs*, c'est-à-dire des donations ou
successions mobilières échues pendant le mariage à
l'époux remarié. Pothier (553), Lebrun (III, 2) et
les partisans de la négative (3) soutenaient que la

(1) V. Arrêt du 29 janvier 1658. — Aubry et Rau, VII, § 690,
note 15. — Rodière et Pont, *Contr. de Mariage*, III, p. 206.

(2) Bourges, 28 décembre 1891, S., 92. 2, 69 ; — Rouen, 11 février 1892, D., 93, 2, 169 ; — Rouen, 20 fév. 1897, S , 99, 2, 242.

(3) Toullier, V, 896 ; XIII, 290. — Bellot des Minières, II, p. 568.

pensée d'une libéralité n'avait pas dû entrer dans l'esprit de l'époux héritier ou donataire, pas plus que dans celui de son conjoint dont l'enrichissement est peut-être même inespéré. Nous croyons, avec la majorité des auteurs, que la loi regarde, non pas l'intention des époux, mais le fait, le préjudice causé aux enfants et que l'article 1496 ne distingue pas entre les meubles échus aux époux depuis qu'ils sont mariés et ceux qu'ils possédaient en se mariant (Cf. art. 1527, plus explicite). D'ailleurs, comment savoir si les conjoints, en se mariant sous le régime de la communauté légale, n'ont pas prévu et escompté les successions et donations qui pourraient leur advenir plus tard (1)?

b) L'article 1527, qui atteint toutes les conventions, par lesquelles les époux modifient la communauté légale, s'exprime en ces termes : « Ce qui est dit « aux huit sections ci-dessus ne limite pas à leurs « dispositions précises les stipulations dont est sus- « ceptible la *communauté conventionnelle*. — Les « époux peuvent faire toutes autres conventions ainsi « qu'il est dit en l'article 1387, et sauf les modifica- « tions portées par les articles 1388, 1389 et 1390. — « Néanmoins, dans le cas où il y aurait des enfants « d'un précédent mariage, toute convention qui ten- « drait dans ses effets à donner à l'un des époux, au

(1) Caen, 22 novembre 1868, D., 70, 2. 159; S , 69, 1, 272; — Nancy, 25 février 1891, D., 91, 2, 353. — Aubry et Rau, VII, § 690. — Troplong, III. 2214. — Rodière et Pont, III, 1624 — Guillouard, III, 1432.

« delà de la portion réglée par l'article 1098, au titre
« *des Donations entre vifs et des Testaments*, sera
« sans effet pour tout l'excédent de cette portion ;
« mais les simples bénéfices résultant des travaux
« communs et des économies faites sur les revenus
« respectifs, quoique inégaux des époux, ne sont pas
« considérés comme un avantage fait au préjudice
« des enfants du premier lit. »

De la dernière partie de cet article, sous-entendue
certainement dans l'article 1496 (1), il résulte que
les fruits et revenus, destinés à être dépensés, qui
font l'objet exclusif de conve .tions matrimoniales,
ne sont pas soumis aux règles de la réduction, même
à l'égard des enfants d'un précédent mariage. Il
importe donc peu, que les revenus respectifs des
époux ou les produits de leur industrie soient inégaux (2).

Il résulte de l'article 1527, que tout ce que nous
avons dit de la communauté légale s'applique à la
communauté conventionnelle ; il faudra toujours en-
visager, non pas l'intention des parties, mais le fait
matériel d'avoir ou non dépassé la quotité disponible, pour savoir si l'avantage est sujet à réduction.
Donc toutes les clauses qui auront pour but de faire
passer au second conjoint survivant, tout ou partie

____

(1) Fenet. XIII, p. 678.

(2) Il a été jugé en ce sens que le mari qui a joui des paraphernaux de sa femme sans mandat, mais sans opposition de sa part,
n'est pas tenu de rendre compte aux enfants du premier lit, des
fruits perçus et consommés de ces paraphernaux. Cass., 19 décembre 1842, S. 43.1.209.

de la fortune propre du prédécédé seront des donations réductibles : car, il eût été facile, ici, plus
encore que sous le régime de la communauté légale,
de dépouiller les enfants du premier lit.

C'est ainsi que la clause d'un contrat de mariage
par laquelle il est stipulé qu'indépendamment d'une
part d'enfant, le survivant des époux aura droit à la
totalité des bénéfices de la communauté, doit être
considérée comme un avantage attaquant le disponible (1). Il en sera de même de la stipulation entre
époux, d'après laquelle le survivant aura la propriété des effets mobiliers laissés par le prédécédé ;
de même encore, la convention matrimoniale qui
attribue au survivant des époux la totalité de la communauté, même d'une communauté d'acquêts (2) ;
dans tous les cas, enfin, où il y aura inégalité des
apports ou du partage, — soit par suite d'une clause
d'ameublissement (3), de réalisation, de forfait de
communauté, de partage inégal de communauté, de
préciput conventionnel, — soit par l'adoption d'une
communauté universelle. Et pour savoir si le second
conjoint a été avantagé, il faudra se placer évidemment au moment du partage de la communauté.

(1) Paris, 9 juillet 1825. — Laurent, XV, n. 388. — Fuzier-Hermann, Rép. V° *Don. entre vifs* (année 1899).

(2) Cass., 13 juin 1855, S. 55.1.513, D. 55.1.124. — Cass., 13 avril
1858, S. 58.1.426, D. 58.1.406. — Cass., 28 avril 1880, D. 80.1.428.
— La communauté d'acquêts, sans attribution au second conjoint
survivant de la part du prédécédé dans les acquêts, n'est pas
sujette à réduction parce qu'elle ne se compose que du produit des
économies et du travail commun (art 1527 *in fine*).

(3) V. MM. Merignhac, *Comm.*, n. 2867 et suiv.

Nous avons dit que les articles 1496 et 1527 appliquaient une règle, mais non une exception. Les avantages matrimoniaux sont exceptionnellement considérés comme des conventions entre associés, lorsqu'il n'y a que des enfants issus du mariage. Si nous admettons qu'à l'égard des enfants du premier lit, le droit commun reprend son empire, c'est-à-dire que les conventions matrimoniales doivent avoir le caractère de libéralités réductibles (ce qui est conforme aux traditions juridiques et aux expressions mêmes de l'Edit et des art. 1496 et 1527), il est impossible de comprendre l'innovation de la cour de Nancy (25 février 1891, D. 91.2.353; S 92.2.65) qui, pour éviter que le disponible, déjà restreint, ne soit absorbé par les avantages résultant de la communauté, légale ou conventionnelle, refuse d'imputer ces avantages faits au nouveau conjoint sur la quotité disponible, et diminue ainsi la protection accordée, par le Code civil, aux enfants du premier lit (V., en notre sens, Bourges, 28 décembre 1891, et Rouen, 11 février 1892, déjà cités).

§ 3. — ACTION EN RÉDUCTION OU RETRANCHEMENT.

L'article 1098 serait resté lettre morte, si le législateur ne l'avait garanti par une sanction : cette sanction indispensable est la *réduction* à la quotité disponible fixée par cet article, des libéralités excédant cette quotité. L'action en réduction ou en retranchement, comme l'appellent les articles 1496 et 1527, est le moyen légal pour les héritiers réservataires, de garantir leur réserve. Nous verrons, dans le § 4, que l'article 1099 permet de plus de faire *annuler* les libéralités déguisées ou faites à personnes interposées (art. 1100), c'est-à-dire celles où la fraude est difficile à découvrir.

L'action en réduction ne pourra être intentée qu'au moment où le droit de réserve prendra naissance, c'est-à-dire à la mort de l'époux remarié (1). Par conséquent, les intéressés ne pourront même pas prendre des mesures conservatoires, du vivant de leur auteur, pour assurer l'exercice futur de leur droit (2), ce que la jurisprudence leur a cependant souvent accordé (3); ils ne pourront pas davantage renoncer, du vivant de leur auteur, au droit de faire réduire les libéralités faites par ce dernier à son nouveau conjoint et qui excéderaient le disponible de l'article 1098, car il y aurait là un pacte sur succession future, prohibé par les articles 791, 1130 et 1600 du Code civil (V. art. 1092, C. civ. italien).

Comme nous l'avons déjà fait remarquer en vertu du principe que, pour être réservataire, il faut être héritier (*non habet legitimam nisi qui heres est*), il faudra que les enfants de premier lit ne soient

(1) Rodière et Pont, III, n. 1631. — Guillouard, III, n. 1435. — Limoges, 27 mai 1867, D., 67, 2, 7 : S., 67, 2, 337 ; *J. Pal.*, 67, 1233.

(2) Demolombe, XXIII, n. 962. — Baudry-Lacantinerie et Colin, II, n. 4101. — *Contra* Troplong, IV, n. 2748.

(3) Cass. 27 mars 1822, S , 22, 1, 345 ; D., 22, 1, 319. — Grenoble, 2 juillet 1831, S., 32, 2, 346. — Riom, 9 août 1843, S., 44, 2, 15. — Cass. 2 mai 1855, S., 56, 1, 178. — V. cependant, en notre sens, Limoges, 27 mai 1867, cité.

pas morts avant leur auteur et qu'ils ne soient de
plus ni renonçants, ni indignes pour pouvoir exercer
l'action en réduction ; au contraire, lorsque cette
dernière aura pris naissance, elle sera transmissible
aux héritiers et prescriptible par trente ans.

Il est certain enfin que le conjoint remarié (1), pas
plus que ses créanciers, n'aura le droit d'exercer
l'action en réduction (Cf. art. 1092, C. civ. italien).

L'action en retranchement ne pourra s'ouvrir que
dans la personne des enfants du premier lit, en faveur
desquels l'article 1098 a été édicté ; alors même que
la réserve de l'article 913 serait intacte, ces enfants
auront le droit d'attaquer les libéralités adressées
par leur auteur remarié à son second conjoint toutes
les fois qu'elles excèdent les limites de l'article
1098 (2).

Mais les enfants du premier lit ne seront pas les
seuls à profiter de l'action en réduction ; le montant
du retranchement, joint à la masse, se partagera
entre tous les enfants, à quelque lit qu'ils appartiennent, contrairement à ce que décidait la Novelle 22, mais conformément au principe de l'égalité
des partages, posé par l'article 745 du Code civil (3) :
« Car les biens qui sont retranchés de la donation
« faite au deuxième mari étant les biens de la mère

(1) *Contra*, dans notre ancien droit. Cf. Bordeaux, 5 juin 1824,
D , 25, 1, 44.

(2) Orléans, 9 juillet 1891, D., 92, 2, 38.

(3) Baudry-Lacantinerie et Colin, II, n. 4098. — Aubry et Rau,
VII, § 690. — Huc, VI, n. 485. — Bordeaux, 16 avril 1853, cité. —
Bourges, 28 décembre 1891, cité. — *Contra* Proudhon, 1, n. 347.

« commune, tous les enfants, » disait Pothier. « de
« quelque mariage qu'ils soient nés, étant autant à
« leur mère les uns comme les autres, ils y avaient
« un droit égal. »

Si les enfants du premier lit s'abstiennent d'intenter l'action en réduction, soit par négligence, soit
parce qu'ils y ont renoncé, les enfants du second lit
pourront-ils agir eux-mêmes et exercer l'action de
leur propre chef? C'est ce qu'avait admis Justinien
dans la loi *Quoniam* : « *in capita inter omnes dividi
sancimus* » (l. 9, C. V, 9) qu'il réforma plus tard
dans la Novelle 22, cap. 27. Pothier ne faisait, de
même, aucune distinction entre le droit de profiter
de la réduction et le droit d'exercer l'action. La plupart des auteurs modernes admettent enfin cette solution; car l'action en réduction est dans la succession de l'époux donateur, puisque les enfants du
second lit sont appelés à en profiter et qu'ils ont
ainsi un droit à tous les biens de l'hérédité, du
moment que les enfants du premier lit ne leur ont pas
enlevé ce droit en renonçant à cette succession. On ne
peut laisser, d'ailleurs, le droit des enfants du second
lit à la discrétion de ceux du premier, qui ne restent
peut-être dans l'inaction que par suite d'une collusion
avec le nouvel époux. On a prétendu que ces articles
1496 et 1527 ne donnaient l'action en retranchement
qu'aux enfants nés du premier mariage ; ces deux
articles ne se rapportent qu'à l'ouverture de l'action
qui ne peut avoir lieu qu'au profit des enfants du
premier lit, ce qui ne contredit nullement notre
système d'après lequel l'action une fois née par suite
de l'acceptation de la succession par ces enfants,

peut être intentée par tous, sans distinction de
lit (1)

Nous avions supposé, jusqu'à présent, que les libéralités directes ou indirectes faites aux dépens des
enfants du premier lit étaient franches et avouées.
Mais il était facile de prévoir que les époux chercheraient souvent à éluder, par tous les moyens, la
prohibition, si gênante pour eux, de s'avantager au-
delà des limites du disponible de l'article 1098. Le
législateur, pour couronner son œuvre, devait déjouer par avance toutes les combinaisons qui pourraient être tentées dans ce but. Aussi, après avoir
déclaré, dans la première partie de l'article 1099,
que « les époux ne pourront se donner indirectement
« au-delà de ce qui est permis par les dispositions
« ci-dessus, » ajoute-t-il dans la deuxième partie de
ce même article que « *toute donation, ou déguisée, ou*
« *faite à personnes interposées, sera nulle* (2). » *Fraus*
omnia corrumpit.

(1) Toullier, V, n. 879. — Duranton, IX, n. 817. — Troplong,
IV, n. 2723. — Demolombe, XXIII, n. 602. — Aubry et Rau. VII,
§ 690, texte et note 43. — Laurent, XV, n. 400. — Demante et Colmet de Santerre, IV, n. 278 *bis*. — Baudry-Lacantinerie et Colin,
II, 4095. — Caen, 3 août 1872, sous Cass., 1er juillet 1873, S., 74, 1.
17 ; D., 74, 1, 26. — *Contra* Proudhon, *De l'usuf.*, I, n. 347 et 348
— Marcadé sur l'article 1098, n. 5. — Boutry, *Don. entre époux*,
n. 451. — Colmar, 19 février 1845, D., 46, 2, 197.

(2) L'article 117 du Code civil allemand déclare *nulle*, en prin-

Ainsi les libéralités déguisées sous la forme d'un contrat à titre onéreux et celles adressées à un intermédiaire, mais dont le bénéfice retourne au conjoint survivant, c'est-à-dire les libéralités dissimulées, n'en sont pas moins des libéralités indirectes faites *per viam obliquam et indirectam;* mais il faudrait bien se garder de dire, à l'inverse, que toutes les libéralités indirectes sont des libéralités dissimulées car le donateur peut avantager indirectement son conjoint, sans aucune mauvaise foi, sans la moindre intention d'éluder la loi (V. les exemples que nous en avons donné dans le § 2, 2° et 3°). L'article 1099-1°, parlant des avantages indirects *stricto sensu, ordinaires, ostensibles,* les soumet à l'action en retranchement, parce que le donateur n'a eu recours à aucun subterfuge, parce qu'il n'a pas eu l'intention de violer l'article 1098; quant à l'article 1099-2°, il édicte une sanction spéciale, beaucoup plus grave : pour punir la fraude, pour garantir les enfants du premier lit contre toute captation ou suggestion de leur auteur, les donations indirectes *dissimulées* seront frappées de *nullité.*

De là est née cependant une importante controverse. Faut-il déclarer nulles toutes les libéralités dissimulées prévues par les articles 1099 et 1100, lors même qu'elles n'excéderaient pas la quotité disponible? Elles seront *nulles pour le tout:* ce qui est admis

---

cipe, une déclaration de volonté qui doit être faite vis-à-vis d'une autre personne et qui n'est faite d'accord avec cette personne que pour l'apparence, *fictivement.*

généralement par la doctrine (1) et la jurisprudence (2), conformément à ce que décidaient déjà
nos anciens auteurs, — à la distinction que nous venons de faire nous-même entre les libéralités ostensibles et dissimulées — et à la solution identique admise, sans aucun doute, par l'article 911 (3), dont
la rédaction est la même que celle de l'article 1099.
Cette théorie a le double avantage d'être d'accord
avec le texte et l'esprit de la loi ; ne pas l'admettre,
c'est avouer que le législateur s'est inutilement ré-
pété dans les deux alinéas de l'article 1099. Il est vrai
que ce système a le défaut d'être en contradiction
avec le droit commun, en matière de donation dissimulée : l'article 918 se contente, en effet, de soume-
tre à la réduction certaines aliénations à fonds perdus, présumées libéralités déguisées ; de même les
donations déguisées, faites par les personnes qui
laissent des héritiers réservataires sont déclarées

(1) Delvincourt, II, n. 664. — Grenier, IV, n. 691. — Marcadé,
art. 1099, n. 1 et 2. — Toullier, V, 901. — Troplong, IV, n. 2742.
— Rolland de Villargues, V° *Don. entre époux*, n. 104. — Demante
et Colmet de Santerre, IV, n. 279 *bis*, II. — Zachariae, Massé et Vergé,
III § 461, p. 166, note 19. — Demolombe, XXIII, n. 644 et suiv.
— Laurent, XV, n. 404. — Baudry-Lacantinerie et Colin, II,
n. 4103.

(2) Cass., 30 nov. 1831, S. 32, 1, 134. — Toulouse, 13 mai 1835,
D. 35, 2, 126. — Cass., 2 mai 1855, S, 56, 1, 178, D. 55, 1, 193. —
Cass., 5 août 1867, S. 1, 68, 68. — Lyon, 14 mai 1880, S. 81, 2, 38.
— Cass., 23 mai 1882, S. 83, 1, 72. — 22 juillet 1884, S. 85, 1,
112. — Caen, 31 décembre 1883, D. 87, 1, 169. — Rennes, 7
avril 1892, D. 92, 2, 245.

(3) Il faut remarquer cependant que l'article 911 parle d'incapacité et non d'indisponibilité comme l'article 1099.

simplement réductibles par la Cour de Cassation (1).
Mais il faut croire que la loi a voulu être plus sévère
dans une hypothèse où les abus sont plus redoutables. Et il faudra décider, quelque difficulté que puisse
éprouver le juge à distinguer une donation indirecte
d'une donation déguisée, que les libéralités dissimulées seront nulles pour le tout : cela ressort claire-
ment des termes de l'article 1099 lui-même qui agit
sagement dans l'intérêt des enfants du premier
lit (2).

Entre notre système et celui qui refuse *absolument*
toute action en nullité contre les donations déguisées
ou faites à personnes interposées (3), nous signale-
rons deux solutions intermédiaires, qui ont eu pour
but de concilier les deux théories opposées: la première, abandonnée à peu près aujourd'hui, distingue
suivant que la donation dissimulée excède la quotité
disponible, — et, dans ce cas, elle l'annule parce
qu'alors seulement elle est dangereuse, — ou qu'elle
est inférieure au disponible de l'article 1098, auquel
cas elle est valable (4); la seconde, s'attachant à l'in-

(1) Cass., 23 mai 1882, S. 83, 1,72. — Cass., 22 juillet 1884,
S. 85, 1, 112.

(2) V. en ce sens l'article 880 de l'avant projet du Code Civil belge.

(3) Duranton, I, n. 831. — Vazeille, art. 1099, n. 16. — Valette,
II, n. 454. — Paris, 21 juin 1837, S. 37, 2, 322. — Toulouse, 26 fé-
vrier 1861, S. 61, 2, 327. — Lyon, 18 novembre 1862, S. 63, 2, 51.
— Grenoble, 20 mars 1870, S. 70, 2, 240 ; D. 70, 2, 190. —
Liège, 10 juillet 1895, Pasic., 96, 2, 27.

(4) Troplong, IV, n. 2744. — Cass., 7 février 1849, S. 49. 1, 165;
D. 49, 1, 71. — Bordeaux, 16 février 1874, S. 74, 2, 206. — Cass.,
belge, 29 décembre 1865, Pasic. 66, 1, 241.

tention du disposant au moment de la libéralité, annule seulement la donation faite avec idée de fraude, et, dans le cas contraire, la laisse valable, sauf réduction (1). Ces deux systèmes établissent des distinctions que la loi ne fait pas et méconnaissent ainsi l'intention des rédacteurs du Code Civil.

A qui appartient l'action en nullité ? A ceux qui ont l'action en réduction, dont l'action en nullité est l'aggravation pénale , par conséquent, non seulement aux enfants du premier lit, mais en général aux héritiers réservataires de l'article 1094 et de l'article 1098. — Contrairement à ceux qui prétendent que les réservataires auront seuls le droit d'intenter l'action en nullité (2), nous dirons que cette dernière, ayant pour cause un vice de forme, est absolue et d'ordre public, et qu'elle peut être proposée, par conséquent, par toute personne intéressée, par le donateur lui-même ou par ses créanciers (3) : c'est la seule solution conforme avec

(1) Aubry et Rau, VII § 690, p. 276 et 277, texte et note 24. — Caen, 30 avril 1853, S. 53, 2, 699; D. 54, 2, 257, et 1er décembre 1870, S. 71, 2, 178.

(2) Troplong, IV, n° 2745 et 2746. — Aubry et Rau, VII, p. 259, § 689. — Zachariæ, Massé et Vergé, III, p. 333, § 22. — Cass. 2 février 1881, D. 81, 1, 281. — Nîmes, 27 novembre 1882, D. 83, 2, 224. — Cass. 22 juillet 1884, D, 85, 1, 164.

(3) Demolombe, XXIII, n° 615. — Demante et Calmet de Santerre, IV, n° 279 *bis*. — Vernet, *Revue pratique*, 1863, XV, p. 85. — Huc, VI, n° 487. — Agen, 5 décembre 1849, S. 50, 2, 74, D. 50, 2, 7. — Bordeaux, 5 juillet 1824. — Cass., 16 avril 1850, S. 50, 1, 591, D. 50, 1, 153. — Montpellier, 28 février 1876, D. 78, 2, 240. — Rennes, 7 avril 1892, D. 92, 2, 245.

notre théorie de la nullité des donations déguisées,
alors même qu'elles n'excèdent pas la quotité disponible.

La fraude doit-elle être prouvée? En vertu de la
règle *Onus probandi incumbit actori,* le demandeur,
en nullité, devra prouver que la donation est dissimulée sous la forme de l'un des contrats à titre onéreux permis entre époux. La vente, se prêtant trop
facilement au déguisement des libéralités, a été formellement interdite entre époux (1), sauf dans trois
cas (2) où la fraude est moins à craindre (art. 1595);
on refuse également de reconnaitre la validité des
contrats d'échange et de société entre époux (3). —
Contrairement à l'opinion de Delvincourt (II, p. 207)
la doctrine et la jurisprudence décident que la donation ne doit pas être présumée (4) et que le donataire
n'aura pas à faire la preuve de la sincérité de l'acte
à titre onéreux; mais le demandeur, auquel incombe
la charge de prouver la fraude, le déguisement,
pourra faire cette preuve par tous les moyens, par
témoins ou par présomptions (5).

(1) Seine, 7 nov. 1894, S. 98, 2, 17.

(2) Cass., 11 mai 1868, S. 68, 1, 432.

(3) Pau, 5 janvier 1885, D. 86, 2. 44, S. 87, 2, 113. — Nimes,
18 décembre 1886, S. 87, 1, 384. — Cass , 7 mars 1888, S. 88, 1,
305, D. 88, 1, 349.

(4) Aubry et Rau, VII, § 690, p. 280 — Laurent, XV, no 411.—
Baudry-Lacantinerie et Colin, II, no 4119. — Cass., 27 mars 1816,
D. Rép., Vo Disp. no 4053.

(5) Cass., 16 avril 1850, S. 50, 1, 591. — Cass., 22 janvier 1873.
S. 73, 1, 57.

Exceptionnellement, cependant, le demandeur en nullité n'aura pas à faire la preuve. C'est ce que nous dit l'article 1100, qui établit des *présomptions légales d'interposition.* « Seront réputées faites à personnes « interposées, les donations de l'un des époux aux « enfants, ou à l'un des enfants de l'autre » époux issus d'un autre mariage, et celles faites « par le donateur aux parents dont l'autre époux « sera héritier présomptif au jour de la donation, « encore que ce dernier n'ait point survécu à son « parent donataire (1). »

1° *Les enfants du conjoint du disposant,* mais non les enfants communs, seront réputés personnes interposées. — Le législateur a pensé, avec juste raison, qu'en disposant au profit des enfants de son nouvel époux, le donateur, poussé par un amour aveugle pour ce dernier, a eu l'intention de le gratifier. Le mot *enfants* dont se sert l'article 1100, comprend tous les descendants légitimes, légitimés, adoptifs et naturels (2) du second conjoint qui ne sont pas des enfants communs : tel est l'esprit, sinon les termes de cet article.

2° *Les parents dont le second conjoint est héritier présomptif au jour de la donation,* seront réputés per-

---

(1) Cf., art. 1335 Code civ. espagnol.

(2) Malgré les termes de l'article 1100 qui considère comme personnes interposées les enfants *issus d'un autre mariage.* V. Cass. 25 juillet 1881, S. 82, 1, 417, D. 82, 1, 177. — Rouen, 4 déc. 1885, *Rec.* Caen et Rouen, LI, 2, 74. — *Contra,* Laurent, XV, n° 409. — Baudry-Lacantinerie et Colin, II, n° 4109.

sonnes interposées, *encore que ce dernier n'ait pas survécu à son parent donataire*. — La loi considère l'état de choses au moment de la donation, c'est-à-dire de la libéralité en général, qu'elle soit entre vifs ou testamentaire ; elle ne se préoccupe nullement de ce qui pourra arriver plus tard. Elle a pris uniquement en considération le lien qui unit étroitement le second conjoint à la personne gratifiée, et elle présume que le donateur a eu certainement l'intention de faire profiter son conjoint d'une libéralité qu'il fait à une personne à laquelle aucun lien ne l'unit.

Faut-il entendre par le mot « parents » de l'article 1100, *tous les ascendants ?* On ne doit réputer les ascendants personnes interposées, dans le sens de l'article 1100, que lorsque le conjoint donataire est leur héritier présomptif, au jour de la donation : c'est à ce moment là qu'il faudra se reporter pour déterminer s'il y a fraude, c'est-à-dire interposition de personnes. Les aïeuls ne seront pas, notamment, personnes interposées, si, au moment de la donation, le père de l'époux vivait encore (1) : il faudra, dans ce cas, pour faire annuler la libéralité, prouver l'interposition de personnes, alors même que le conjoint serait devenu leur héritier présomptif depuis cette époque.

Les présomptions d'interposition de personnes de

(1) Delvincourt, II, p. 446. — Duranton, IX, n° 832. — Demolombe, VI, n° 623. — Massé et Vergé, Zachariæ, III, p. 165. — *Contra* Pothier, n° 539. — Ricard, III, n° 1242. — Merlin, V° Secondes Noces, § 7. — Grenier, IV, 687. — Vazeille, sur l'article 1100, n° 4.

l'article 1100 sont absolues, *juris et de jure :* elles ne peuvent être combattues par la preuve contraire (art. 1352) (1). Cependant on admet, conformément à l'équité, que ces présomptions cesseraient d'être applicables, lorsqu'il serait certain que le conjoint du disposant ne peut profiter de la libéralité, lorsque la donation est faite, par exemple, après la mort de ce conjoint, comme le décidait déjà Pothier (2).

(1) Troplong, IV, n° 2752. — Aubry et Rau, **VII**, § 690, p. 280. — Baudry-Lacantinerie et Colin, II, n° 4112. — Lyon, 14 mai 1880, S. 81, 2, 38.

(2) Troplong, IV, n° 2755. — Duranton, **IX**, n° 832. — Marcadé, art. 1100, n° 1. — Laurent, XV, n° 411. — Aubry et Rau, VII, p. 279. — Baudry-Lacantinerie et Colin, II, 4113. — Caen, 13 novembre 1847, S. 48, 2, 657, D. 49, 1, 72. — Lyon, 14 mai 1880, cité.

TROISIÈME PARTIE

Les Enfants du premier lit non orphelins et leurs assimilés

Nous avons, à dessein, réservé pour cette dernière partie de notre étude, l'examen des différentes situations qui, en dehors de l'hypothèse du décès de l'un des parents de l'enfant, suivi du second mariage du conjoint survivant, pouvaient faire considérer les enfants comme étant *d'un autre lit* par rapport au mariage qu'ils verront contracter à leur père ou mère. C'est ce qui se produira, à notre avis, dans les quatre hypothèses suivantes que leurs différences nous obligent à classer en deux groupes qui feront chacun l'objet d'un chapitre :

PREMIER GROUPE. — Le père ou la mère contracte un *second* mariage :

1° Après la dissolution du premier par le divorce;

2° Après l'annulation du premier, dont les effets sont conservés par la bonne foi de l'un des conjoints au moins.

Deuxième groupe. — Le père ou la mère contracte un (*premier*) mariage :

1° Après s'être donné des enfants par l'adoption ;

2° Après avoir reconnu ses enfants naturels.

Nous verrons de plus, dans un *appendice au premier Chapitre*, quelle est la situation des enfants et des conjoints du bigame, et en particulier de ceux de l'absent dont le conjoint s'est remarié.

CHAPITRE PREMIER

Divorce et annulation du mariage précédent.

Il serait désirable que le mariage soit indissoluble, en dehors du cas de mort de l'un des conjoints. Ce principe excellent ne peut malheureusement pas toujours être appliqué, et la dissolution devient alors nécessaire et même indispensable.

Quels sont les moyens légaux pour faire cesser une union immorale, illégale ou simplement malheureuse ? Il y en a deux : Le divorce et la nullité du mariage qui aboutissent à la rupture complète du lien conjugal.

Les principales différences entre la nullité et le divorce sont les suivantes : — La nullité peut être prononcée pour une cause antérieure au mariage, lequel est censé n'avoir jamais existé (1) ; les lois civiles et religieuses l'admettent. — Le divorce, au contraire, ne peut être prononcé, que pour une cause postérieure au mariage, lequel est valable jusqu'au moment de cette dissolution qui n'a pas d'effet rétroactif par conséquent. Le divorce est admis par la plupart des lois civiles et religieuses, mais non par toutes. C'est par son étude que nous commencerons.

SECTION PREMIERE

L'ENFANT ISSU D'UN PREMIER MARIAGE DISSOUS PAR LE DIVORCE

I. — Nécessité du divorce.

« Le divorce est l'acte par lequel deux personnes
« unies pour parcourir ensemble le chemin de la vie,
« se détournent l'une de l'autre. » Ou plus simplement, « le divorce est la dissolution, *entre époux vi-*
« *vants*, d'un mariage valablement contracté et la
« faculté pour chacun d'eux de contracter une nou-
« velle union (2). »

A côté du divorce, existe la séparation de corps qui dispense simplement les époux de l'obligation de

____

(1) Si l'un des conjoints est de bonne foi, les effets de ce mariage nul sont pourtant fictivement conservés en sa faveur et en faveur de ses enfants.

(2) Coulon, *Le Divorce*, I, p. 46, IV, p. 1.

vivre ensemble édictée par l'article 214. Il est facile de constater que la protection accordée aux enfants du premier lit ne pourra être invoquée que par les enfants d'époux divorcés et remariés l'un ou l'autre ; les enfants d'époux séparés de corps ne pourront, au contraire, quoique tout aussi exposés, bénéficier des mêmes mesures de faveur, car ils n'auront jamais en face d'eux un parâtre ou une marâtre légitime.

Les lois civiles et religieuses ont, en général, encouragé les mariages et, par suite, accepté et facilité le divorce qui permet les nouvelles unions légitimes. C'est ainsi que le divorce existait dans les lois mosaïque, grecque, romaine et musulmane, et qu'il est admis de nos jours, sauf par la Pologne, Monaco, l'Espagne, l'Italie, le Portugal, l'Autriche (pour les catholiques seulement) et la religion catholique qui n'admettent que la séparation de corps ou divorce des catholiques.

Pouvons-nous, cependant, soutenir que le divorce est un *bien*, ou au moins une *nécessité*? Nous allons voir, en examinant si les critiques qu'on a formulées sont fondées, la part de vérité qu'il en faut retenir.

Après avoir énuméré et fait ressortir les motifs d'ordre religieux et social qui devraient faire repousser le divorce, ses adversaires ont invoqué surtout l'*intérêt des enfants*. « Qu'est-ce qu'une famille dis-
« soute?... Que sont les enfants qui n'ont plus de
« père, qui ne peuvent confondre dans les mêmes
« embrassements les auteurs désunis de leurs jours,
« qui, obligés de les chérir et de les respecter égale-
« ment, sont pour ainsi dire forcés de prendre parti
« entre eux : qui n'osent rappeler, en leur présence,

« le déplorable mariage dont ils sont les fruits ? Ah !
« gardons-nous d'encourager le divorce ; ce serait
« un grand malheur s'il passait dans nos habitudes. »
Telles sont les paroles que Locré (1) met dans la
bouche du premier consul, qui, empereur, ne tarda
pas pourtant à divorcer : il est vrai qu'il n'avait pas
d'enfants issus de ce mariage dissous (2).

Les enfants des époux divorcés sont, dit-on, dans
une situation déplorable (3) ; le nouveau mariage,
permis seulement après le divorce (non après la séparation de corps), aura pour résultat très fâcheux de
faire tomber les enfants sous l'influence et l'autorité
malsaines du parâtre ou de la marâtre. — Les adversaires du divorce sont-ils bien sûrs de ce qu'ils avan-
cent ? Croient-ils que la séparation de corps ne produit pas des conséquences tout aussi déplorables ?
Car, enfin, ils ne songent nullement, en supprimant le
divorce, à supprimer, du même coup, la séparation
de corps dont ils reconnaissent l'indispensable nécessité. Nous ne trouvons pas, dans cette dernière institution, le remède idéal, loin de là. Elle « ne laisse
« subsister le plus souvent que le désespoir dans le
« cœur des époux, parce qu'elle les réduit à la dure

(1) *Législ. civ.*, t. I, p. 93.

(2) Thibaudeau, *Le Consulat et l'Empire*, t. III, p. 205 et suiv.
— La stérilité de l'épouse a été de tout temps une cause de répu-
diation. On peut dire que le divorce est alors dans l'intérêt des
enfants puisqu'il a pour but d'en susciter : le divorcé veut des héritiers siens... et nécessaires.

(3) « Ce qui fait leur malheur, ce n'est pas la rupture légale du
« mariage, c'est la discorde, la haine, le crime dont ils sont les té-
« moins et les victimes. » (Laurent, III, p. 213.)

« alternative ou de se sacrifier d'une manière com-
« plète, en fermant leur cœur à toute affection légi-
« time, ou, se moquant d'une loi impitoyable et des
« sévérités de l'opinion publique, de se réfugier
« dans les amères douceurs des unions illégitimes.
« Il paraît que c'est à ce dernier parti que les époux
« séparés de corps se résolvent le plus souvent. Nous
« le demandons, la moralité publique y gagne-
« t-elle ? (1) » — « La loi a voulu empêcher l'introduc-
« tion d'une marâtre dans la famille et elle a ouvert
« la porte à une concubine. Elle a craint que l'édu-
« cation des enfants ne fût confiée à une sévérité
« trop inflexible et elle met sous leurs yeux le spec-
« tacle de la dépravation et de l'immoralité (2). »
D'ailleurs, l'époux sans reproche qui a été obligé de se
séparer de son conjoint brutal ou débauché, veut-on
le sacrifier aussi toute sa vie, en lui interdisant tout
espoir d'une union légitime? Il y aurait là une injustice monstrueuse.

Le divorce est nécessaire, dans bien des cas, pour
le maintien même du respect que les enfants doivent
à leurs parents ; ce respect ne pourra en effet jamais
exister tant que ces enfants seront souillés par la
promiscuité d'une concubine qui ne leur épargnera
ni mauvais exemples, ni mauvais traitements. Le
divorce est donc préférable, puisque le second
mariage offre seul des garanties légales aux enfants.
Le concubinage les laisse, au contraire, sans protec-

(1) Baudry-Lacantinerie, *Précis*, I. § 668 *bis*, p. 400.
(2) Coulon, I, p. 12.

tion au point de vue physique, pécuniaire et moral : les enfants d'époux séparés de corps ne pourront jamais, comme nous l'avons fait remarquer dès le début, user des mesures de faveurs spéciales aux enfants du premier lit. Ils supportent tous les inconvénients d'une situation, sans pouvoir profiter des avantages qu'elle peut conférer. De deux maux choisissons le moindre, c'est-à-dire le divorce ; il ne doit y avoir aucune hésitation possible.

Les lois des 27 juillet 1884 et 18 avril 1886, dont la paternité revient à *M. Alfred Naquet*, ont rétabli le divorce, à côté de la séparation de corps. Il était équitable de respecter les convictions des catholiques, en maintenant parallèlement au divorce cet autre *divortium a toro et mensa* motivé par les mêmes raisons (1).

Dans l'ancien droit, jusqu'en 1792, et de 1816 à 1884, la séparation de corps existait seule, la religion catholique étant la religion d'Etat ; c'était confondre le domaine de la conscience avec celui de la loi. La loi du 20 septembre 1792, complétée et modifiée dans un sens trop favorable au divorce par les décrets du 8 nivôse et 4 floréal an II, œuvre de réaction violente, admit le *divorce tout seul*, non seulement pour une cause déterminée, mais aussi pour une cause indéterminée (consentement mutuel et incompatibilité d'humeur). Ce fut un torrent d'immoralité ! Il y eut plus de divorces que de mariages. — Le Code

(1) Le divorce est permis aux protestants et aux juifs qui n'ont qu'à se conformer à la loi civile.

civil rétablit la séparation de corps à côté du divorce
pour cause déterminée ou par consentement mutuel
(art. 229 à 233). On pourrait croire que ce dernier
mode avait été conservé pour laisser une porte
ouverte aux mauvaises passions. Il n'en est rien : il
était destiné tout simplement à permettre aux époux
de dissimuler au public la véritable cause du divorce,
qui était bien déterminée, mais qu'il eût été pénible
et même honteux d'avouer ; on évitait ainsi d'étaler
au grand jour la turpitude ou l'infamie de l'un des
conjoints. La loi de 1884 l'a supprimé (la loi belge l'a
au contraire conservé). Le législateur avait pourtant
exigé des garanties de toutes sortes. Nous n'en retien-
drons qu'une, la plus intéressante pour notre étude :
Il protégeait d'une façon toute particulière les
enfants issus de l'union dissoute : le père et la mère
étaient obligés de leur faire abandon, « du jour de
leur première déclaration » de la moitié de leur fortune respective (1).

Ces enfants n'avaient ici plus rien à craindre des
suites du divorce, au point de vue pécuniaire ; ils
étaient protégés tout autant contre le nouveau
mariage que contre l'inconduite de leurs parents,
puisqu'ils devenaient propriétaires (actuels et irrévo-

---

(1) Cf. les *Retentiones*, parmi lesquelles la *retentio propter libe-
ros*. Deux conditions étaient nécessaires : 1o Le mariage était dissous par la faute de la femme, et 2o il y avait des enfants issus de
ce mariage. Le mari, tenu de restituer la dot, pouvait dans ce cas
en retenir une partie. La quotité de cette *retentio* était d'un sixième
pour chaque enfant, sans que la *retentio* totale puisse excéder la
moitié de la dot : le mari opposait la *retentio* à l'*actio rei uxoriæ*.
V. Ulpien, VI, 10.

cables), sauf pourtant le droit de jouissance réservé aux parents sur la moitié des biens abandonnés (art. 305). La dot de ces enfants était donc certainement conservée, ou plutôt *réservée*.

De l'ensemble de ces considérations historiques et morales, nous ne concluerons pas que le divorce est un bien, car il porte atteinte au principe sacré de l'indissolubilité du mariage, et, partant, à l'ordre social tout entier. On peut cependant affirmer, avec Treilhard, qu'il est le *remède d'un mal*. Sa nécessité s'impose évidemment, mais il est à souhaiter que son usage soit exceptionnel.

C'est ce but qu'a d'ailleurs poursuivi le législateur de 1884, comme celui de 1886 ; le divorce n'a été admis, en conséquence, que pour trois causes déterminées : adultère, — excès, sévices ou injures graves, — condamnation de l'un des époux à une peine afflictive et infamante (art. 229 à 232), — et de plus par suite de la transformation de la séparation de corps au bout de trois ans (art. 310) sur la demande de l'un des époux.

II. — Effets du divorce.

Le divorce est la dissolution du mariage civil : tous les effets que la loi et les conventions matrimoniales faisaient produire au mariage cessent en même temps, au moins en ce qui concerne les droits et obligations réciproques des époux. Mais il n'en est pas de même pour les enfants issus de l'union dissoute qui conservent la légitimité, le divorce ne pouvant la leur enlever, puisqu'ils ont été conçus pendant un mariage valable. Or, par le seul fait qu'ils sont enfants légitimes, ils ont droit d'abord aux mesures de protection des enfants légitimes, et de plus, en cas de second mariage de leurs père et mère divorcés, aux mesures de protection spéciales aux enfants du premier lit ; c'est cet ensemble que nous nous proposons d'examiner ici attentivement, comme nous l'avons déjà fait, d'ailleurs, précédemment.

Quel est le point de départ des effets du divorce ? « Le jugement (de divorce) dûment transcrit », répond l'article 252, « remonte, quant à ses *effets entre époux* « au jour de la demande. » Il est admis généralement (1) que cette date ne doit s'appliquer qu'aux effets relatifs aux biens des époux, mais non à ceux relatifs aux personnes ; il ne faudra donc pas dire que le mariage est dissous à partir du jour de la demande en ce qui concerne les droits et devoirs des époux. La dissolution du mariage par le divorce diffère sur ce point, comme nous l'avons déjà constaté, de la dissolution par la mort, puisque les effets relatifs aux biens des époux prennent date du jour de la demande, de beaucoup antérieure au jour de la dissolution.

Quelle est la date précise de la dissolution du mariage par le divorce ? C'est le jour où le jugement est devenu définitif par sa transcription sur les registres de l'état civil (art. 251 et 252).

---

(1) Débats parlementaires sur les articles 251 et 252. — Coulon, *le Div.*, II, IV, p. 39 ; V, p. 5. — Carpentier, p. 185. — Vraye et Gode, II, p. 101, admettent la même solution mais avec certaines restrictions.

§ 1er. — EFFETS DU DIVORCE SUR LE SECOND MARIAGE.

La principale conséquence du divorce est la faculté donnée aux époux désunis de contracter un second mariage. « Le divorce ne souffre la dissolution « du mariage que dans l'espérance d'un autre. » Les adversaires du divorce étaient effrayés par cette conséquence qu'ils trouvaient exorbitante. Ils essayèrent de la combattre par tous les moyens. « L'é- « pouse du divorcé », disait M. Chesnelong, le 20 juin 1884, « ne sera pas, pour les enfants de la première « union une seconde mère ; elle sera une marâtre ir- « ritée et implacable. L'époux de la divorcée ne sera « pas pour ses enfants un second père, il sera un en- « nemi et un tyran. » Certains partisans du divorce eux-mêmes proposaient un article ainsi conçu : « En « cas d'existence d'enfants nés de leur mariage, les « époux divorcés ne pourront contracter une nouvelle « union. » C'était assimiler le divorce à la séparation de corps ou plutôt supprimer le divorce d'une façon déguisée, dans le but de protéger les enfants issus du premier mariage. Nous avons démontré que l'interdiction des secondes noces serait le plus souvent très funeste pour ces enfants eux-mêmes qui, loin d'être protégés, seraient obligés de souffrir en silence de plus grands maux.

Le mariage est possible après le divorce, mais il n'est pas obligatoire. Il n'en était pas de même, à Rome, sous les lois caducaires ou *leges* ; d'après la loi *Julia, de maritandis ordinibus* (an 757 de Rome), l'homme devait se remarier immédiatement, la femme,

dans les six mois ; ce dernier délai fut porté par la
loi *Pappia Poppœa*, à dix-huit mois. Cette obligation
au mariage, qui avait pour but d'augmenter le nombre de citoyens, disparut sous Justinien, qui abolit
les peines du célibat.

Les seconds mariages contractés après un divorce
inattaquable sont soumis aux mêmes conditions que
s'ils étaient contractés après le décès de l'un des
conjoints. Nous allons examiner quelles sont les
dispositions édictées spécialement pour le divorce.

1° *Empêchement spécial au deuxième mariage ou
réunion des époux divorcés*. — « Les époux divorcés
« ne pourront plus se réunir si l'un ou l'autre a, pos-
« térieurement au divorce, contracté un nouveau ma-
« riage suivi d'un second divorce (art. 295). » L'article 255 ancien allait plus loin, il interdisait dans tous
les cas aux époux divorcés de se réunir par les liens
du mariage (1) comme le décident encore aujourd'hui
les codes belge, néerlandais et roumain. Pourquoi
une interdiction aussi complète avait-elle été décré-
tée ? Il ne fallait pas permettre aux époux « de se
« jouer également du divorce et de la répudia-
« tion (2). » C'est cette préoccupation qui hantait
Portalis et Treilhard. « Le divorce ne doit être pro-

---

(1) Cf. Loi Mosaïque (V, 24, 1) qui interdisait au mari de reprendre sa femme divorcée, et ayant contracté un deuxième mariage suivi
soit d'un second divorce, soit même du décès de son second
mari. — Mahomet interdisait à l'homme qui répudiait sa femme
pour la troisième fois de la reprendre.

(2) Montesquieu, *Esp. des Lois*, XVI, ch. 15.

« noncé, disait ce dernier dans l'exposé des motifs,
« que sur la preuve d'une nécessité absolue et lors-
« qu'il est bien démontré à la justice que l'union entre
« les deux époux est impossible ; cette impossibilité
« une fois constante, la réunion ne pourrait être
« qu'une occasion nouvelle de *scandale*. Il importe
« que les époux soient d'avance pénétrés de toute la
« gravité de l'action qu'ils vont intenter, n'ignorent
« pas que le lien sera *rompu sans retour* et qu'ils ne
« peuvent pas regarder l'usage du divorce comme une
« simple occasion de se soumettre à des épreuves pas-
« sagères, pour reprendre ensuite la vie commune
« quand ils se croiraient suffisamment corrigés. »

Cette prohibition était la conséquence d'une fausse
théorie. Le repentir de l'époux coupable, le pardon
de l'autre devait au contraire permettre leur réunion,
mais surtout et avant toute considération, *l'intérêt
de leurs enfants* pour lesquels ils sacrifieront toutes
leurs rancunes, quelque justes qu'elles soient. Voici
d'ailleurs comment s'exprimait, au Sénat, M. Bara-
gnon, le 7 juin 1884 : « Tout le monde reconnaît que
« le divorce est une extrémité regrettable, qu'il est
« très fâcheux pour les enfants, que *c'est un très grand
« mal, mais un mal nécessaire* pour en éviter un plus
« grand. Eh bien ! si les époux divorcés se réconci-
« lient, si, se rappelant d'anciens souvenirs, si, ra-
« menés par leurs enfants qui ont grandi et ont conquis
« sur eux plus d'influence, ils veulent se réconcilier,
« reprendre leur ancienne existence, où est le mal ? »
M. Laurent est du même avis : « si les époux se cor-
« rigent, *s'ils ont pitié de la triste situation de leurs
« enfants*, pourquoi ne pas permettre une réunion qui

« est dans le vœu de la nature et dans l'intérêt de la
« société. » Pour faire cesser la situation déplorable
qu'avait produite la rupture des parents, le législateur a été bien inspiré en facilitant la réunion après
divorce au lieu de la prohiber; le nouvel article 295,
en apportant ainsi un remède au divorce, a fait une
bonne œuvre !

Il eût été peut-être plus prudent cependant de ne
pas permettre cette réunion dans le cas où l'un des
époux divorcés aurait eu des enfants de son second
mariage.

L'article 295 autorise la réunion des époux divorcés,
lorsqu'ils ont contracté un second mariage, suivi du
décès du nouveau conjoint, ou même annulé ; mais
s'il y a eu nouveau divorce, ils ne pourront épouser
qu'un étranger (1). — Lorsque la réunion est permise,
une nouvelle célébration du mariage est pourtant
nécessaire ; les époux réunis ne peuvent, de plus,
changer en aucune façon leur régime matrimonial
primitif. Cette mesure qui avait pour but, aux yeux
du législateur, de garantir la famille et les tiers
contre le préjudice qui aurait pu résulter pour eux
de cette réunion, n'est guère utile, en réalité ; les
époux pourront, en effet, frauder tout autant par des
moyens détournés et non répréhensibles, comme la
réalisation de leurs meubles, ou l'ameublissement.
— Enfin le dernier paragraphe de l'article 295 prohibe un nouveau divorce entre époux réunis, sauf le
cas de condamnation à une peine afflictive et infa-

(1) *Contra*, loi du 20 septembre 1792, art. 2 : « Les époux divorcés peuvent se remarier ensemble. »

mante prononcée contre l'un d'eux depuis leur réunion. Il semble que le délai de dix mois imposé à la femme pour se remarier ne doit pas être observé dans le cas de réunion des époux divorcés (1). Le législateur a oublié de supprimer cette obligation qui n'a plus ici aucune raison d'être : la paternité de l'enfant ne peut être douteuse, ils sont tous du même père et de la même mère. Cet oubli du législateur devrait entraîner la revision des articles 228 et 296.

2° *Empêchement spécial au second mariage de l'époux adultère.* — « Dans le cas de divorce admis « en justice pour cause d'adultère, l'époux coupable « ne pourra jamais se remarier avec son complice. » (art. 298). On n'a pas voulu que l'adultère trouvât sa consécration légale dans un mariage postérieur. Mais cette prohibition de l'article 298 est soumise à plusieurs conditions : 1° il faut que le divorce ait été prononcé et soit devenu définitif par sa transcription (2) ; 2° il faut qu'il ait été prononcé pour cause d'adultère ; et 3° il faut que le complice soit nommément désigné dans la procédure et dans le jugement et qu'aucun doute ne puisse exister sur son individualité (3). —

---

(1) Carpentier, *Tr. du Div.* 320. — Vraye et Gode, *le Div. et la Sép.* II, 617 et 623. — Labori, *Rép. V° Divorce*, 270. — *Contra*, Poulle, p. 232. — Baudry-Lacantinerie, I, 742. — Coulon, V, p. 33.

(2) Coulon, V, p. 48. — *Contra* Vraye et Gode, II, p. 634.

(3) Bruxelles, 23 janvier 1882, *Pasic.*, 82, 2, 103. — Trib. Lyon, 16 avril 1888, G. P. 88, 2, 191. — Bar-s/Seine, 3 août 1892, La Loi, 9 décembre 1892. — Cass. 25 mai 1892, D, 93, 1, 412. — Seine, 12 avril 1894, D. 94, 2, 447. — Lille, 2 nov. 1894, D. 95, 2, 293. — Seine, 16 avril 1897, D. 98, 2, 419.

L'article 298 ne sera donc pas applicable si le conjoint de l'époux adultère meurt avant que le jugement de divorce soit devenu définitif ; il ne le sera pas davantage si l'époux coupable d'adultère est simplement séparé de corps (1).

Le nom du complice de l'adultère sera judiciairement établi : 1° si un jugement correctionnel a puni cet adultère ; 2° lorsqu'il n'y a pas eu de poursuite correctionnelle soit par négligence, soit à la suite d'un désistement, soit par la prescription accomplie, — si le conjoint non coupable peut établir et prouver la complicité, — ce qui est incontestablement son droit. Les jugements de divorce nomment le complice assez rarement. Les juges préfèrent s'abstenir et c'est avec raison qu'ils évitent d'ajouter au scandale, en donnant une sorte de constatation officielle aux faits déjà trop connus du public. — D'ailleurs, quand on ne connaîtra pas le complice, l'aveu de l'époux coupable, à ce sujet, ne devra pas être accepté seul : il est certain que ce dernier nommera souvent le premier venu et échappera ainsi à l'application de l'article 298, en cachant soigneusement le nom de son complice qu'il pourra ensuite épouser impunément. Le pouvoir discrétionnaire des tribunaux, qui peuvent taire le nom du complice, ou nommer à leur gré ce dernier, n'est pas un mal ; mais il a pour conséquence

(1) Lille, 2 nov. 1894, cité. — A Rome, d'après la loi *Julia*, personne ne pouvait épouser sciemment une femme condamnée pour adultère, sans encourir les peines édictées par cette loi *Julia de Pudicitia* ; sous Justinien, la femme adultère et son complice ne pouvaient se marier.

d'enfreindre l'article 298 et de permettre ainsi le second mariage avec le complice adultère. La morale publique a-t-elle plus à souffrir de ce résultat qui permet le retour à une situation régulière et légale, en faisant cesser le libertinage qui est la conséquence de l'interdiction d'une union légitime ? Nous ne le croyons pas et nous nous en rapportons sur ce point à la sagesse des tribunaux, qui ne chercheront pas à réhabiliter l'adultère, mais bien les époux malheureux (1).

La mort de l'époux qui a obtenu le divorce ne pourra jamais faire cesser l'interdiction qui pèse sur son conjoint coupable, parce que cette dernière « est « fondée sur l'honnêteté publique et la morale qui « ne permettent pas qu'un délit trouve sa récom- « pense (2) ». Elle est perpétuelle et ne comporte aucune dispense.

Le mariage contracté en violation de l'article 298 peut-il être déclaré nul ? Non, puisque l'empêchement doit être considéré comme simplement prohi-

----

(1) Melun, 25 février 1887, S. 87. 2, 92, G. P. 10 août 1887. — Paris. 2 août 1887, S. 87, 2, 160. — Caen, 25 octobre 1887, S. 89, 2, 103. — Toulouse, 31 déc. 1887, S. 89, 2, 213. — Coulon, III, art. 298, p. 41. — Goirand, p. 286. — Carpentier, n. 322.

En Angleterre, le mariage est permis entre l'époux adultère et son complice ; mais le prêtre n'est pas obligé de bénir l'union.

(2) Valette sur Proudhon, I, p. 407. — V. aussi Coulon, III. art. 298. — Goirand, p. 286. — Poulle, p. 235. — Carpentier, n. 323. — Laurent, III, p. 834. — Aubry et Rau, V. p. 83. — Anvers, 29 avril 1864, D. 64, 3, 45. — Bruxelles, 14 mars 1865, Coulon et Faivre, J. D. 209. — Cf. art. 11 du chap. II du Code civ. suédois.

bitif (1) ; il n'y a pas, en effet, d'autres nullités de mariage que celles qui sont prononcées, en termes exprès, par un texte formel. Le ministère public lui-même est sans droit pour attaquer ce mariage (2). Pour empêcher cette violation, il serait facile, quand une opposition a été formée, de faire mention, en marge de l'acte de mariage et de la transcription du divorce, du jugement validant cette opposition, afin d'assurer l'observation de la loi, pour l'avenir. Malheureusement, l'article 35 et le silence de l'art. 49 ne permettent pas de suppléer à cet oubli regrettable (3).

Mais, au moins, le conjoint non coupable (*premier lit*) a-t-il le droit de former opposition contre le mariage (*second lit*) de son ex-conjoint avec son complice et de faire ainsi respecter la loi ? La jurisprudence est unanime pour lui refuser ce droit en vertu de l'article 172 qui confère le pouvoir de faire opposition « à la « personne engagée par mariage avec l'une des deux « parties contractantes ; » en effet ce n'est pas le cas ici, puisque le mariage est dissous. D'autre part, on discute sur le point de savoir si l'art. 298 ne donne pas à ce conjoint divorcé le droit de s'opposer au mariage ; contrairement à ceux qui prétendent que cet article le

(1) Anvers, 29 avril 1864, cit. — Bruxelles, 14 mars 1865, cit. — Trib. Lyon, 27 déc. 1888, G. P. 16 janvier 1889, S. 91, 2, 246. — Paris, 3 mars 1897, D. 97, 2, 439. S. 97, 2, 102.

(2) Bruxelles, 14 mars 1865, cit. — Paris, 26 juillet 1887, D. 88, 2, 64.

(3) Paris, 2 août 1887, S. 87, 2, 160. — *Contra* Melun, 25 fév. 1887, S. 87, 2, 92.

lui confère implicitement (1), nous croyons qu'il faut le
lui refuser, comme à un étranger, parce que l'art. 298
n'a pas été édicté dans son intérêt personnel, mais
dans celui de la morale (2).

Ce droit n'appartient donc nullement à l'époux
divorcé : le législateur l'a oublié, peut-être volon-
tairement, le divorce prononcé à son profit devant
être pour lui une satisfaction suffisante. En conséquence, le second mariage ne pourra pas plus être
empêché par la voie préventive de l'opposition (à
moins que l'époux divorcé n'avise officieusement l'officier de l'état civil, de l'empêchement du mariage
projeté) — qu'annulé postérieurement à la célébration.

Cependant ce que nous venons de dire ne s'applique qu'au conjoint; il n'en est plus de même des
personnes énumérées par l'article 173 qui recevra ici
son application : le père, — à défaut du père, la mère, —
à défaut du père et de la mère, les aïeuls et aïeules
pourront donc former opposition; les enfants du premier lit seront ainsi protégés indirectement, jusqu'à
un certain point. — Ils pourront toutefois former une
demande en dommages-intérêts, après divorce prononcé, contre le complice de l'adultère pour le pré-

(1) Trib. Dieppe, 26 juin 1890, D. 90, 2, 135. S. 90, 2,200.
G. P. 14-15 juillet 1890. — Amiens, 16 fév. 1897. D. 97, 2,492.
— Delvincourt, I, pp. 67 et 75. — Proudhon et Valette, I, p. 407.

(2) Foix, 16 avril 1886, G. P. 86, 2, 487. — Trib. Lyon, 27 décembre 1888, cité ; 3 juillet 1890, D. 90, 1, 365. — Paris, 3 mars
1897, cit. — Coulon, V. 50. — Carpentier, p. 263. — Goirand,
p. 187. — Poulle, p. 235. — Laurent, III, n. 290. — Aubry et Rau,
V, p. 83. — Duranton, II, p. 132. — Zachariæ § 463.

judice causé par les conséquences de cet adultère (1) (art. 1382, C. civ.).

§ 2. — EFFETS DU DIVORCE SUR LES ÉPOUX

La dissolution du mariage par le divorce a pour effet la cessation des devoirs réciproques de fidélité, secours et assistance entre époux, — la suppression de la puissance maritale sur la personne de la femme qui n'a plus besoin de l'autorisation de son mari, — enfin la suppression du droit de succession réciproque. Les enfants sont protégés, sur ce dernier point, d'une façon plus complète après le divorce, qu'après la mort de leurs parents : le droit d'usufruit sur la succession du conjoint *prédécédé*, et le droit à la pension alimentaire sur cette même succession (art. 205 et 767) (2) sont supprimés puisque le divorcé a perdu la qualité de conjoint. Le veuf ou la veuve, au contraire, ne peuvent perdre le droit d'usufruit, — mais non la pension alimentaire, — que par le fait d'un second mariage et s'ils ont des enfants d'un premier lit.

DÉCHÉANCES ET OBLIGATIONS SPÉCIALES A L'ÉPOUX CONTRE LEQUEL LE DIVORCE EST PRONONCÉ. — L'époux qui a obtenu le divorce en sa faveur doit être traité en conséquence, puisqu'il est malheureux (3) par la faute de son conjoint. C'est pourquoi

(1) Douai, 11 mai 1887, *La Loi*, 5 juin 1887.
(2) Loi du 9 mars 1891.
(3) Cf. Mariage putatif : « Epoux malheureux et de bonne foi. »

il devra conserver tous les *avantages* que lui confère
le mariage et la paternité. Son conjoint coupable,
indigne, doit, au contraire, être puni de son inconduite ou de ses fautes : il perdra tous les avantages
précités, mais restera soumis, — ce n'est que justice,
— à tous les inconvénients ou charges dont le mariage est la source. « L'époux coupable, dit Treilhard,
« s'est placé au premier rang des ingrats ; il sera
« traité comme eux. Il a violé la première condition
« du contrat, il ne sera pas reçu à en réclamer les
« dispositions. »

Nous ne nous occuperons ici que des déchéances
et obligations qui frappent l'epoux coupable à l'égard
de son conjoint qui a obtenu le divorce (1).

1° *Perte des avantages faits par l'autre conjoint.*
— L'article 299 condamne l'époux contre lequel le
divorce a été prononcé, à perdre tous les avantages
qui résultent soit de son contrat de mariage, soit de
libéralités postérieures. Cette déchéance — favorable,
en définitive, aux enfants du *lit brisé* — a lieu de
plein droit, par le seul fait de la prononciation du
divorce ; elle atteint toutes les libéralités ou dons
purement gratuits faits par l'époux en faveur duquel
le divorce a été prononcé. Si la nécessité de l'article 299 apparaît très nettement pour les libéralités
résultant d'un contrat de mariage et qui sont irrévo-
cables, il n'en est pas de même pour les libéralités
faites depuis, pendant le mariage, et qui sont essentiellement révocables (art. 894 et 1096). Et pourtant,

(1) V. § 3, *Des Effets du divorce sur les enfants.*

à la réflexion, l'utilité de cette mesure se détache : l'époux innocent pourrait ne pas révoquer les libéralités en question par négligence, faiblesse ou ignorance et le but du législateur — punir le coupable — ne serait pas atteint. On refuse même à l'époux au profit duquel le divorce est prononcé, le droit de renoncer au bénéfice de l'article 299, en se fondant sur le principe de l'immutabilité des conventions matrimoniales (1). — Nous dirons, pour terminer, que l'article 299 pourra être invoqué par les enfants du divorcé, à titre d'héritiers.

L'article 300, comme contre-partie de l'article 299, accorde une récompense à l'époux innocent : il maintient en sa faveur les avantages dont nous venons de parler, pour qu'il n'ait aucunement à souffrir des suites du divorce (V. art. 1452 et 1518).

2° *Obligation alimentaire spéciale.* — Bien plus, si les avantages conservés par l'article 300 n'étaient pas suffisants ou faisaient défaut, l'article 301 accorde à l'époux innocent une pension alimentaire sur les biens de l'époux coupable, apportant ainsi une exception au principe de la réciprocité de l'obligation alimentaire (art. 212); nous avions dit pourtant que le divorce avait pour effet de faire cesser le droit d'assistance et de secours entre époux. Cette deuxième exception, aux principes fondamentaux, prouve

---

(1) Laurent, III, n. 306. — Goirand, p. 308. — Coulon, V, p. 164. — *Contra* : Legendre, p. 298. — Gand, 28 mai 1885, Pasic., 85, 2, 215; — Cass., 12 février 1849, D., 49, 1, 213; — Rennes, 8 mars 1849, D., 49, 2, 105.

comme la précédente, la faveur marquée du législateur qui veut, en quelque sorte, indemniser (1) l'époux innocent et en même temps *punir* l'époux coupable. Il est bien entendu que le tribunal est absolument libre d'accorder ou de refuser la pension. Mais il est certain que, jamais et pour quelque raison que ce soit, cette dernière ne pourra être allouée à l'époux contre lequel le divorce est prononcé (2) et qui doit exclusivement réparer le préjudice qu'il a pu causer à son conjoint, en mettant celui-ci dans la nécessité de faire briser le lien conjugal ; il devra, dans ce but, lui fournir une pension qui n'a rien d'une libéralité de sa part, et ne doit nullement être considérée comme telle (3).

Cette obligation peut-elle retomber sur les enfants des époux divorcés ? Il est certain, d'abord, que, du vivant de l'époux débiteur, c'est lui seul et le premier qui est tenu de fournir la pension ; les autres personnes, enfants, parents, à qui peut incomber l'obligation alimentaire (art. 205 et 207) ne peuvent être tenus de subvenir aux besoins de l'époux innocent, qu'à défaut de ressources de son ancien conjoint, parce que l'obligation alimentaire de l'article 301 n'est qu'une conséquence d'une fiction : le devoir d'assistance existant pendant le mariage est

---

(1) *Contra* en Angleterre : Le Tribunal peut imposer au *mari* la charge d'entretenir sa femme, *même coupable.*

(2) Nîmes, 19 mai 1886, G.P. 1886, 2,559. — Cass., 24 novembre 1886, G. P., 10 décembre 1886 ; P. Fr. 87.2.160. — Cass., 4 février 1887, G. P. 89.2.215.

(3) Bordeaux, 16 juin 1896, S. 97.2.275, D. 97.2.314.

prolongé, même après le divorce (1), à la charge du conjoint coupable ; or, pendant le mariage, c'est le conjoint qui est tenu seul et le premier de cette obligation.

Après la mort de l'époux coupable, les enfants des divorcés continueront-ils, *à titre d'héritiers* du conjoint coupable, à payer la pension allouée à l'époux survivant? La doctrine est généralement pour la négative : l'époux débiteur étant tenu *personnellement*, l'obligation cesse à sa mort (2), de même que le devoir d'assistance et de secours cesse à la mort de l'un des conjoints. La jurisprudence admet, au contraire, que la pension ayant été allouée à titre *d'indemnité*, doit être payée par les héritiers du débiteur, par les enfants, s'il y en a (3). Même solution pour l'hypothèse inverse : les enfants du divorcé peuvent-ils, à titre d'héritiers du conjoint qui a obtenu le divorce, demander la continuation du paiement de la pension? Quelle que soit la réponse, il est indiscutable que ces enfants auront toujours le droit de réclamer, à titre d'héritiers, la partie de la pension échue au jour du décès.

La pension alimentaire de l'article 301 continuera-

(1) Gand, 25 mai 1849, Pasicr. 1849, 2,231. — Laurent, III, p. 258, n. 309.

(2) Laurent III, n. 311. — Goirand, p. 215. — Carpentier., *Tr.*, n. 372.

(3) Cass., 12 décembre 1848, S. 52.5.20. — Cass. civ., 2 avril 1861, D. 61.1.97. — Rouen, 30 avril 1862, D. 64.2.238. — Paris, 16 janvier 1893, D. 93.2.393. — Cass., 3 janvier 1893, D, 93.1.126. — Voir Gheusi, *De l'Autorité de la Chose jugée en matière de Divorce et de Séparation de Corps*, Toulouse, 1895, p. 203.

t-elle à être due à l'époux qui convole en secondes noces (1)? « Cette pension cessera, si l'époux qui en « jouit contracte un nouveau mariage », telle était l'addition à l'article 301, adoptée par le Tribunat (2), mais qui fut rejetée. L'époux innocent a le droit de réclamer d'abord l'assistance de son nouvel époux, et de plus la continuation du paiement de la pension fixée par l'article 301, à son ex-conjoint coupable (3).

Si cette pension ne cesse pas par le fait seul du second mariage, il pourra pourtant y avoir motif à la supprimer « dans le cas où elle cesserait d'être nécessaire » (art. 301, *in fine*). Les tribunaux apprécieront : si le second mariage place l'époux innocent dans une situation à l'abri du besoin, la décharge, ou au moins la réduction de la pension alimentaire pourra être prononcée en faveur de l'époux coupable ; car l'*indemnité* que ce dernier est condamné à payer â son ex-conjoint revêt, malgré tout, une *obligation alimentaire* (4), ce qui veut dire qu'elle pourra être diminuée, — de même qu'elle pourrait être augmen

---

(1) L'affirmative est admise par l'article 1581 du Code civil allemand.

(2) Locré, II, p. 526, art. 73 et p. 559, n. 10. — Cf.. la loi de 1792 qui admettait la décharge dans cette hypothèse.

(3) On soutient, en sens contraire, que le premier mari ne peut être tenu à un secours alimentaire, dont l'obligation est passée au second mari de plein droit ; et il est immoral que le second ménage vive aux dépens du conjoint divorcé. — V. Le Gendre, p. 324. — Carpentier, p. 374. — Trib. Seine, 10 mars 1888, *Le Droit*, 1888, n. 120.

(4) Gheusi, *loc. cit.*, p. 202.

tée (1), à condition, dans ce dernier cas, que le *quantum* de l'article 301, — fixé au tiers des revenus, au maximum, de l'époux coupable, — ne soit pas dépassé.

§ 3. — EFFETS DU DIVORCE SUR LES ENFANTS (DU PREMIER LIT)

1° INFLUENCE DU DIVORCE SUR LA PATERNITÉ ET LA FILIATION. — Nous avons déjà dit que les enfants issus d'un mariage dissous par le divorce n'en restent pas moins légitimes. Ils ont, en conséquence, tous les droits attachés à la légitimité : droit à l'éducation, droit aux aliments, droit de succession, etc.

Si les enfants issus du mariage sont légitimes, il n'en est pas de même de ceux dont la conception ne peut se placer dans la période où le mariage n'est pas encore dissous. Donc, le divorce ayant pour résultat de dissoudre l'union conjugale, on conclut, de l'article 313, que l'enfant né plus de trois cents jours après la décision qui a autorisé la femme à avoir un domicile séparé, — et moins de cent quatre-vingts jours après le rejet définitif de la demande ou depuis la réconciliation (ces délais sont les délais légaux de la gestation), — pourra être désavoué par le mari parce qu'il n'est plus protégé par la règle : « l'enfant *conçu pendant le mariage* a pour père le mari » (art. 312).

Cette conséquence du divorce est d'un intérêt puissant : elle protège non seulement le mari divorcé,

(1) Perpignan, 8 janvier 1895, D. 95, 2, 333.

mais aussi les enfants issus du mariage dissous, qui verront écarter ainsi un usurpateur de leurs droits paternels (nom et fortune); ils n'auront plus qu'un frère naturel utérin, et pas davantage.

La présomption de paternité ne tombe pas de plein droit; il faut que le mari intente l'action en désaveu; seulement, ce désaveu est péremptoire, il n'est soumis à aucune justification, autre que la preuve de l'existence du divorce ou de l'autorisation de vivre séparément au temps de la conception de l'enfant.— Cependant si, de l'autre côté, l'on prouve qu'il y a eu réunion de fait entre les époux, l'action en désaveu ne sera plus admise (1).

Il est certain que les enfants de l'époux divorcé auront le droit d'intenter l'action en désaveu, en tant qu'héritiers, car ils ont alors un intérêt pécuniaire. Mais il faut, pour cela, que le mari soit mort maître de son action, c'est-à-dire avant d'avoir fait sa réclamation, mais dans le délai utile pour la faire (art. 317); ce délai fixé par l'article 312 est très bref (un mois ou deux mois).

2º INFLUENCE DU DIVORCE SUR LA PUISSANCE PATER- NELLE. -- C'est surtout dans *l'intérêt des enfants* que

---

(1) Demante, II, nº 40 bis, 1. — Riom, 30 décembre 1896, D. 97, 2, 295, S. 97, 2, 64.

Pour la question de savoir à quel mari appartient l'enfant d'une femme qui s'est remariée avant les dix mois fixés par l'article 296, et dont la conception peut également se rapporter au premier, comme au second mari, nous renvoyons purement et simplement à la fin de la première partie de cet ouvrage.

la puissance paternelle est conservée aux père et mère divorcés : elle est nécessaire pour la protection des mineurs et le divorce ne pouvait avoir pour résultat de dégager les parents de l'obligation qui leur incombe du fait de la paternité elle-même, bien au contraire.

La faveur que le législateur témoigne à ces enfants se traduit par des modifications, restrictions ou déchéances qu'il fait subir à cette puissance sur la personne et les biens des mineurs dont les parents sont divorcés, — et de plus remariés.

L'exercice des différentes prérogatives de la puissance paternelle n'appartient plus, après le divorce, au père exclusivement. « Le mariage dissous, le monopole du père de famille n'a plus de raison d'être, « car il s'expliquait seulement par la nécessité d'une « direction unique et par la prépondérance du mari « dans l'union conjugale (1). » La tutelle, d'autre part, ne pourra s'ouvrir (2), puisqu'il faudrait pour cela que le mariage eût été dissous par la mort du père ou de la mère (art. 390) (3). Il y a certainement là un oubli du législateur de 1884, oubli fort préjudiciable pour les enfants, devenus enfants d'un premier lit, et dont la protection eût été organisée ainsi natu-

---

(1) Vraye et Gode, p. 603.

(2) *Contra* Delvincourt, I, p. 168.

(3) La tutelle des enfants d'époux divorcés s'ouvrira à la mort de l'un des époux ; elle appartiendra de droit au survivant, ainsi que la puissance paternelle, alors même que les enfants auraient été confiés par le jugement de divorce à l'époux prédécédé ou à une tierce personne, à moins cependant qu'il y eût lieu à destitution de la tutelle ou à déchéance de la puissance paternelle.

rellement. L'administration légale des biens de ces enfants ne dure en effet que *pendant le mariage*, d'après l'article 389 qui ne suffit pas à combler la lacune de la loi. Le malheur n'est heureusement pas sans remède : le contrôle des tribunaux admis, comme nous allons le constater, en matière de divorce, aura pour résultat de permettre au juge de désigner lequel du père ou de la mère sera chargé de l'administration des biens, selon les garanties de capacité qu'ils présenteront l'un et l'autre : mais il n'y aura pas là une véritable tutelle ; les règles de cette dernière ne s'appliqueront pas. L'intérêt de l'enfant devra seul guider les tribunaux, d'après le principe admis par les Codes de tous les pays.

Le divorce prononcé contre le père ou la mère ou contre les deux n'est pas une cause de déchéance de la puissance paternelle ; mais il *pourra* donner motif à cette déchéance prononcée par les tribunaux, en vertu de la loi de 1889 sur les enfants maltraités et moralement abandonnés. Il sera nécessaire, pour cela, que la cause invoquée dans le jugement de divorce soit l'une de celles qu'exige cette loi pour priver les parents de leurs droits. D'ailleurs, dans tous les cas où la loi de 1889 recevra son application, les tribunaux pourront donner à l'autre conjoint divorcé, non déchu de la puissance paternelle, toutes les prérogatives de cette puissance, exercées par le conjoint déchu, à moins qu'ils ne jugent cette mesure contraire aux intérêts de l'enfant, auquel cas il y aurait lieu de lui nommer un tuteur spécial.

a) Droit de Garde. — L'article 302 qui consacre,

après l'article 240 (1), l'intervention des tribunaux, confie l'enfant à l'époux qui est présumé le plus digne (2), à celui qui présente le plus de garanties au point de vue de la direction morale à donner à l'enfant, c'est-à-dire, en principe, à celui qui a obtenu le divorce (C. f. Pays-Bas, Suède, Mexique). Les tribunaux ne peuvent déroger *d'office* à cette règle (3). Ce n'est que sur la demande de la famille ou du ministère public qu'ils pourront confier l'enfant, dans son intérêt, à une tierce personne ou même à l'époux coupable (art. 302, *in fine*). Le jugement qui prononce sur la garde est essentiellement provisoire; il peut être modifié suivant les circonstances, toutes les fois que l'utilité ou la nécessité s'en fera sentir pour le mineur, et ce sera toujours le tribunal qui a prononcé le divorce qui sera compétent.

Le second mariage des époux divorcés apporte-t-il un changement au droit de garde? Non (*contra* Nov. CXVII, *cap.* VII), pourvu que rien dans ce fait, ne laisse croire à l'oubli des devoirs de l'époux remarié envers ses enfants (4); s'il met au contraire en péril les intérêts moraux et pécuniaires de ses enfants du premier lit, on appliquera sans hésitation l'arti-

---

(1) Cet article permet au juge d'ordonner, pendant le cours du procès en divorce, les mesures provisoires qui paraissent nécessaires dans l'intérêt de l'enfant.

(2) C. f. Novelle CXVII, c. 7 : l'enfant doit être confié à l'époux innocent, celui qui n'est pas coupable d'avoir, par sa conduite, rendu le divorce nécessaire.

(3) Demante et Colmet de Santerre, I, p. 524. — *Contra* Laurent, III, n° 293.

(4) Paris, 26 juillet 1887, D. 88, 2, 64.

cle 302, *in fine,* et le jugement qui avait confié la garde à l'époux qui se remarie sera rétracté (1).

Nous avons répondu, par avance, au système qui voudrait appliquer à la mère divorcée et remariée les articles 395 et 396 relatifs à la mère tutrice : l'extension est doublement impossible, parce qu'il n'y a pas de tutelle (2), et de plus parce que la garde est un attribut de la puissance paternelle. « Si le mari ou « la femme divorcé, » disait cependant la loi de 1797 (IV, art. 4), » contracte un nouveau mariage, *il* « *sera réglé en assemblée de famille,* si les enfants « qui leur étaient confiés leur seront retirés et à qui « ils seront remis ». Mais, dans le silence du Code, il faut décider que les tribunaux auront seuls le droit de statuer sur le cas ; encore faudra-t-il pour cela, que l'intérêt de l'enfant l'exige (3).

b) Droit de correction. — « Le père exerce seul « cette autorité pendant le mariage ». (Art. 373.) Après la dissolution par le divorce, il faudra distinguer : si l'enfant a été confié au père, ce dernier continuera d'exercer le droit de correction ; si c'est

(1) Troyes, 27 juillet 1886, S. 86, 2, 18. — Cass., 24 nov. 1886, G. P. 86, 2, 844. — Toulouse, 22 juin 1892, G. P. 92, 2, 118. — *Gaz. Tribun.*, 7 juillet. — Beauvais, 9 février 1894, Willequet, *Div.* p. 819.

(2) On a soutenu toutefois que les magistrats ayant le droit de prononcer sur l'administration des biens des mineurs, issus de parents divorcés, il résultait de leur décision une véritable tutelle. — Toullier, II, n° 1094 et 1095. — Marcadé, sur l'article 390, I. — Demante, n° 138 *bis.*

(3) Toulouse (1re Ch.), 22 juillet 1892, cité.

la mère qui a obtenu la garde de l'enfant, elle l'exercera d'après l'article 381 (1). Enfin si c'est une tierce
personne qui a été désignée comme gardienne, le
droit de correction appartiendra, d'après les uns,
au père et à la mère conjointement (2) ; d'après les
autres, au père seul, comme pendant le mariage (3),
mais sous la surveillance de la femme et des tribunaux. Quoi qu'il en soit, si le père ou la mère à qui
l'exercice du droit de correction est confié, convole
en secondes noces, il sera soumis aux restrictions
apportées par les articles 380 et 381, comme le veuf
et la veuve. Nous ne ferons ici que réitérer l'expression de nos vœux : application aux parents remariés
de l'article 381, c'est-à-dire maintien du droit de correction par voie de réquisition avec le concours des
deux plus proches parents de la ligne à laquelle
n'appartient pas le père ou la mère qui l'exerce.

c) Devoir d'entretien et d'éducation. — L'article 303
accorde aux époux divorcés le droit et l'obligation
de surveiller l'éducation de leurs enfants et de les
entretenir proportionnellement à leur fortune. Ce
n'est que justice. Par le droit accordé, même à
l'époux coupable, de surveiller l'éducation de ses
enfants, ceux-ci sont protégés contre une mauvaise
direction. Le devoir d'entretien, qu'il est juste de
faire peser sur l'époux contre lequel le divorce a été

(1) Laurent, VII, n° 384. — Poulle, p. 241. — Coulon, V. p. 148.
(2) Laurent, *loc. cit.* — Poulle, p. 242.
(3) Vraye et Gode, art. 302 et 303, p. 611. — Carpentier, n° 291.
— Demolombe, II, p. 511.

prononcé au moins autant que sur son conjoint, mais
bien entendu dans la mesure de ses moyens, comme
toutes les autres charges du mariage, mettra l'enfant
à l'abri du besoin. — Enfin et surtout, la surveillance exercée par l'un des époux divorcés sur le bien-
être moral et pécuniaire des enfants dont il n'a pas
la garde, sera le moyen le plus sûr d'éviter la main-
mise du nouveau conjoint de l'époux gardien, du
parâtre ou de la marâtre, sur la direction morale et
la fortune des enfants du premier lit.

d) Droit de jouissance légale. L'article 386. —
L'époux contre lequel le divorce est prononcé est
privé, d'après l'article 386, de l'usufruit légal des
biens appartenant à ses enfants. En conséquence, si
le père a obtenu le divorce, la pénalité de l'article 386
ne l'atteindra pas, même s'il se remarie ; si c'est contre lui, au contraire, que le divorce est prononcé, la
jouissance n'appartiendra à la mère (1) que si elle
ne se remarie pas. Nous avons déjà dit qu'il était
absolument nécessaire que l'égalité se produisît
entre le père et la mère, par une égale restriction

(1) Et pourtant l'article 384 exige que la mère soit *survivante,*
pour avoir la jouissance légale. Nous croyons que cet article a statué *de eo quod plerumque fit* : il est d'ailleurs plus raisonnable
d'admettre que la jouissance est transférée à la mère dès l'instant
où elle est perdue pour le père ; car, en admettant au contraire
qu'elle est consolidée sur la tête des enfants lorsque le divorce a été
prononcé contre leur père, il faut ensuite la faire revivre au décès
de ce dernier en faveur de la mère qui est alors survivante. — Coulon, V, p. 276. — Goirand, p. 200. — Vraye et Gode, art. 302 et
303, p. 613. — *Contra* Carpentier, n° 393.

des droits du père, conforme à la logique et à l'équité.

L'administration légale qui est la charge *(onus)* réservée au père pendant le mariage, ne sera pas séparée en général de la jouissance légale *(emolumentum)*; il est préférable de laisser ces deux droits entre les mains de l'époux le plus digne, sauf toutefois les exceptions ou dérogations qui pourront être apportées, par les tribunaux, dans l'intérêt de l'enfant, comme nous l'avons déjà fait remarquer (1).

e) Droit d'Emancipation. — Le père conserve toujours seul ce droit, sans le concours de la mère, même après le divorce. Cela ressort de l'Exposé des motifs, où Berlier dit : si *l'un d'eux est mort* (père ou mère), « le droit d'émancipation appartiendra au survivant. » Les termes mêmes de l'article 477 du Code civil confirment pleinement cette solution : « le mineur, même « non marié, pourra être émancipé *par son père*, ou « *à défaut de père par sa mère*, lorsqu'il aura atteint « l'âge de quinze ans révolus. »

Cependant, s'il était démontré que le père, en émancipant l'enfant confié à la garde de la mère, n'a pas été guidé par le véritable intérêt du mineur, mais qu'il n'a eu qu'un seul but, celui de tourner, dans une pensée de haine contre sa femme, l'article 302 que les tribunaux ont appliqué pour lui enlever la garde de son enfant, l'émancipation pourra être annulée. L'opposition de la mère sera reçue par consé-

---

(1) Cass., 4 avril 1865, D. 65, 1, 387. S. 65, 1, 255. — *Contra*, Trib. Seine, 25 nov. 1896, D. 97, 2, 297. — Trib., Seine, 4 août 1888, *Gaz. Trib*, 18 août 1888.

quent, si elle est justifiée (1). Le père divorcé verra
ainsi son pouvoir limité, ce qui sera fort appréciable
surtout pour les enfants du premier lit.

f) Droit de consentir au mariage. — L'enfant devra
pour se marier, obtenir le consentement de ses père
et mère divorcés, — et de *tous deux;* — seulement, à
la différence de ce qui se passe quand le mariage des
parents existe, l'article 148 ne devra plus être appliqué : en cas de dissentiment, l'avis du père ne pré-
vaudra plus. Le nouvel article 152 décide avec raison
que « s'il y a dissentiment entre les parents divorcés
« ou séparés de corps, le consentement de celui des
« deux époux au profit duquel le divorce ou la sépa-
« ration aura été prononcé et qui aura obtenu la
« garde de l'enfant suffira. » Telle est l'innovation de
la loi du 20 juin 1896 dont nous avons constaté déjà
les mérites : elle a résolu ainsi la difficulté dans le
sens le plus logique. Qu'arrivait-il, en effet, précédemment, quand le dernier mot appartenait au
père contre lequel le divorce était prononcé ? Le mineur de vingt-cinq ans rencontrait un refus systé-
matique, inspiré quelquefois par un esprit de contradiction très violent, par cela seul que la mère accordait son consentement au mariage de l'enfant qui lui
avait été confié. La vengeance du mari vaincu dans
la lutte judiciaire, et poussé même à des représailles
par son nouveau conjoint, atteignait ainsi l'enfant,
qui n'en pouvait davantage, dans le but unique et
inique de contrecarrer les projets de la mère, plus

(1) Cass , 4 avril 1865. D. 65, 1, 387. S. 65, 1, 255.

digne et plus méritante, dont l'avis devait donc, en toute justice, être prépondérant.

Bien avant la loi de 1896, le projet du Code Civil contenait des traces de la préoccupation du législateur à l'égard de l'enfant du premier lit, issu spécialement de parents divorcés. Le consentement à son mariage était réglé dans l'article 148, par une addition ainsi conçue : « Néanmoins si l'époux *a contracté* « *un second mariage après divorce prononcé contre* « *lui,*... le conseil de famille sera légalement as- « semblé pour délibérer sur le consentement à don- « ner au mariage de l'enfant qui n'a pas l'âge ci- « dessus déterminé. » Ainsi donc cette disposition fut inspirée, comme celle de la loi de 1896, par une idée de protection de l'enfant, plus encore à l'égard du conjoint divorcé coupable et indigne, que contre le second mariage et le nouveau conjoint. Elle ne fut pas insérée dans la rédaction définitive de l'article : la discussion en avait été ajournée, puis oubliée !

g) Droit de consentir à l'adoption. — Les dispositions de la loi de 1896 ne peuvent être étendues à l'adoption : l'enfant mineur de vingt-cinq ans ne pourra se donner en adoption qu'avec le consentement de son père *et* de sa mère, divorcés ou non (art. 346). Le refus du conjoint contre lequel le divorce est prononcé suffira donc pour mettre obstacle à l'adoption, alors même que l'autre conjoint donnerait son consentement.

3° INFLUENCE DU DIVORCE SUR LES DROITS PÉCUNIAIRES DES ENFANTS. — Le divorce n'apporte aucune modification aux droits des enfants sur les biens de leurs père et mère. Ils conservent, d'abord, avec le droit aux aliments, tous les avantages que la loi ou les conventions matrimoniales de leurs parents leur avaient accordés. Leurs droits sur la succession de leur père ou de leur mère divorcé restent aussi intacts, avec cette précision que l'article 304 aurait pu se dispenser de faire, qu'ils ne s'ouvriront qu'à la mort du *de cujus*. Les parents, de leur côté, conservent leurs droits sur les biens de leurs enfants (1) ; ils ont droit de même à une pension alimentaire, s'ils sont dans le besoin (2).

Cependant les père et mère divorcés et remariés ne jouissent pas plus que les veufs et les veuves qui se remarient, — relativement aux libéralités qu'ils se proposeraient de faire, à leur nouveau conjoint, — d'une aussi grande latitude que s'ils n'avaient pas d'enfants d'un premier lit. Ce nouvel époux, dont le droit de succession ne pourra excéder les limites fixées par l'article 767-4°, ne pourra pas recevoir, — par disposition à titre gratuit du père ou de la mère divorcé, son conjoint, — au-delà du disponible restreint des articles 1098 ; — 1099 et 1100 ; — 1496 et 1527 ; cela résulte suffisamment de la forme et de la portée de ces articles, sans qu'il soit nécessaire d'invoquer l'article 304 qui ne ferait que confirmer d'ailleurs,

---

(1) Laurent, III, p. 341, n. 295. — Willequet, p. 273, n. 7. — Coulon, V, p. 272. — Vraye et Gode, art. 304, p. 628.

(2) Plusieurs propositions ont été faites tendant à obliger le conjoint contre lequel le divorce a été prononcé à abandonner, *à titre d'indemnité*, une partie de ses biens à ses enfants : M. Delsol proposait l'abandon de la moitié des biens.

notre solution indiscutable. La loi du 21 septembre 1792 (IV, art. 8) avait, cependant, cru bon de l'affirmer : « Les époux divorcés, ayant enfants, ne pourront, en se remariant, faire de plus grands avantages pour cause de mariage, qu'ils ne le peuvent, selon les lois, les époux veufs qui se remarient ayant « enfants » (1). Les articles 1098 et autres s'appliqueront, *a fortiori*, dans notre hypothèse, parce que le second mariage des époux divorcés est plus dangereux pour leurs enfants que pour des orphelins, parce que l'époux divorcé n'aura souvent qu'un but, reporter sur ses enfants la haine qu'il a pour son ex-conjoint.

APPENDICE. — INFLUENCE DU SECOND MARIAGE OU RÉUNION DES ÉPOUX DIVORCÉS SUR LES ENFANTS. — Les enfants des époux divorcés, réunis à la suite d'une nouvelle célébration du mariage (art. 235) peuvent-ils jouir, à l'égard de leurs parents, des mesures de protection spéciales aux enfants du premier lit ? Puisqu'il y a second mariage et enfants issus d'une union précédente, — dissoute par le divorce, — il semble que les conditions nécessaires pour qu'il y ait enfants d'un premier lit soient remplies. Mais nous avouerons immédiatement que cette démonstration subtile ne résiste pas à l'examen. Ce serait, d'ailleurs, une monstruosité. Comment ! les parents se réuniront et consentiront à oublier leurs froissements dans le but de *reconstituer* la famille, dans l'intérêt de leurs

____

(1) Il est vrai que l'Edit de 1560 (Edit de secondes noces) ne pouvait s'appliquer qu'aux veufs et veuves.

enfants, et ceux-ci demanderaient contre eux l'application des mesures de défaveur destinées aux parâtres et marâtres? Ce serait là bien mal les récompenser de leur généreux dévouement. Quelles sont, d'ailleurs, les expressions employées par l'art. 1098 qui est le pivot de cette discussion? Cet article parle de l'homme ou de la femme qui a des « enfants d'un « autre lit. » Eh bien! les enfants issus de la première union des époux sont et restent leurs enfants communs; la nouvelle célébration du mariage, qu'il ne faut pas confondre avec un nouveau mariage, n'a pour conséquence que de reconstituer le *lit brisé*, mais non d'en constituer un nouveau; elle ne peut être considérée comme un second mariage qu'aux yeux des tiers dont le législateur s'est exclusivement préoccupé dans cet article 295 (2° et 3°). Il n'y a donc pas deuxième ou troisième union, mais *réunion*, suivant l'expression même de la loi : il y a réconciliation, tout est oublié entre époux et enfants, tout doit être remis en l'état où était «originairement l'union »; les mesures de défiance contre les parents doivent cesser d'exister, l'intérêt de l'enfant ne l'exigeant nullement (1).

Toute différente est l'hypothèse suivante, toute autre sera sa solution. Les parents divorcés ont l'un et l'autre des enfants d'une deuxième union avec un étranger; cette deuxième union est dissoute par la mort de ce dernier ou par le divorce (qui sera le second). Ils se réunissent alors, ce qu'ils ont certaine-

(1) Le Gendre, p. 374. — Vraye et Gode, II, p. 255, n. 766. — Coulon, V, p 272.

ment le droit de faire, dans le cas de décès du second
conjoint, ou ce qu'ils font en enfreignant l'empêchement prohibitif de l'article 295, dans le cas de divorce.
— Les enfants du second lit sont incontestablement
des enfants d'un premier lit par rapport au conjoint
qui est à la fois premier et troisième, ou plutôt qui
ne peut être, à leurs yeux de tiers, que le troisième,
puisque le premier divorce lui a fait perdre sa qualité
de conjoint et que le troisième mariage n'a pas d'effet
rétroactif. Les enfants du second mariage auront
droit par conséquent aux mesures de protection qui
annihileront l'influence de leur parâtre ou marâtre ;
l'article 1098 sera donc applicable. Les enfants du
premier lit, s'il y en a, profiteront de l'action en réduction — accordée à leurs frères utérins ou consanguins — qu'ils n'auraient pu exercer contre leurs
père et mère en l'absence d'enfants d'un autre lit.

De cette étude, que nous avons tâché de faire aussi
complète que possible, en nous plaçant au point de
vue de l'intérêt des enfants, il ressort d'une façon
constante que ces derniers jouissent, comme conséquence du divorce prononcé, d'une protection spéciale qui les met à l'abri des vexations d'un père ou
d'une mère indigne et de l'intrusion d'étrangers dans
la famille. Le divorce est bien un *remède nécessaire*,
nous ne craignons pas de le répéter, et sa nécessité
apparaît surtout pour les enfants : s'ils ont à lutter
contre un nouveau conjoint, ce sera au moins un ad-
versaire qu'ils pourront atteindre au grand jour et
dont la loi aura à l'avance circonscrit la part. Le divorce d'abord, et le second mariage qu'il autorise as-

surent donc aux enfants du premier lit une protection suffisante au triple point de vue physique, moral
et pécuniaire ; c'est ce que nous croyons avoir suffisamment démontré.

SECTION II

L'ENFANT ISSU D'UN PREMIER MARIAGE PUTATIF

I. — Mariage nul.

Le mariage nul est un acte imparfait, infecté de
certains vices de constitution qui en entrainent la
ruine. Le mariage déclaré nul est censé n'avoir jamais eu d'existence légale. Il ne doit donc produire
aucun des effets que la loi attribue à cet acte impor-
tant de la vie civile ; car l'annulation a un effet rétroactif. *Quod nullum est, nullum producit effectum.*
En conséquence, les conventions matrimoniales restent sans effet et les époux n'ont, l'un envers l'autre, ni droits ni obligations.

Toutefois l'annulation du mariage ne peut anéantir le fait de l'union conjugale, ni la *preuve authenti-
que* de ce fait : la déclaration de nullité consacre,
tout au contraire, cette preuve, et par suite celle de
la filiation des enfants issus de cette union. Les
enfants nés moins de trois cents jours depuis l'annulation, continueront aux yeux de la loi, à être des
enfants des ex-conjoints (1); seulement la nullité

____

(1) Demolombe, III, n° 345. — Aubry et Rau, V, § 459. — Laurent, II, n° 438. — Baudry-Lacantinerie, I, n° 542. — Huc, II, n° 159.

aura pour effet de leur enlever la qualité d'enfants légitimes ; ils seront naturels simples, adultérins ou incestueux (1) suivant la nature des relations qui ont existé entre les parents. Pour la protection des enfants issus d'un mariage nul dont le père ou la mère se remarie, nous renvoyons à la section II du chapitre II.

II. — Mariage putatif.

Les effets du mariage déclaré nul seront rétroactivement anéantis, telle est la règle. Mais si le mariage est putatif, la déclaration de nullité ne produira ses effets que dans l'avenir, mais non dans le passé, telle est l'exception (2).

— On doit excepter cependant le cas où malgré la grossesse de la femme pubère, le mariage a été annulé pour cause d'impuberté du mari ; la filiation ne serait pas alors établie du côté du mari.

(1) Quoique l'article 335 refuse la faveur de la reconnaissance aux enfants adultérins et incestueux, cette filiation peut être légalement constatée : c'est le cas des articles 762 et 764. La pension alimentaire prévue par ces articles, pourra être réclamée par l'enfant issu d'un mariage annulé, puisque sa filiation adultérine ou incestueuse a été constatée par le fait de la déclaration de nullité.

(2) On ne retrouve que peu de traces du mariage putatif en droit romain (*Dig.* liv. 23, tit. II, *de Ritu nupt.* l. 57, § 5) ; les principes sur la bonne foi ne prévalaient pas habituellement (liv. 5, tit. VI, Code, l. 1, *de int. matr.*). C'est le droit canonique qui a créé le mariage putatif, pour lequel il exigeait trois conditions : bonne foi, solennité du mariage, erreur excusable. — V. Hertz, *de Matrim. putat.* V. — D'Aguesseau, 47° plaidoyer. — Les seuls pays où le mariage putatif ne soit pas admis de nos jours sont : l'Angleterre, la Russie, les Etats-Unis (sauf la Louisiane).

Quelles conditions sont exigées par la loi pour qu'il y ait mariage putatif? Une seule : il faut et il suffit que le mariage nul ait été contracté de *bonne foi* par les deux époux, ou au moins par l'un d'eux (art. 201 et 202) à l'égard desquels ou duquel ce mariage fictif produira tous les effets civils d'un mariage valable. Ce qu'il y a, pour nous, de plus intéressant, c'est que cette faveur s'appliquera aux enfants issus de l'union annulée, dont les effets seront non seulement maintenus, mais perpétués ; et, à ce point de vue, on ne pouvait pas mieux comparer le mariage putatif qu'à un mariage dissous par le divorce.

Le mariage non existant ou inexistant, celui auquel il manque une des conditions essentielles de tout mariage, peut-il jouir de la faveur du mariage putatif, c'est-à-dire des effets civils d'un mariage existant? La plupart des auteurs exigent, en dehors de la bonne foi, un mariage existant ; ils donnent pour raison qu'on ne peut faire produire les effets du mariage au néant et que, d'ailleurs, la place du mariage putatif, dans le Code, se trouve au chapitre « Des Nullités », et non de l'inexistence (1). — Tel n'est pas notre avis. D'abord, l'article 201 spécial à la matière, parlant du mariage putatif emploie les expressions « déclaré nul » (que nous avons le soin d'employer nous-même) pour qu'elles soient les plus générales possible : ces expressions paraissent bien s'appliquer tout autant aux mariages inexistants qu'aux mariages nuls. — En second lieu, ce n'est pas

(1) Demolombe, III, n° 354. — Aubry et Rau, V, § 460, n° 1. — Laurent, I, n° 515. — Huc, II, n° 461.

au néant que l'on veut faire produire des effets, mais à la bonne foi. « Il suffit de l'apparence, de l'ombre d'un « mariage, » a dit Portalis, « pour que le législateur y « attache des effets. » — Enfin, la place qu'occupe le mariage putatif au chapitre des Nullités ne prouve rien, puisque, nous l'avons déjà dit, il n'est question nulle part dans le Code, d'une distinction entre les mariages nuls et inexistants. L'intention du législa· teur ne pouvait donc être d'exclure les mariages inexistants de la faveur accordée à la bonne foi d'au moins un conjoint (1).

Qu'est-ce que la bonne foi et comment doit-elle être appréciée ? La bonne foi est « la juste opinion, que « ce qu'on a fait, on avait le droit de le faire, ou « l'ignorance du vice qui entache l'acte que l'on a « fait... Les magistrats doivent consulter la position « sociale, le degré d'intelligence et d'instruction des « parties ; ils doivent aussi examiner les faits et cir- « constances qui ont précédé, accompagné ou suivi « la célébration du mariage (2) ». Il est admis universellement aujourd'hui que la bonne foi peut résulter soit d'une erreur de fait, soit d'une erreur de droit.

Les enfants issus du mariage putatif, pourvu qu'ils aient été conçus *avant la déclaration judiciaire de nullité*, mais même *après que la bonne foi a cessé*, seront considérés comme *légitimes erga omnes*, pa-

---

(1) Baudry-Lacantinerie, 1, n° 547. — Dal., V° *Mar. Rép.* n° 585, *Sup.* n° 319.—Alger, 26 mars 1879, S. 79, 2, 281. —Seine, 23 février 1883, D. 83. 2, 49.

(2) Metz, 7 fév. 1854, S. 54, 2, 659. D. 54, 2, 217.

rents ou étrangers. C'est pourquoi ils jouiront de tous
les droits d'enfants issus d'un mariage valable (1), non
seulement à l'égard de leurs père et mère, mais même
à l'égard des parents de ceux-ci ; la mauvaise foi de
l'un des époux ne saurait les en empêcher. L'époux
de bonne foi, en faveur duquel le mariage putatif est
ainsi organisé, conservera seul les avantages qui
découlent du mariage, tant à l'égard de son conjoint
qu'à l'égard de ses enfants : ainsi les droits et prérogatives de la puissance paternelle (garde, correction, aliments, succession, etc.). Il partagera, au
contraire, les charges du mariage avec l'époux de
mauvaise foi qui ne pourra s'y soustraire (entretien
des enfants).

Nous ne croyons pas devoir traiter des effets du
second mariage de personnes dont la première union
a été annulée, avec cette précision qu'elle a été contractée de bonne foi par l'un des conjoints au moins ;
nous renverrons purement et simplement à la section précédente, conformément à la logique et à
l'équité sur laquelle est basé, d'ailleurs, le mariage
putatif. Car les solutions des questions qui peuvent
se poser au sujet de la protection des enfants issus
d'un premier mariage putatif sont les mêmes que
celles que nous avons données à propos des enfants
issus d'un premier mariage dissous par le divorce ;
l'époux de bonne foi sera assimilé à l'époux qui a
obtenu le divorce, et l'époux de mauvaise foi, à celui
contre lequel le divorce a été prononcé. Cette prime
équitable accordée ainsi à la bonne foi aura donc

(1) Chambéry, 15 juin 1869, D. 69, 2, 188.

l'avantage de donner à des enfants qui n'auraient été
que naturels simples, ou même incestueux ou adultérins, la qualité d'enfants légitimes (1) d'un premier
lit.

APPENDICE

L'ENFANT DU BIGAME

§ Ier. — BIGAMIE

D'après ce qui a été dit jusqu'à présent, pour que
des enfants soient considérés comme étant d'un premier lit, il faut : 1° Qu'ils soient issus d'un premier
mariage valable, dissous par la mort ou par le divorce (art. 147), ou au moins d'un premier mariage
putatif ; 2° que leur père ou mère ait contracté un
second ou subséquent mariage, valable ou putatif.
— Peut-on considérer de même, comme étant d'un
premier lit, l'enfant légitime issu d'un premier mariage qui n'est pas dissous, ni annulé, et dont le père
ou la mère a convolé pourtant en secondes noces ?

Nous avons déjà fait remarquer que le crime de
bigamie ne pouvait exister, au point de vue pénal
(art. 340, C. pénal), que s'il y avait mauvaise foi ou

____

(1) Le mariage putatif opère-t-il la légitimation des enfants que
les époux (même adultérins ou incestueux) auraient eus, avant le
mariage ? L'affirmative prévaut. — Aubry et Rau, V, § 460. — Laurent, II, n. 509. — Huc, II, n, 167. — Baudry-Lacantinerie, I, n.
551. — *Contra*, Pothier. *Traité du contrat de mariage* n. 441.

intention criminelle de la part des époux qui seront,
alors seulement, coupables d'adultère. Nous savons,
d'autre part, que la loi civile exige que les deux
époux ou l'un d'eux au moins soit de bonne foi, pour
maintenir en sa faveur et en faveur des enfants qui
sont nés de ce mariage nul, les effets de la légitimité,
c'est-à-dire la possibilité, pour eux, d'être considérés
comme étant d'un second lit. Il est donc bien inutile
de dire que la question que nous posons ne pourra
pas se présenter, si les deux conjoints sont de mauvaise foi, puisque conjoints et enfants seront alors
adultérins.

Pour assurer l'observation de l'article 147 (1), le
conjoint (art. 172) et les ascendants (art. 173) des
deux futurs époux auront d'abord le droit de former
opposition et pourront empêcher ainsi la bigamie ; la
nullité pourra être demandée, d'un autre côté, par
les époux eux-mêmes, leurs ascendants, les collatéraux et les enfants du premier lit qui ont un intérêt
né et actuel (2), et enfin par le ministère public (art.
184, 186, 187, 188, 190). « Sans doute, » disait le tribun
Boutteville au Corps Législatif, « ce sont des scènes
« toujours affligeantes que celles qui offrent un mari,
« une femme, des enfants traînés devant les tribu-
« naux pour s'y voir contester le titre d'épouse, de

______

(1) V. La loi du 17 août 1897 (nouveaux articles 70 et 76), qui
exige la mention de la célébration du mariage en marge de l'acte
de naissance que l'officier de l'état civil doit se faire remettre.

(2) Les enfants du premier lit qui ont un intérêt né et actuel
peuvent intenter l'action en nullité, même du vivant de leur père
ou mère.

« père, de mère, d'enfants légitimes ; mais la loi veil-
« lerait inutilement avec tant de sollicitude à la pu-
« reté de l'engagement du mariage, si des disposi-
« tions pénales ne garantissaient l'observation de
« toutes celles réglementaires. » La nullité du mariage entaché de bigamie est, en effet, d'ordre public ;
elle ne peut donc se couvrir ni par le temps, ni par
la possession d'état, ni par le statut personnel des
époux (1).

I. — Lorsque c'est le mari qui est bigame (c'est
alors d'ailleurs que la question est difficile), comment règlera-t-on les droits des deux femmes qui ont
cru leur mari libre de tout lien ? « Il ne serait guère
« possible, dit M. Demolombe, de tracer d'avance des
« règles invariables sur cette situation extraordi-
« naire, qui met en présence et en conflit plusieurs
« contrats de mariage à la fois. On devra donc, avant
« tout, consulter les différentes stipulations qui au-
« raient pu être faites, et, dans le silence de la loi,
« appliquer à ces difficultés *la solution la plus équi-*
« *table* d'après les faits et les circonstances (2). » Si
le régime de la communauté a été adopté, par les
divers contrats, voici le système qui nous a paru le
plus équitable : On commencera par la liquidation des
droits de la première femme, comme si elle était la
seule, sauf déduction de l'apport de la seconde et
d'une part proportionnelle dans les acquêts faits depuis le second mariage ; elle pourra réclamer la

(1) Cass., 25 mai 1868, S., 68, 1, 365.
(2) Demolombe, III, 377.

moitié de tous les biens communs ainsi composés. La seconde femme touchera la moitié de ce qui restera des biens communs ; mais son titre de conjoint putatif lui assurant le paiement de l'intégralité de ses droits, elle exercera si elle n'est pas complètement désintéressée, un recours pour ce qui lui reste dû, sur les biens de son mari qui doit être le seul à supporter les conséquences de sa faute ou de son imprudence. C'est là ce qui nous a fait admettre ce système (1) plutôt que celui qui assimile les deux communautés à deux sociétés ordinaires dont la durée se trouve déterminée par la cohabitation du mari avec chacune de ses femmes (2), ce qui aboutit à dépouiller la femme légitime au profit de l'autre, ou, en termes plus généraux, le premier lit au profit du second.

II. — Quels sont, maintenant, à la mort du bigame, les *droits héréditaires* de ses conjoints ? Quelle partie de l'article 767 pourront-ils invoquer ? Il est bien entendu, tout d'abord, que les différents conjoints qui revendiquent la succession ou une partie de la succession, sont légitimes ou putatifs, et que, dans ce dernier cas, le mariage n'a pas été annulé du vivant du bigame : sans cela, l'époux légitime succéderait seul, ce que n'admet pas cependant M. Lau-

---

(1) Marcadé, I, p. 228. — Demolombe, III, 377. — Aubry et Rau, V, 460. — Bordeaux, 18 mai 1852, D., 53, 2, 228.

(2) Duranton, II, 373. — Toullier, I, 665. — Vazeille, I, 285. — Périgueux, 11 juillet 1851, S., 52, 2, 609. — V. le même, un arrêt très curieux cité par Charondas, *Traité des peines de secondes noces*; Genisat, V° *Bonne foi des contractants.*

rent, à tort, à notre avis : car l'annulation, comme le divorce, rendant les époux étrangers l'un à l'autre, l'article 767 ne peut plus être invoqué, à partir du jour où le mariage est annulé, pas plus qu'il n'est applicable entre époux divorcés.

Ceci dit, les différents conjoints, ayant les mêmes titres et les mêmes droits, viendront à la succession du bigame, comme des enfants de ce dernier (1). C'est ainsi que lorsqu'ils ne sont en présence d'aucun parent, successible du défunt, ils se partageront l'hérédité par portions égales : s'ils sont deux, chacun aura la moitié en propriété (art. 767, 1er al.) ; de même ils auront chacun un quart en usufruit, lorsqu'ils se trouveront en face de successibles autres que des enfants ; car, dans ce cas, l'unique conjoint a la moitié en usufruit (5e al.).

Mais que décider lorsque les deux conjoints du bigame se trouvent en présence d'enfants, soit du premier, soit du second lit, soit des deux mariages ?

1° *Il existe des enfants du premier lit seulement, ou des enfants des deux mariages.* — Le premier conjoint, l'époux légitime, a droit, d'après l'art. 767, 3e alinéa, à un quart en usufruit ; le second conjoint, d'après le 4e alinéa, ne peut prétendre qu'à une part d'enfant le moins prenant, sans que cette part puisse excéder le quart. Les deux conjoints se partageront le quart en usufruit (qui est le maximum de la part

(1) Demolombe, III, 370 et 378. — Baudry-Lacantinerie, I, no 552 bis. — Bouvier Bouguillon, *Revue générale du Droit*, XV, p. 547. — Baudry-Lacantinerie et Wahl, I, no 805, p. 412.

héréditaire du conjoint, en présence d'enfants), proportionnellement à leurs droits respectifs (arg. art.
926 et 2093) : dans le cas où le second époux aurait
une part d'enfant exactement égale au quart, chacun
des deux prendrait alors un huitième.

2° *Il n'existe que des enfants du second lit.* — En
principe, la part en usufruit du premier conjoint
devrait être de moitié, d'après le 5e alinéa de l'article 767, puisque ce conjoint ne se trouve en présence ni d'enfants communs, ni d'enfants d'un précédent mariage ; l'hypothèse d'enfants nés d'un *subséquent* mariage n'étant visée ni par l'alinéa 3, ni
par l'alinéa 4, il faudra alors la ranger parmi « tous
les autres cas » prévus par l'alinéa 5.

La part en usufruit du second conjoint, conjoint
putatif, serait d'un quart (3° al.), puisqu'il se trouve
en présence d'enfants communs. Mais ce quart ne
peut se cumuler avec la moitié dévolue au premier
conjoint, conjoint légitime, ce qui aurait pour résultat
d'entamer la réserve des enfants qui est au minimum
de moitié en pleine propriété. Ne pourrait-on imputer
ce quart sur la part héréditaire du premier conjoint,
de sorte que chacun des époux eût, en définitive, un
quart en usufruit ?

Nous ne le croyons pas ; et d'abord, ce serait
contraire à l'article 767 lui-même qui, en cas d'existence d'enfants « issus du mariage », que ce mariage
soit légitime ou putatif, n'accorde qu'un quart en
usufruit au maximum, au conjoint survivant ; de
plus, les principes généraux du droit condamnent
l'imputation proposée, et c'est ainsi que, d'après les

articles 2093 et 926, les créanciers et héritiers qui ne justifient entre eux d'aucune cause de préférence, doivent venir en concours et au marc le franc sur les biens de leur débiteur ou de la part disponible de l'hérédité.

Par conséquent, le quart en l'usufruit attribué au conjoint survivant devrait, ici comme précédemment, se partager proportionnellement entre le conjoint légitime et le conjoint putatif, ce qui donnerait deux douzièmes au premier et un douzième au second.

III. — Quel est le *disponible maximum* pour celui qui, marié deux fois, et laissant au moins un enfant du premier lit, a disposé successivement au profit de ses deux conjoints? Dans un premier système on a soutenu que le disponible de droit commun, celui de l'article 913, devait être le maximum des libéralités faites aux deux époux qui ne pourraient néanmoins recevoir chacun, que le disponible qui lui est propre ; l'article 913, — qui concerne pourtant les libéralités faites à des étrangers, devra être invoqué ici, parce que les conjoints gratifiés doivent être considérés comme des étrangers l'un pour l'autre. — Il y a là une erreur : ce n'est pas dans leurs rapports entre eux qu'il faut considérer les conjoints, mais bien à l'égard du *de cujus* (*successione agitur*). L'article 913 qui ne peut être invoqué, ni par le premier, ni par le second conjoint, quand ils sont seuls, ne pourra pas davantage les régir tous les deux, car ils sont *conjoints survivants* en faveur desquels le droit commun est inapplicable. D'ailleurs, si l'on adoptait le premier système, il faudrait, dit M. Demolombe

(XXIII, 537 *bis*) opter entre deux conclusions contradictoires. Le deuxième époux donataire ne peut pas
à la fois — conserver au premier sa qualité d'*époux*
pour dire qu'il n'a pu recevoir au delà de ce que
permet l'article 1094 (il y avait un enfant du premier
lit), — et la lui dénier pour réclamer dans leurs
rapports réciproques l'application de l'article 913. Si
le premier conjoint n'est qu'un étranger aux yeux du
second, c'est l'article 913 qui va être en cause complètement; le résultat, c'est que la première donation aura peut-être épuisé toute la quotité disponible
ordinaire, en sorte que la seconde tombera complètement.

Comment allons-nous combiner alors, — en dehors
de l'article 913, — les articles 1094 et 1098 qui se
trouvent en présence? Le cumul des deux disponibles établis par ces articles n'est certainement pas
possible; la réserve serait attaquée et même peut-
être supprimée. — Ce ne sera pas d'autre part l'article 1098 qui devra être choisi comme maximum des
quotités disponibles réunies; car la règle de la quotité disponible entre époux, dérogatoire au droit
commun, se trouve dans l'article 1094, tandis que
l'article 1098 n'est que l'exception, la dérogation à la
règle. Le donateur bigame pourra disposer, par conséquent, dans les limites de l'article 1094, au profit
de ses deux conjoints réunis; mais le second époux
ne pourra recevoir, en présence d'enfants du premier, que le disponible de l'article 1098 au maximum.
Tel est le système qui nous a paru le plus conforme
à la loi et à son esprit.

IV.— Les nouveaux conjoints auxquel son reproche l'existence d'un premier mariage, peuvent opposer *deux fins de non recevoir* à l'action en nullité : l'une fondée sur l'absence du premier conjoint à l'examen de laquelle nous consacrerons la fin de ce premier chapitre ; l'autre fondée sur la nullité de l'union précédente. L'article 189 s'occupe de cette question préjudicielle : « Si les nouveaux époux opposent la nul- « lité du premier mariage, la validité ou la nullité de « ce mariage doit être jugée préalablement, » et cela, malgré que l'empêchement au second mariage motivé par un première union non dissoute ait été violé. Les enfants issus de la première union annulée seront, sans contredit, considérés comme des enfants du premier lit, pourvu qu'ils puissent invoquer la bonne foi de l'un des parents. Il est inutile d'insister sur ce point ; la constatation de la nullité par les tribunaux entraîne la constatation de leur qualité d'enfants légitimes et d'enfants du premier lit.

§ 2. — ABSENCE.

L'absent qu'il ne faut pas confondre avec le non présent, est l'individu qui a disparu de son domicile ou de sa résidence habituelle, et dont l'existence est devenue incertaine par suite du défaut de nouvelles. *L'absent n'est réputé ni mort ni vivant* (Cass. 7 mai 1889, S. 92, 1, 396, D. 90, 1, 119) au point de vue légal : tel est le principe qui gouverne cette matière. On n'a pas plus, en effet, la preuve du décès que celle de l'existence de l'absent : la gestion de ses intérêts

qui restent en suspens a fait l'objet des dispositions
du titre IV, du livre 1er du Code civil.

A côté de l'absence, il faut distinguer la *disparition*
avec laquelle elle est souvent confondue en pratique :
cependant la disparition prend naissance dans la
certitude d'un grave danger qui a été le point de
départ, *l'initium* du manque de nouvelles de l'absent.
La quasi-certitude de décès qui en est la conséquence
devrait permettre de suppléer à l'impossibilité de
faire dresser un acte régulier de l'état civil pour
constater la mort de l'individu disparu, dont on n'a
pu retrouver ou reconnaître le cadavre. C'est ainsi
que lorsqu'un individu a disparu à la suite d'un
incendie, d'un naufrage, d'une inondation, la preuve
de son décès devrait pouvoir être fournie par tous
les moyens, dont les juges seraient chargés d'apprécier la valeur, sans pouvoir les rejeter *de plano*, pour
la seule raison que l'article 46 (1) dont nous voudrions
étendre les dispositions à ces diverses hypothèses, ne
les a pas comprises dans son énumération restrictive.
Les tribunaux qui ont admis la preuve des décès, ont
déclaré qu'ils se croyaient obligés de combler une
lacune de la loi : c'est pourquoi, nous demandons
l'extension de l'article 46, qui fera cesser l'incertitude de la doctrine et de la jurisprudence. Quelques
dispositions législatives ont répondu à ce vœu, que
Cambacérès avait émis déjà, quand il proposa la
constatation du décès par un procès-verbal de dispa-

---

(1) V. 1re Part. Ch. II, sect. 1re — Les articles 112, 113 et 114 Code
civ. autrich. permettent les jugements déclaratifs de décès de l'absent et autorisent ainsi le second mariage du conjoint présent.

rition, suivi d'une enquête sur la mort certaine de l'individu disparu (1). C'est ainsi qu'un décret du 3 janvier 1813, sur l'exploitation des mines (art. 18 et 19) exige qu'un procès-verbal relatant les circonstances de l'accident qui a provoqué la mort des ouvriers dont on ne peut retrouver les corps, soit annexé au registre des décès ; de même, pour constater le décès de militaires disparus, citons l'ordonnance du 3 juillet 1816, la loi du 13 janvier 1817 et celle du 9 août 1871, toutes spéciales à un événement particulier ; enfin une loi du 9 juin 1893 permet d'arriver à la constatation du décès des marins disparus. « *Les jugements déclaratifs de décès*, dit cette dernière loi, tiendront lieu d'actes de l'état civil et seront opposables aux tiers. » *La veuve pourra donc alors se remarier.*

I. En dehors des hypothèses prévues par ces lois diverses, qui permettent le second mariage du conjoint de l'individu disparu, quels sont les effets de la déclaration d'absence, sur le mariage du conjoint de l'absent ? *L'époux présent pourra-t-il, au bout d'un certain temps, contracter un second mariage ?* L'absence ne peut dissoudre, ni directement ni indirectement, le mariage (art. 227).

a) La déclaration d'absence elle-même n'entraîne pas comme conséquence une déclaration judiciaire de décès, puisque l'absence n'est pas une présomption légale de mort ; quelque prolongée qu'elle soit, se

(1) Fenet, VIII, 42.

fût-il écoulé cent ans depuis la naissance de l'absent,
elle ne pourra jamais être assimilée au décès prouvé,
contrairement (1) à ce que soutenait Pothier (*Contrat
de mariage*, 106), au moins au point de vue de la
possibilité pour le conjoint de convoler en secondes
noces. Beaucoup de législations étrangères (Suède,
Pays-Bas, Russie, Louisiane) ont cependant admis
la dissolution du mariage de l'absent, au bout d'un
certain délai qui est, en général, de dix ans.

*b) L'absence ne pourra pas davantage être à elle
seule une cause de divorce*, comme dans certains pays;
cela résulte des travaux préparatoires du Code de
1804 — comme de ceux de la loi de 1884 dans lesquels
nous trouvons une proposition, émise en ce sens par
M. Naquet et la Commission du Sénat (2) et repoussé,
grâce aux efforts de M. Batbie. Cependant le divorce

(1) L'article 27, dans les travaux préparatoires (Fenet, II. p. 454)
permettait le mariage de l'absent : 1° quand il s'était écoulé cent ans
depuis sa naissance; 2° ou cinq ans à partir de sa disparition, sans
nouvelles depuis, à la suite d'un accident. — Le nouvel article 61
du Code civil de Californie admet le second mariage, lorsque l'un
des conjoints du premier mariage est absent, sans nouvelles, depuis
cinq ans, ou généralement considéré, ou cru (par l'autre conjoint)
décédé au moment du second mariage.

(2) « L'absence déclarée sera pour l'autre époux une cause
de divorce. » — Justinien décidait que la femme dont le mari est
captif ne peut se remarier ; mais si l'incertitude sur l'existence du
captif vient se joindre au fait de la captivité, la femme pourra se
remarier cinq ans après avoir envoyé le *libellum repudii*, qui est
un divorce *bona gratia* (Nov XXII, c. VII). Ces dispositions furent
abrogées par les Novelles CXVII et XXXIII et le mariage ne fut
plus permis qu'après avoir fourni la preuve du décès.

pourra être prononcé si l'absence revêt un caractère injurieux pour l'époux présent, si de mauvais traitements l'ont précédée par exemple, et le second mariage sera alors possible, cela va de soi.

La déclaration d'absence, qui ne peut être demandée que quatre ans après les dernières nouvelles de la personne qui a disparu, et qui ne peut être prononcée qu'un an après le jugement qui a ordonné l'enquête (art. 115 à 119, C. civ.), n'a par conséquent d'effet que pour le règlement des intérêts pécuniaires de l'absent dont les biens sont partagés, provisoirement au moins, et distribués à ses héritiers au jour de sa disparition ou de ses dernières nouvelles, suivant ses volontés exprimées ou présumées (art. 123). Ces héritiers deviennent dépositaires (art. 125 et 128) ou même propriétaires (art. 129), selon qu'ils ont été envoyés en possession provisoirement ou définitivement, à la condition toutefois de restituer les biens qu'ils détiennent à l'absent de retour (art. 127, 131, 132) ou à ses héritiers du jour de son décès prouvé (art. 130). Le conjoint de l'absent pourra, de son côté, demander le règlement de ses droits, ou exiger, à son choix, la continuation de la communauté, ce qui aura alors pour conséquence d'empêcher l'envoi en possession provisoire (art. 124, 126). On ne peut donc comparer l'absence au décès qu'au point de vue du règlement des droits pécuniaires, et encore ! On comprend fort bien que le second mariage n'ait pu être permis *provisoirement*, à la suite d'une dissolution provisoire du premier, sur la simple présomption de décès, résultant de l'absence la plus longue ou de l'âge le plus avancé ; la révocation possible, par suite du retour de l'absent, n'est pas compatible avec l'honneur et la dignité du mariage (1).

L'époux présent est donc condamné à un veuvage perpétuel. Mais il pourra arriver qu'*en fait*, ne pouvant se résoudre à demeurer plus longtemps dans un état qui n'est ni le mariage, ni le veuvage, il se décide à convoler en secondes noces, en usurpant le titre de veuf ou de célibataire. *Cette seconde union, qui semble bien entachée de bigamie, pourra-t-elle être annulée,* en vertu de l'article 184? « L'incertitude « de la mort de l'un des époux ne doit jamais suffire « pour contracter un mariage nouveau, mais il ne « doit jamais suffire pour troubler un mariage con- « tracté. » Ce principe, qui avait été posé par l'avocat général Gilbert Desvoisins dans notre ancienne jurisprudence, a été consacré par le Code civil. C'est en effet l'article 139 qui doit seul être invoqué en matière d'absence, parce que les rédacteurs du Code, en s'occupant de proscrire la bigamie au titre du mariage, n'ont pas fait la moindre allusion au mariage du conjoint de l'absent, quoique le titre de l'absence fût en discussion en même temps; ils ont donc voulu donner, à ce dernier titre, la réponse spéciale à la question qui nous intéresse. « L'époux absent, dit cet article 139,

____

(1) Cf. le Code suédois (XIII, al. 6) qui considère, au contraire, le mariage comme un contrat ordinaire, révocable par conséquent, quand le premier conjoint absent reparait. — L'article 1494 du Code civil de l'empire d'Allemagne part du même principe que nous, c'est-à-dire l'irrévocabilité du mariage, mais aboutit à une solution opposée : le second mariage est maintenu, même lorsque l'absent reparait, pourvu qu'il ait été précédé d'une déclaration de décès de l'absent.

« dont le conjoint a contracté une nouvelle union
« *sera seul recevable* à attaquer ce mariage par lui-
« même ou par un fondé de pouvoirs, muni de la
« preuve de son existence. »

L'empêchement au mariage produit par l'absence
de l'un des conjoints n'est donc qu'un empêchement
prohibitif; tant que l'absence dure, tant qu'on ne
pourra pas prouver que le premier mariage existe,
qu'il y a bigamie prouvée, par conséquent, le second
mariage ne pourra être attaqué. L'article 139 a dé-
rogé au droit commun, parce que l'absent n'est présumé légalement ni mort, ni vivant. Pourquoi alors
jeter le déshonneur dans une famille en permettant à
tout intéressé d'intenter l'action en nullité ? Il ne peut
être question ici d'un scandale à faire cesser. C'est ce
qu'avait compris Leroy qui disait, au Tribunat, à
propos de l'action en nullité accordée par l'article 187 aux collatéraux et aux enfants du premier
lit (1) : « Leur donnera-t-on le droit comme dans l'an-
« cienne jurisprudence, d'interjeter appel comme
« d'abus de ce second mariage et d'en demander la
« nullité, et surtout de demander à prouver que le
« premier époux absent n'est décédé que postérieure-
« ment au second mariage, c'est-à-dire d'attaquer un
« mariage que le décès postérieur a en quelque sorte
« validé? Et parce que cette nullité pourrait conve-
« nir à l'intérêt des collatéraux, autorisera-t-on les
« demandes qui porteraient un trouble aussi profond
« dans les familles? Le projet de loi refuse ce droit

____

(1) Cass., 21 juin 1831, 18 avril 1838; D. 31, 1, 302 et 38,
1, 266.

« aux collatéraux et, en cela, il est conforme à la
« dernière jurisprudence établie par des arrêts solen-
« nels. Ce droit ne doit appartenir qu'à l'époux qui
« justifie de son existence. » Ainsi l'absence d'un individu sera une fin de non recevoir que son conjoint
opposera à quiconque voudrait faire déclarer la bigamie dont est entachée la nouvelle union qu'il a
contractée.

Mais, du jour où le doute n'est plus possible sur
l'existence de l'absent, parce qu'il reparait, la nullité
du mariage pourra être demandée, parce que la bigamie est patente. Qui pourra intenter l'action ?
L'article 139 nous répond que c'est l'absent seul
quand il est de retour, ou son fondé de procuration
spéciale. En voici la raison : l'absent doit être seul
juge de la question de savoir s'il y a lieu ou non de
faire annuler le second mariage, que l'officier de
l'état civil n'a consenti probablement à célébrer que
parce qu'il avait la conviction que l'absent était mort,
ce que sa disparition prolongée, peut-être même injurieuse ou coupable, a rendu possible. — On ne peut,
cependant, laisser subsister, si l'absent garde le silence, la situation scandaleuse d'une femme qui a officiellement deux maris, d'un mari qui a deux femmes ! — Le scandale qu'on invoque n'existe pas, à notre
avis, puisque l'absent garde le silence et ne se
fait pas connaître, pour ne troubler en aucune façon
la paix qui règne dans la famille de son conjoint qui
pourra n'être souvent qu'un imprudent de bonne foi,
ou auquel il aura, peut-être, à demander son pardon
pour l'abandon dans lequel il l'a laissé sans motifs.

Les enfants du premier lit, de même que toutes les

autres personnes désignées par la loi comme ayant
le droit de demander la nullité du mariage du bigame, ne pourront jamais, par conséquent, exercer
cette action en nullité, puisque l'article 139, comme
nous l'avons posé en principe, est la loi unique qui
régit tout ce qui concerne l'absence. Ces enfants
n'ont qu'à se conformer aux désirs manifestés par
leur père absent, dont ils sont les continuateurs. Celui-ci a sacrifié ses droits en tant que mari et aussi
en tant que père : il n'a pas voulu porter un désordre
inutile dans sa famille, sans profit pour les siens.
Il a préféré conserver l'union, et, en même temps, le
respect dont son conjoint est entouré. « Il y a sou-
« vent, disait Portalis, plus de scandale dans les pour-
« suites indiscrètes d'un délit ancien ou ignoré, que
« dans le délit même. » Et, Duvergier, parlant dans le
même sens au Corps Législatif, nous fournit aussi
des motifs que nous adaptons à notre système : « L'in-
« térêt de la société est, sans contredit, que les cri-
« mes soient réprimés et que les preuves qui condui-
« sent à leur répression ne dépérissent point. Mais
« un plus grand intérêt commande que le repos de
« la Société ne soit pas troublé sous prétexte de l'af-
« fermir. »

Nous n'avons donc plus ici les mêmes raisons, ni
même le droit d'appliquer l'article 187. Les travaux
préparatoires, d'après lesquels on a soutenu que le
droit commun devait reprendre son empire, (1) dès que
l'existence de l'absent est certaine, nous serviront à

____

(1) Merlin, *Rép.*, vᵒ *Absence*. — Vazeille, I, 225. — Toullier, I,
485 et suiv. — Laurent, II, 250. — Huc, I, 456.

prouver, au contraire, le bien fondé de notre système qui est pourtant le moins favorable aux enfants du premier lit. Il y avait dans la rédaction primitive du projet, deux articles distincts, l'art. 26 et l'art. 27, ainsi conçus : « L'absence de l'un des époux, quelque « longue qu'elle soit, ne suffira pas pour autoriser « l'autre à contracter un nouveau mariage ; il ne « pourra y être admis que sur la preuve positive du « décès de l'autre époux. — Si, néanmoins, il arrivait « qu'il eût été contracté un nouveau mariage, il ne « pourra être dissous sous le seul prétexte de l'incer- « titude de la vie ou de la mort de l'absent et tant « que l'époux ne se présentera pas ou ne réclamera « point par un fondé de procuration spéciale, muni « de la preuve de l'existence de cet époux. » Camba- cérès proposa de faire un seul article de ces deux précités, en ajoutant à l'art. 27, pour éviter toute contradiction possible, ces mots : « Néanmoins, si « l'époux absent se représente, le mariage sera dé- « claré nul. » Le Conseil d'Etat adopta cette propo- sition, et Thibaudeau, rapporteur de la section de Législation, chargé de la rédaction définitive de l'ar- ticle, déclara qu'il la ferait dans le sens indiqué : ce qui n'est autre chose que la consécration du droit exclusif de l'absent d'exercer l'action en nullité, quoi qu'on en dise dans le système contraire, qui confond l'absence avec la non présence (1). Si nous admet-

(1) Delvincourt, I, p. 52. — Duranton, I, 527, II, 323. — Valette sur Proudhon, I, p. 302. — Marcadé, art. 139. — Zacchariæ, Massé et Vergé, I, p. 61. — Plasmann, *Code des Absents*, I, p. 319. — De Moly, *Absence*, 513, 518. — Demolombe, II, 264. — Aubry et Rau,

tions cette opinion, plus généralement adoptée cependant, nous aboutirions à la conséquence suivante : quand l'absent aura les moyens d'exercer l'action, c'est-à-dire à son retour, il ne sera plus seul à l'exercer ; l'art. 139 ne serait qu'une répétition inutile de l'art. 188, et n'aurait plus aucune raison d'être. Ce serait une erreur que la lecture de l'Exposé des Motifs du titre de l'absence suffira à dissiper : « On a « voulu dans la loi proposée » dit, en effet, Bigot-Préameneu, « que le mariage contracté pendant « l'absence ne pût être attaqué *que par l'époux,* « *même à son retour*, ou par celui qui serait chargé « de sa procuration. » Les Rédacteurs du Code civil qui n'avaient pas voulu faire de l'absence une cause de divorce, comme cela était admis par la loi du 20 septembre 1792, n'ont pas voulu, d'autre part, laisser l'action en nullité contre le second mariage du conjoint de l'absent sous l'empire du droit commun, et ils ont ainsi adopté la solution la plus équitable.

II. Quelle est l'influence du second·mariage de la femme d'un absent sur la légitimité de l'enfant qu'elle met au monde *plus de trois cents jours* (1) après la date des dernières nouvelles certaines de l'absent ? A quel mari ou à *quel lit appartiendra l'enfant?*

I, 159. — Demante et Colmet de Santerre, I, 177 *bis*. — Baudry-Lacantinerie et Houques-Fourcade, *Des Pers.*, I, 1279 et s.

(1) V. 1re partie, *in fine*, Délai de viduité : A quel mari appartient l'enfant né *moins de trois cents jours* depuis la disparition de l'absent et plus de cent quatre-vingt jours depuis la célébration du second mariage.

1° La femme pourra-t-elle, impunément, introduire *dans la famille légitime de son premier mari* le fruit de son inconduite? Non, si l'absent est de retour, car l'article 316 qui a prévu spécialement le cas, permet alors seulement au mari ou à ses héritiers d'exercer l'action en désaveu. Mais que décider si le mari ne reparait pas? L'action en contestation de légitimité accordée par l'article 315, le seul qui soit applicable ici, ne pourra jamais être exercée puisque le mariage n'est plus dissous et l'enfant adultérin ne pourra pas être exclu de la famille faute de pouvoir fournir la preuve du décès de l'absent. C'est là une erreur, à notre avis. L'article 315 ne doit pas plus être invoqué en matière d'absence que l'article 316; ces textes, relatifs au titre de la paternité et de la filiation, doivent faire place ici à la règle suivante qui peut seule s'appliquer en matière d'absence : « Celui « qui invoque un droit subordonné à l'existence de « l'absent doit prouver le fait de l'existence de ce « dernier (1). » L'imposteur sera donc obligé de prouver que, à l'époque de la conception, l'absent était encore vivant; l'impossibilité dans laquelle il se trouvera de faire cette preuve ne lui permettra pas d'invoquer une légitimité qui n'est pas la sienne; il ne sera jamais considéré, par conséquent, comme un enfant de l'absent, c'est-à-dire comme un enfant du premier lit (2).

(1) Aubry et Rau, I, p. 636 ; VI, p. 54.

(2) La Cour de Cassation avait imaginé une théorie subtile et ayant des conséquences contradictoires pour arriver à peu près à écarter l'enfant de la succession de l'absent quand ce dernier n'é-

2° L'enfant pourra-t-il au moins être considéré comme *un enfant légitime du second lit?* Puisque le second mariage contracté par la femme de l'absent est valable, les enfants qui en naîtront seront légitimes. Le second mari doit être considéré comme le père de l'enfant, puisqu'il est certain qu'il l'est réellement; par conséquent, la règle de l'article 312 doit recevoir son application; l'enfant né d'une femme mariée a pour père le mari de cette dernière, il est né pendant le second mariage, il aura pour père le second mari. Si l'absent de retour garde le silence et que des relations se rétablissent entre lui et sa femme, les enfants qui en naîtront continueront à être considérés comme des enfants légitimes du second mari, — alors qu'on pourrait les considérer pourtant comme adultérins, ce qui n'arrivera jamais ; car l'absent n'aura qu'à exciper de la nullité du second mariage, et le tribunal correctionnel devra surseoir à statuer sur la question d'adultère, jusqu'à ce que la juridiction civile ait tranché la question préjudicielle de nullité (1).

tait pas son père. Les seuls héritiers présomptifs au moment de la disparition de l'absent ou de ses dernières nouvelles sont envoyés en possession de biens (art. 120). Or, l'enfant n'est pas héritier présomptif puisqu'il n'était pas conçu à cette époque (article 125). Mais il ne pourra, d'autre part, être exclu de la succession de sa mère, à l'égard de laquelle il conserve sa légitimité, jusqu'au jour où les autres héritiers auront fait la preuve du décès de l'absent avant sa conception.

(1) *Contra*, Dal., *Rep.* V° Adultère, n. 16 et 17 : le premier mari absent de retour devrait respecter le second mariage dont l'existence suspend, jusqu'à ce qu'il ait été régulièrement dissous, tous les effets du premier.

La légitimation par le second mariage de l'enfant qui est né de la femme de l'absent, permet-elle aussi de faire de cet enfant un *enfant légitime du second lit?* L'enfant issu de relations antérieures ne peut être légitimé, d'après un premier système, malgré la bonne foi des parents : que ces derniers ignorent ou n'ignorent pas le vice d'adultérinité de leurs relations, le retour possible du premier mari prouve qu'en fait, les relations ont été adultérines et s'oppose donc à la légitimation (1). Nous pensons, au contraire, que l'enfant peut être légitimé par mariage subséquent, tant qu'on ne rapporte pas la preuve de l'existence du mari absent, lors de la conception. Ce défaut de preuve doit permettre à l'enfant de profiter du doute qui existe en sa faveur. Comment réparerait-on le tort qui lui est causé, si, plus tard on acquérait la certitude que le mari absent est mort avant sa conception ? En voulant punir la mère, dont la conduite ne sera pas pourtant toujours blâmable, on commettrait, en adoptant le premier système, une véritable injustice envers l'enfant puisqu'on lui ferait supporter, sur la foi d'une présomption créée, en dehors de la loi, un irréparable préjudice (2). Il est donc plus équitable d'accorder à l'enfant légitimé par le second mariage, comme à l'enfant né pendant ce second mariage de la

____

(1) Merlin, *Rép.* V° Légitim. II, § 2, n. 11. — Bedel, *De l'adultère*, p. 68 — Toullier, I, p. 545. — Aubry et Rau, V, p. 51, texte et note 13.

(2) V. *la Rev. crit. de lég. et de Jur.*, année 1888, p. 97 : *De la condition de l'enfant conçu après la disparition du mari de la mère*, par Léopold Thézard.

femme de l'absent, les avantages de la légitimité et d'en faire ainsi un enfant du second lit.

III. Quant aux enfants nés du premier mariage, c'est-à-dire ceux de l'absent (1), il est inutile de dire qu'ils jouiront de la *protection spéciale accordée aux enfants du premier lit*, tant à l'égard de leur mère remariée, qu'à l'égard de son nouveau conjoint. — L'article 141 qui confère à la mère les droits de son mari absent sur ses enfants mineurs, cessera, sans aucun doute, de recevoir son application dès que la mère aura convolé en secondes noces. D'ailleurs ces mesures de protection provisoires des enfants de l'absent n'ont probablement jamais été appliquées en fait, parce que la mère aura cru ou aura fait croire qu'elle était veuve et qu'elle pouvait se remarier; elle aura dû, en conséquence, être traitée comme une veuve remariée (2).

(1) L'art. 143 s'est occupé spécialement des enfants que l'absent aurait eus d'un précédent mariage.

(2) L'art. 1098 sera donc la loi, suivant le système que nous avons émis plus haut, à propos de l'enfant du bigame.

CHAPITRE II

Assimilation des enfants adoptifs et naturels de l'un des conjoints à des enfants d'un autre lit.

La protection dont la loi entoure les enfants d'un autre lit devrait être étendue, semble-t-il, à deux hypothèses où il n'y a pas, il est vrai, dissolution d'un premier mariage, — puisqu'il n'y a même pas eu mariage, — mais où existe cependant, à n'en pas douter, l'antagonisme entre le conjoint d'un individu et les enfants adoptifs ou naturels que ce dernier a eus avant son mariage. La situation de ces enfants ne peut qu'arrêter notre attention : la double protection des enfants adoptifs ou naturels, d'une part, — et du conjoint et de la famille en général, d'autre part, — a sa place toute marquée à la fin de cette étude.

La légitimité, conséquence du mariage, assure au conjoint et à ses enfants, une situation que la loi leur a suffisamment et équitablement réservée, en empêchant l'introduction de nouveaux enfants (étrangers à ce conjoint) dans la famille, à partir de ce mariage, — en premier lieu, par l'interdiction de l'adoption, — ensuite par la limitation des effets de la reconnaissance pendant le mariage.

Mais il semble tout aussi équitable, de consacrer réciproquement, par des mesures spéciales destinées à parer aux dangers des mariages *subséquents* à l'adoption et à la reconnaissance, la protection légale due, à notre avis, non pas exclusivement à la qualité d'enfant issu d'un mariage, *d'enfant légitime*, mais plus généralement à celle *d'enfant*, qui est pour l'individu un *droit acquis*, du jour où la loi lui a donné une filiation par l'adoption ou la reconnaissance, et qu'elle doit lui conserver lorsque survient pour lui un danger nouveau : l'influence d'un parâtre ou d'une marâtre !

Nous avons cru accomplir un devoir, en cherchant à faire protéger tout particulièrement l'enfant naturel, que l'on ne pourra plus accuser, après nos explications, d'être déplacé dans ce sujet spécial, en apparence, à l'enfant légitime : nous demandons pour lui, conformément à la Justice et à la Bonté (*ex æquo et bono*), une loi impartiale, telle que l'exige, d'ailleurs, notre civilisation, qui assurera le respect de ses droits d'enfant naturel, par des garanties au moins égales à celles qui sont accordées à l'enfant légitime, pour des hypothèses où ce dernier est pourtant moins exposé, peut-être, à des abus.

SECTION PREMIÈRE

L'ENFANT ADOPTIF

L'adoption, contrat solennel reçu par le juge de paix, est un acte de l'état civil, qui, sans faire sortir l'adopté de sa famille naturelle, crée entre lui et l'adoptant des *rapports juridiques, identiques à ceux que peut constituer la naissance en légitime mariage.*

§ 1er. — L'ADOPTÉ, ENFANT D'UN SECOND LIT.

1° *A l'égard des enfants issus du mariage de l'adoptant.* — Cette quasi-paternité n'est permise qu'à ceux qui n'ont *pas d'enfants, ni espoir d'en avoir :* l'adoptant doit être âgé de plus de cinquante ans (1) et n'avoir pas de descendants légitimes (art. 343). L'illusion d'une paternité, une paternité fictive est inutile pour celui qui jouit des douceurs d'une paternité réelle, ou qui peut encore espérer raisonnablement, être père. Il ne faut pas, d'autre part, détourner les citoyens du mariage !

Si la protection des enfants du premier lit a des limites, si elle ne doit pas empêcher les seconds et subséquents mariages des parents veufs ou divorcés et la conséquence naturelle de ces mariages, la création d'une nouvelle famille, — du moins il était du devoir du législateur de prendre toutes les mesures possibles pour interdire la création d'une famille adoptive à côté de la famille légitime, ayant *autant de droits* l'une que l'autre (2). Le préjudice moral et pécuniaire que subiraient les enfants légitimes par suite de l'introduction, dans la famille, d'un étranger ayant la même situation juridique qu'eux, suffirait seul à justifier grandement l'article 343. L'adop-

____

(1) Les Codes prussien et autrichien accordent cependant des dispenses, si l'individu âgé de moins de cinquante ans, est présumé ne pouvoir procréer, à cause de sa santé ou d'infirmités.

(2) Le législateur a craint peut-être que le père n'arrivât, par le canal de l'adoption, à l'exhérédation de ses enfants.

tion devrait pourtant être maintenue s'il survenait
à l'adoptant, contrairement aux prévisions de la loi,
un enfant légitime conçu (1) après l'adoption. Le sort
de cet acte ne saurait, en effet, dépendre d'un événement futur et aussi incertain que la naissance d'un
enfant : l'adoption, une fois formée, doit être fixe et
immuable.

2° *A l'égard du conjoint de l'adoptant.* — Il fallait
bien, d'autre part, protéger le conjoint de l'adoptant,
contre les caprices de ce dernier ; c'est ce qu'a fait
l'article 344 qui ne permet l'adoption que *si le conjoint y consent.* C'est bien le moins qu'il soit con-
sulté ; qu'il puisse empêcher en temps utile, qu'un
étranger, je vais même plus loin, qu'un ennemi
vienne prendre une part de l'affection qui lui était
réservée tout entière jusqu'alors et qu'il évite ainsi
la désunion qui peut en être la conséquence. Ces considérations d'ordre moral mises à part, il faut qu'il
puisse défendre ses intérêts pécuniaires lésés par la
présence de l'adopté, *héritier réservataire* de l'adoptant. — « Ce consentement, » dit Berlier dans l'*Exposé des Motifs*, « essentiel en pareil cas, placera
« l'adopté vis-à-vis de l'époux non adoptant, dans
« une situation à peu près semblable à celle où se
« trouve, vis-à-vis d'un beau-père ou d'une belle-
« mère, l'enfant issu d'un autre mariage », mais il

---

(1) La naissance d'un enfant légitime après l'adoption, mais
conçu avant, en entraînerait la nullité en vertu de la règle : *Infans
conceptus pro nato habetur, quoties de commodis ejus agitur.*
C'est l'opinion généralement admise ; elle a été combattue par
Valette sur Proudhon, *Ét. des pers.*, II, p. 192.

ne pourra être considéré que comme un enfant d'un second lit et, par conséquent, il ne pourra invoquer que les mesures de protection des enfants légitimes, en général. C'est ainsi que le conjoint conservera ses droits sur les biens à lui donnés ou légués par l'adoptant qui ne seront pas révoqués de plein droit pour cause de survenance d'enfant (Arg., art. 960) en ce qui concerne les donations et qui ne pourront être révoqués que par une volonté nouvelle du testateur, en ce qui concerne les legs. Ainsi, l'époux non adoptant ne souffrira pas de l'adoption postérieure au mariage. Cependant, il ne pourra pas, en ne donnant son consentement à l'adoption que sous réserve, empêcher plus tard l'adopté d'exercer l'action en réduction qui lui appartient à titre de réservataire ; il y aurait là un pacte sur succession future prohibé par la loi (1).

Il était nécessaire d'édicter ces diverses mesures pour protéger les enfants légitimes et le conjoint, parce que, en fait, la plupart des adoptions ont lieu au profit d'enfants naturels reconnus (2) ou non reconnus ; les enfants adultérins et incestueux, — ceci est pourtant controversé, — pourront, par ce moyen, être lavés de leur honte originelle. Nous sommes d'accord avec le Premier Consul, pour nous féliciter de ce que la tache de l'illégitimité puisse, en un cer-

___

(1) Cf., art. 791, 1430, 1600, C. civ.

(2) Depuis 1846, la Cour de Cassation admet l'adoption des enfants naturels reconnus ; la majorité des auteurs est avec elle ; et, d'ailleurs, aucun texte de loi ne l'interdit. — V. Toulouse, 26 novembre 1867, D. 68,2,82.

tain sens, être effacée par l'adoption, remède cependant moins efficace que la légitimation elle-même, quoiqu'on ait voulu soutenir le contraire. Elle ne fait pas entrer, en effet, l'adopté dans la famille de l'adoptant, elle ne le rattache fictivement qu'à son père adoptif. C'est déjà trop ! Cet enfant dont la loi s'est préoccupée d'une façon toute particulière, — pour le protéger (V. la loi du 25 mars 1896), — mais surtout pour l'empêcher de nuire en aucune façon à la famille légitime (art. 337), ou au moins pour limiter ses droits quand il est reconnu avant le mariage, — cet enfant, dis-je, pourrait *officiellement* venir prendre place à côté du conjoint et des enfants légitimes, il pourrait être *légitime* (1) comme eux ? Non, la loi n'a pas voulu que ce scandale se produisit : l'adoption n'est donc possible que s'il n'y a pas d'enfant légitime et si le conjoint y consent : cette protection était nécessaire et suffisante.

§ 2. — L'ADOPTÉ, ENFANT LÉGITIME.

Peut-on assimiler l'adopté à un enfant né en légitime mariage ? Le rapport de quasi-paternité et de quasi-filiation entre adoptant et adopté ne produit pas toutes les conséquences attachées à la paternité et à la filiation proprement dite. Ce qui frappe, en

---

(1) De ce que nous refusons la *légitimité* à l'enfant naturel, sans le consentement de son parâtre ou de sa marâtre, dans cette hypothèse, il n'en faut pas conclure que la protection spéciale aux enfants d'un premier lit doit être refusée à cet enfant, d'après le vœu que nous exprimerons plus loin.

premier lieu, dans la comparaison que nous allons
faire entre la filiation légitime et la filiation adoptive, c'est l'identité de certains effets juridiques :
ainsi, l'adoption est constatée sur les registres de
l'état civil (art. 359, Code civ.) ; — l'adopté prend le
nom de l'adoptant, qu'il ajoute au sien (art. 347) ; —
il y a empêchement au mariage entre l'adoptant,
l'adopté et certains parents ou alliés de l'un et de
l'autre, empêchement simplement prohibitif (art. 348);
— l'adopté doit honneur et respect à l'adoptant ; —
l'obligation alimentaire réciproque existe entre
adoptant et adopté. (Art. 349.)

Mais c'est *l'article 350* qui est le plus explicite ;
après avoir refusé tout droit successif à l'adopté sur
les biens des parents de l'adoptant, il ajoute : « L'a-
« dopté aura sur la succession de l'adoptant les
« mêmes droits que ceux qu'y aurait *l'enfant né en*
« *mariage*, même lorsqu'il y aurait d'autres enfants
« de cette dernière qualité, nés depuis l'adoption ».
Ce qui veut dire que l'adopté a un droit de réserve
légale qui atteindra toutes les libéralités faites par
l'adoptant, même antérieurement à l'adoption (1),
par exemple les donations par contrat de mariage,
l'institution contractuelle (2). — Delvincourt (I, p. 257
et 258) soutient, au contraire, que l'adopté ne peut
exercer l'action en réduction que sur les biens dont

______

(1) Duranton, III, 349, VIII, 581 ; Demolombe. VI, 158 à 162,
Aubry et Rau, VI, § 560, n° 18 ; — Montpellier, 8 juin 1823, S. 23,
2, 295. — Cass., 29 juin 1825, S. 26, 1, 29. — Nancy, 30 mai 1868,
D. 68, 2, 121, et sur pourvoi, Req. 11 nov. 1869, D. 70, 1, 209.

(2) Paris, 26 mars 1839, S. 39, 2, 200.

l'adoptant a disposé par testament (argument des mots « sur la succession de l'adoptant » de l'article 350), mais non sur les biens qui ont fait l'objet d'une donation. — Dans un troisième système (1), qui confond la réduction et la révocation des donations, on refuse tout effet rétroactif à l'adoption ; c'est à tort que l'on conclut de cette fausse assimilation, que seules les donations postérieures à l'adoption peuvent être réduites.

L'enfant adopté conjointement par les deux époux (art. 344) pourra, comme l'enfant né du mariage, faire réduire à la quotité disponible spéciale de l'article 1094, la part de succession de l'époux survivant.

Telles sont les ressemblances entre l'adoption et la filiation. Mais, comme les rapports entre adoptant et adopté ne sont que l'effet d'une fiction et que la fiction ne peut prévaloir sur la réalité, il s'ensuit que l'adoption ne fait pas sortir l'adopté de sa famille naturelle, à l'égard de laquelle sa situation n'est pas changée ; il est soumis à toutes les obligations et y conserve tous les droits d'enfant légitime, comme s'il n'avait jamais été adopté. (Art. 346, 348, 351). — De même, il n'entre pas davantage dans la famille de l'adoptant, nous le savons déjà ; les parents de l'adoptant et de l'adopté sont des étrangers les uns pour les autres (sauf, en ce qui concerne les empêchements aux mariages, art. 384) (2). — Enfin l'adop-

----

(1) Grenier, *Tr. de l'Adopt.*, n⁰ 40 et 41. — Taulier, I, p. 452 à 454. — Marcadé, art. 350.

(2) L'adoption française n'est donc qu'une *adoptio minus plena*. Au contraire, à Rome, et de nos jours en Prusse, l'adoption est

tant lui-même n'a de la paternité que certains droits
énumérés plus haut ; les autres qui ne sont pas les
moins importants lui font défaut ; ainsi le droit de
consentir au mariage, et surtout le droit de succession sur les biens de son fils adoptif, qui est loin d'être
remplacé par le retour légal (ou conventionnel) qui lui
est octroyé par les articles 351 et 352 — *à lui tout seul*
— pour le dédommager. En revanche, il a toutes les
obligations qui naissent du mariage et de la paternité ;
à ce point de vue, nous dirons en résumé que l'adopté
doit être considéré comme un *enfant né en légitime
mariage*, mais avec cette restriction que sa filiation
ne crée aucun lien de parenté entre lui et la famille
de l'adoptant.

§ 3. — L'ADOPTÉ, ENFANT D'UN PREMIER LIT.

L'adoption peut être suivie du mariage de l'adoptant. Est-il possible, juridiquement, d'assimiler
l'adopté à un enfant du premier lit, par rapport au
conjoint de l'adoptant ? Il est inutile de faire remarquer que l'adopté étant toujours majeur, nous n'au-
rons à discuter que sur l'application des articles 767
(4e al.), 1098, 1496 et 1527.

L'adopté pourra-t-il faire réduire au disponible
spécial, à titre d'enfant du premier lit, les libéralités

une image complète de la paternité (*adoptio plena*). La fiction s'é-
tend plus loin que chez nous ; l'adopté fait partie de la famille de
l'adoptant et les parents adoptifs ont les mêmes droits que les parents légitimes.

faites par l'adoptant à son conjoint ? Je m'empresse
de dire que la question se pose assez rarement, en
pratique : citons cependant un arrêt de la Cour de
Cassation du 26 avril 1808 (1) qui peut être invoqué
depuis la promulgation du Code civil, quoi qu'il ait
été rendu sous l'empire de la loi du 17 nivôse
an II (2).

Malgré cet arrêt qui se prononce pour l'affirmative, la question n'a cessé de diviser les auteurs dont
la majorité soutient la négative (3) en s'appuyant sur
l'esprit et la lettre de la loi. — L'article 1098 a été
édicté en haine des secondes noces, voilà l'esprit de
la loi ; « il serait peu rationnel que l'adoption pût
devenir un obstacle à des noces subséquentes (4). »
— L'adopté ne peut, d'autre part, être assimilé à un
enfant d'un premier lit, parce que les deux conditions qui sont nécessaires pour cela, lui font absolument défaut (1° mariage antérieur ; 2° enfants issus
de ce mariage). On ne peut considérer l'adoption
comme équivalant au mariage, et l'enfant adoptif
quoique légitime, à un enfant issu d'un premier ma-

(1) S. 8, 1, 333. D. *Rép.* V° Adopt., n. 68. Merlin, *Rép.*
V° *Rev. d'Adopt.* XIII.

(2) Cette loi limitait, comme le Code, la quotité disponible entre
époux ; mais elle ne distinguait pas suivant qu'il y avait des enfants
communs ou des enfants du premier lit (art. 13).

(3) Grenier, n. 43. — Troplong, *Don. et Test.*, n. 2701. — Valette, *Expl. som.* du liv. I. C. N., p. 195. — Boutry-Boissonnade,
Don. entre époux, n. 449. — Zachariæ, IV, § 560 (Aubry et Rau).
— Huc, IV, n. 85. — Laurent, XV, n. 386. — Baudry-Lacantinerie
et Colin, n. 4080.

(4) Gap, 22 mars 1876, *Le Droit*, 22 août 1876.

riage. Telle est la lettre de la loi. — On veut bien admettre cependant, dans ce système, que, s'il y avait des enfants nés d'un premier mariage, l'adopté, ayant des droits d'enfant légitime, pourra partager le bénéfice de la réduction de l'article 1098, et qu'il comptera par conséquent pour le calcul de la part d'enfant le moins prenant.

Nous sommes persuadés que l'enfant adoptif doit être assimilé, au contraire, à un enfant d'un premier lit, même quand il est seul en face du nouveau conjoint. — Si l'article 1098 a été édicté uniquement en haine des secondes noces, ce qui est fort douteux (1), il a eu pour but de sauvegarder, avant tout, les droits des enfants légitimes que l'un des époux a, en se mariant, « pour garantir plus fortement leurs « droits héréditaires dans une circonstance où ils « pourraient être plus souvent compromis (2) ».

Des donations considérables seront, d'ordinaire, le prix du mariage contracté par un individu âgé — puisque l'adoptant a plus de cinquante ans — et qui a un enfant adoptif à sa charge ; il semble que l'article 1098 n'a été fait surtout que pour parer à ce danger.

L'article 1098, nous dit-on ensuite, a parlé seulement d'enfants d'un autre lit, et ces expressions ne

(1) L'édit des secondes noces, dit Pothier, n'est fait que pour empêcher la femme qui se remarie, « de donner trop d'atteintes « aux parts que ses enfants de précédents mariages ont droit d'at- « tendre en sa succession. » (Traité des Don. entre vifs, sect. III, art. 852).

(2) Demolombe, VI, n. 163.

peuvent être entendues que dans un sens étroit. Nous ne partageons nullement cette manière de voir. Il est facile de comprendre que l'adoption étant, chez nous, assez rare, elle ne se présente pas toujours à l'esprit du législateur : le mariage est la règle, l'adoption, l'exception ; *lex statuit de eo quod plerumque fit.* — L'article 350, en accordant à l'adopté les droits d'enfant né en légitime mariage, d'enfant du sang, doit avoir pour conséquence naturelle d'étendre l'article 1098, — qui établit pour ce dernier une réserve spéciale à l'adopté (1). Il n'était pas nécessaire de reproduire cette assimilation pour les cas particuliers qui pouvaient se présenter (2).

§ 4. — L'ENFANT DU PREMIER LIT ADOPTÉ PAR LE SECOND CONJOINT DE SON PÈRE OU DE SA MÈRE.

L'enfant adoptif pourra-t-il, de même, invoquer les articles 1098 et autres, contre le nouveau conjoint (de son père ou de sa mère) qui l'a adopté ? Continuera-t-il, en d'autres termes, à être considéré comme un enfant d'un autre lit à l'égard du parâtre ou

---

(1) Delvincourt, I, p. 259. — Taulier, I, p. 454. — Demolombe, VI, n. 463, et XXIII, n. 560. — Sirey, Dalloz, Fuzier-Hermann : *Codes annotés,* art. 350.

La jurisprudence tend aussi, de plus en plus, à ne pas distinguer, en matière de succession, la parenté civile née de l'adoption de la parenté naturelle.

(2) Nous en dirions de même de l'article 767 (4e alinéa) qui parle cependant d'enfants nés d'un précédent mariage, auxquels il faudra assimiler l'enfant adopté.

de la marâtre qui est devenu civilement son père ou sa mère ? Il est certain que l'adoption des enfants du premier lit par le nouveau conjoint est possible, aux mêmes conditions que l'adoption ordinaire. Ils sont, en effet, suffisamment protégés par le Code Civil qui a exigé tout d'abord pendant six années au moins avant l'adoption (art. 345), que l'adoptant futur ait « fourni des secours et donné des *soins non inter-* « *rompus* » à l'enfant, ce qui permettra d'apprécier l'affection et le dévouement dont il est capable ; — le père et la mère de l'enfant du premier lit opposeront, il faut l'espérer, au double titre de parents de cet enfant (art. 346-2°) et de conjoint de l'adoptant (art. 344), leur *veto* à une adoption qui serait contraire à l'intérêt de cet enfant ; — enfin, les tribunaux n'autoriseront l'adoption que si les conditions nécessaires sont remplies et si le parâtre ou la marâtre est digne de devenir le père ou la mère de l'enfant (art. 354 et suiv.).

Les effets de cette adoption seront, d'ailleurs, plutôt avantageux, en général, pour l'enfant du premier lit. Il a le droit d'ajouter un nom au sien, il acquiert surtout un droit de succession d'enfant légitime sur les biens laissés par le second conjoint décédé, et, comme charges, il est astreint à servir à ce dernier, une pension alimentaire, pendant sa vie, en cas de besoin.

D'autre part, « l'adopté restera, » d'après l'article 348, « dans sa famille naturelle et y conservera tous ses droits. » Il pourra, en conséquence, invoquer ici contre son père adoptif, l'article 1098 ; il aura ainsi le meilleur moyen d'éviter les suites fâcheuses que pourraient avoir l'adoption. Pour bien comprendre que l'article 1098 reste en vigueur en l'espèce, sans que le moindre doute puisse s'élever à ce sujet, il n'y a qu'à se demander à quel titre l'adoptant vient à la succession de son conjoint prédécédé, *de cujus successione agitur?* Ce ne peut être évidemment qu'au titre de *nouveau conjoint*, qui sont les termes mêmes employés par l'article 1098; et non comme père d'un enfant qu'il a adopté, mais qui n'en reste pas moins, en fait et en droit, *issu d'un précédent mariage* (Cf. art. 1496 et 1527) (1).

SECTION II

L'ENFANT NATUREL RECONNU

L'enfant naturel est celui qui est né de parents *non mariés*. Nous avons constaté, au début même de cette étude, qu'il ne peut pas être considéré comme un enfant d'un premier lit, quand il se trouve en présence du conjoint de son père ou de sa mère, marié postérieurement à sa reconnaissance. Il faudrait, en

---

(1) En Allemagne, dans certaines contrées rhénanes (Souabe, Franconie) et dans les provinces baltiques, il existe une institution assez analogue à l'adoption, et appelée EINKINDSCHAFT, qui consiste à placer les enfants du premier lit dans un tel rapport de paternité et de filiation avec le nouveau conjoint, qu'ils sont considérés comme *issus* du nouveau mariage; mais l'exagération des effets produits par le contrat nommé *einkindschaft* l'a fait prohiber presque partout. — Lehr, *El. de Dr. Germ.*, n. 227.

effet, pour qu'il pût être légalement enfant d'un premier lit, qu'il eût été l'objet d'une légitimation ou d'une adoption de la part de celui de ses auteurs qui a contracté mariage avec une tierce personne ; et nous avons eu l'occasion de remarquer que l'adoption seule pouvait arriver à donner la légitimité exigée, aux enfants adultérins et incestueux. — Quant à l'enfant naturel non reconnu, il ne peut être assimilé qu'à un étranger : il n'en sera nullement question ici.

La reconnaissance, en donnant un nom et un père ou une mère à l'enfant, a constaté officiellement sa filiation. La loi lui a donc conféré des droits. Ne serait-il pas indispensable qu'elle les lui conserve, — tout en respectant le principe de la liberté et de la légitimité du mariage, — lorsque le père ou la mère, qu'elle connaît, puisqu'il s'est déclaré tel, contracte un mariage subséquent à la constatation de son identité? La protection de l'enfant contre les dangers de ce mariage subséquent devrait être assurée, car son utilité est incontestable.

§ Iᵉʳ. — PROTECTION DE LA FAMILLE LÉGITIME CONTRE LES ENFANTS NATURELS.

La loi s'est préoccupée, d'une façon constante, de protéger la famille légitime contre les enfants naturels :

1° Et d'abord par l'action en désaveu (art. 312, 313, 314), elle permet au mari (ou à ses héritiers, dans le cas de l'article 317), d'*expulser*, de la famille

légitime un enfant de sa femme protégé par la règle
pater is est quem nuptiæ demonstrant : l'enfant sera
déclaré *adultérin* (1).

2° Par l'action en contestation de légitimité (art.
315) elle permet aux enfants comme à tout intéressé,
d'*écarter* de la famille légitime un enfant né plus de
trois cents jours après la dissolution du mariage :
l'enfant sera *naturel simple* (2).

3° La reconnaissance et la légitimation qui l'a
suivie pourront être contestées par l'auteur et ses
héritiers, qui en invoqueront soit l'inex'stence, soit
la nullité, pour les raisons suivantes : reconnaissance par un individu privé de raison, ou entachée
de violence, de dol ou bien encore contraire à la vérité (art. 339), etc. Par ce dernier moyen l'enfant
sera *exclu complètement* de la famille : il sera *étranger* à la famille.

4° « La reconnaissance *faite pendant le mariage*
« par l'un des époux au profit d'un enfant naturel
« qu'il aurait eu avant son mariage, d'un autre que
« de son époux, ne pourra nuire ni à celui-ci, ni aux
« enfants nés de ce mariage. — Néanmoins, elle pro-
« duira son effet après la dissolution de ce mariage,
« s'il n'en reste pas d'enfants. » (Art. 337, C. civ.).
L'époux dont le mariage durait au moment de la reconnaissance, et les enfants issus de ce mariage sont
seuls protégés ; s'il y avait des enfants issus d'une
union précédente, ces derniers ne pourraient se pré-

(1) V. Première partie, chap. III, sect. II.
(2) *Ibid.*

valoir de cet article. Car la reconnaissance qui a lieu
après la dissolution du mariage, produit, au contraire, ses effets à l'égard des enfants légitimes issus
de ce mariage : l'article 337 ne leur est plus applicable (1).

Voici maintenant les conséquences de la reconnaissance entre l'enfant et le père ou la mère qui l'a
reconnu. Il prend d'abord le nom de celui qui l'a reconnu ; s'il est reconnu à la fois par son père et sa
mère, il prend le nom du père. — Les parents naturels ont quelques-uns des droits et la plupart des
obligations qui dérivent de la puissance paternelle
(art. 383) : ils ont le droit d'émanciper leurs enfants,
de consentir à leur mariage ou à leur adoption (articles 158 et 346). Enfin, l'obligation alimentaire réciproque entre parents et enfants naturels est admise
par la doctrine et la jurisprudence ; de même, un
droit de succession réciproque est conférée aux uns
et aux autres, héritiers réservataires.

Mais la reconnaissance laisse l'enfant naturel dans
une situation bien inférieure à celle de l'enfant légitime (V. art. 338). L'égalité parfaite aurait de graves
inconvénients, en particulier « de détourner des
« unions légitimes, encourager le désordre des mœurs
« et provoquer des discordes et des haines, au mi-

(1) Pau, 5 prairial an XIII et sur pourvoi, Cass. civ., 6 avril 1818,
D., V° *Pat. et fil.*, 610 et 570.

« lieu desquelles le lien du sang, sous le prétexte d'être
« plus largement respecté, risquerait de se relâcher
« et de se rompre... Auprès du devoir paternel et de
« la prétendue présomption d'affection égale, il y a
« le devoir social (1) » qui doit faire respecter le
mariage lui-même dont l'existence serait menacée.

C'est pourquoi les droits successoraux de l'enfant
naturel reconnu sont moindres quand il se trouve en
présence d'enfants légitimes (art. 758) ou de certains
parents (art. 75.). Et la loi du 25 mai 1896 (2) n'a pas
voulu déroger à ce principe d'*inégalité* entre les enfants légitimes et naturels : elle a diminué cependant la distance qui les séparait en accordant à ces
derniers le titre d'*héritiers*, naturels il est vrai, en
consacrant leur qualité de réservataires, et en aug-
mentant leurs droits de succession : nous ne saurions
lui reprocher cette bonne action !

Quant aux enfants adultérins et incestueux dont
la filiation a pu être établie, à la suite d'une action
en désaveu, par exemple, ils ne nuiront guère à la
famille légitime : l'art. 762 ne leur accorde que des
aliments, pour tout droit de succession (art. 764 et 908
in fine).

Enfin, l'enfant naturel, de même que l'enfant
adoptif, n'entre pas dans la famille de son père ou

(1) M. Dauphin. Séance du Sénat, du 8 mars 1895 (*Journ. Offic.*
19 mars, Déb. Parl., p. 201.

(2) V. art. 756 à 766, 913, 915, 723 et 724 nouveaux du C. civ.
— V. la savante étude de M. le professeur Louis Campistron sur :
*Les Droits successoraux des enfants naturels reconnus, d'après la
loi du 25 mai 1896.*

de sa mère qui l'a reconnu (art. 756 *in fine*). Cependant il semble que la loi ait admis un lien de parenté entre les enfants naturels issus de la même personne, qu'elle appelle *frères naturels*, et auxquels elle accorde un droit réciproque de succession (art. 766).

§ 3. — L'ENFANT NATUREL, ENFANT D'UN AUTRE LIT.

Lorsque l'enfant naturel se trouve en présence et sous l'autorité de fait d'un parâtre ou d'une marâtre, les dangers qu'il court sont plus redoutables encore que ceux qui menacent l'enfant légitime dont le père ou la mère subit l'influence d'un nouveau conjoint. Il ne devra donc plus être question, ici, d'inégalité entre l'enfant légitime et l'enfant naturel, qui ont tous, en effet, le droit d'être protégés, au nom de la loi et des bonnes mœurs. C'est là vraiment qu'est le devoir social. Il ne faut pas surtout oublier de tenir la balance égale, entre les droits du nouveau conjoint du père ou de la mère et ceux des enfants légalement connus, issus d'un premier lit, au sens large (ou plutôt littéral) de ces mots.

1° INFLUENCE DU MARIAGE DU PÈRE OU DE LA MÈRE NATUREL SUR LA PUISSANCE PATERNELLE. — L'enfant naturel doit honneur et respect à ses père et mère (art. 371), et il est soumis à leur autorité jusqu'à sa majorité ou son émancipation (art. 372); les parents naturels sont tenus, de leur côté, d'élever et d'entretenir leurs enfants, et leur devoir d'éducation comprend comme attributs le droit de garde et le droit de correction.

A qui appartient le droit de garde? A celui qui a reconnu l'enfant. Mais les avis sont partagés, quand l'enfant a été reconnu à la fois par son père et par sa mère : les uns accordent alors ce droit à tous les deux conjointement (1), les autres, au père naturel seul (2). Ces deux systèmes aboutissent au même résultat en pratique : car les tribunaux ont un plein pouvoir d'appréciation, en l'absence de principe absolu en la matière ; ils confieront, à leur gré, suivant le plus grand intérêt de l'enfant, la garde de ce dernier soit au père, soit à la mère, soit même à un tiers (3). La déchéance de la puissance paternelle tout entière pourra être prononcée (4) contre les parents naturels, par application de la loi du 24 juillet 1889 ; la loi du 19 avril 1898 sera d'une certaine utilité contre les parents ou parâtres qui maltraiteraient les enfants naturels confiés à leur garde.

a) Extension des restrictions apportées par les articles 380 et 381 au droit de correction. — L'article 383 s'occupe d'une façon toute particulière du droit de correction accordé aux parents sur leurs enfants naturels. Il accorde à ces père et mère le droit de faire détenir leurs enfants par voie d'autorité ou de réquisition, suivant les cas, tout comme les père et mère légitimes, d'après les articles 376, 377, 378 et

(1) Laurent, IV, n. 348. — Demante, II, 128 bis.
(2) Demolombe, VI, n. 626 à 629. — Aubry et Rau, VI, § 571, n. 8.
(3) Paris, 10 mai 1894, D. 94, 2, 544.
(4) Trib. Vervins, 17 mars 1893. D. 93, 2, 401.

379, auxquels l'article 383 renvoie purement et simplement. Mais il ne renvoie pas aux articles 380, 381 et 382 dont les deux premiers nous intéressent seuls, parce qu'ils suppriment ou restreignent le droit de correction du père et de la mère qui convolent en secondes noces. L'article 383 doit-il être pris au pied de la lettre, son énumération des articles est-elle limitative, — ou doit-on suppléer au contraire à son silence, et réparer un oubli involontaire en faveur de l'enfant naturel ?

Dans le système qui refuse l'extension des articles 380 et 381 aux enfants naturels (1), on dit que ces derniers, n'ayant pas de famille, il convenait de donner plus d'autorité à leurs pères et mères : d'où le silence de l'article 383, auquel il est impossible de suppléer, parce que le texte de la loi ne permet pas l'extension désirée. Du principe de ce système, on tire les conséquences suivantes : 1° la mère naturelle doit être assimilée au père ; elle a le droit d'agir par voie d'autorité dans les mêmes cas que lui ; elle n'a pas besoin du concours des deux plus proches parents paternels pour faire détenir l'enfant ; elle a donc des pouvoirs, plus étendus que la mère légitime ; —2° le mariage du père ou de la mère naturel ne lui enlève nullement l'exercice complet du droit de correction. Cette situation, quoique irrégulière, est donc préférable à celle des parents légitimes.

(1) Durantou, III, n. 360. — Toullier, I, p. 484. — Zacchariæ, IV, p. 83. — Aubry et Rau, VI, § 571. — Laurent, IV, n. 357, p. 465. — Du Caurroy, article 383, qui admet cependant l'application de l'article 382 aux enfants naturels.

Cette dernière conséquence suffirait seule à nous faire rejeter le syetème tout entier. Il n'est pas possible d'admettre que les parents naturels aient plus d'autorité que les parents légitimes. Il y aurait là une contradiction formelle avec les principes de notre législation, favorable surtout au mariage. D'ailleurs, les partisans eux-mêmes du système que nous combattons, refusent l'extension des articles 380 et 381, parce qu'on ne peut faire d'une union naturelle une source de faveurs accordées à un mariage et surtout à un premier mariage. Ne se contredisent-ils pas eux-mêmes en accordant des droits plus étendus aux parents non mariés qu'à ceux qui sont mariés?

On a dit cependant que l'extension que nous réclamons est en quelque sorte une punition contre les parents naturels qui ne sont pas restés dans le célibat; il y aurait donc là une entrave apportée aux unions légitimes. — Nous sommes obligés de reconnaître que les articles 380 et 381, rédigés comme ils le sont, prêtent le flanc à cette critique, ce qui prouve une fois de plus l'utilité de la modification que nous avons proposée et qui ferait des restrictions apportées au droit de correction, des mesures de protection indiscutables en faveur de l'enfant issu d'une précédente union contre l'hostilité du nouveau conjoint; — la mère remariée conservant ses droits, le père remarié, soumis à l'article 381, ainsi modifié, — il n'y aurait plus moyen de parler de parler de punition contre les parents ni d'entraves apportées aux unions légitimes. L'article 381 proposé devrait, sans aucun doute, être appliqué à l'enfant naturel.

L'article 383 n'a d'ailleurs jamais eu pour but de

donner aux enfants naturels une puissance paternelle
plus étendue qu'aux parents légitimes. La preuve en
est dans les travaux préparatoires. Après la discussion qui eut lieu au Conseil d'Etat le 8 vendémiaire
an IX, il fut décidé que la puissance paternelle serait
égale pour tous les parents, légitimes ou naturels;
l'article 383, dont nous considérons l'omission comme
absolument involontaire, en ce qui touche le renvoi
aux articles 380 et 381, avait négligé de même de re-
later les articles 371 et 372 dont l'application aux enfants naturels est pourtant incontestable. Nous déciderons, en conséquence, de suppléer à l'oubli du
Code, parce que rien ne permet de croire que l'article 383 n'ait pas voulu permettre l'extension des articles 380 et 381 (1).

b) Jouissance légale des biens des enfants naturels.
— Le père a seul pendant le mariage l'usufruit légal
des biens de son enfant mineur et non émancipé; cet
attribut de la puissance paternelle passe, à la dissolution du mariage, au survivant des père et mère
(art. 384). La doctrine et la jurisprudence (2) sont à
peu près unanimes pour refuser cette jouissance aux
parents naturels; elles se conforment ainsi à la volonté exprimée par le législateur. L'omission de l'ar-

(1) Demolombe, VI, p. 549.
(2) Delvincourt, I, p. 93, n. 2. — Toullier, II, n. 973 et 1075. —
Proudhon, *De l'usuf.*, I, n. 124. — Duranton, III, n. 360 et 364. —
Marcadé, II, art. 384, n. 4. — Demolombe, VI, p. 525. — Aubry et
Rau, VI, § 57, note 18. — Laurent, IV, n. 360. — Mais l'obligation
alimentaire n'en subsiste pas moins. — Caen, 22 mars 1800., S.
60, 2, 640.

ticle 383, dont nous parlions dans le paragraphe précédent, avait, en effet, en vue la jouissance légale exclusivement. La règle *ubi onus, ibi emolumentum* ne sera donc pas applicable. Nous acceptons avec joie cette solution qui promet aux enfants naturels une protection bien plus efficace et conforme à nos vœux, par conséquent préférable à celle de l'article 386, spéciale au père remarié.

2° INFLUENCE DU MARIAGE DE LA MÈRE NATURELLE SUR LA TUTELLE. — Il est admis — tant en doctrine qu'en jurisprudence — qu'en l'absence d'un texte précis, l'administration légale des biens des enfants naturels n'existe pas, parce que l'article 389 la réserve au père seul pendant le mariage ; la tutelle s'ouvrira, par contre, dès la naissance des enfants naturels, l'article 390 l'attribuant au survivant des père et mère. Telles sont les règles qui suppléent à l'oubli, voulu peut-être, du législateur.

Les biens des enfants naturels seront donc administrés par un tuteur dont les biens seront grevés de l'hypothèque légale de l'article 2121 ; à ce tuteur sera adjoint un subrogé-tuteur qui aura pour mission de veiller sur le mineur et d'agir au nom de ce dernier, quand ses intérêts seront en contradiction avec ceux du tuteur. Quant au conseil de famille de l'enfant naturel, il sera composé, d'après l'article 409 *in fine*, de personnes connues pour avoir eu des relations habituelles d'amitié avec son père ou sa mère, puisque l'enfant naturel n'a pas de famille.

La tutelle exercée par le père ou la mère naturel est-elle *légale* ou *dative*? Il ne peut y avoir, ici,

d'après les uns, ni tutelle légale, ni tutelle testamentaire, par conséquent; la tutelle ne peut-être que
dative, et il est même loisible au conseil de famille
de ne pas confier la tutelle au père ou à la mère naturel (1). Il faut, au contraire, d'après les autres (2),
reconnaitre que la tutelle des enfants naturels est ré-
gie par les mêmes principes que la tutelle des enfants légitimes (arg., art. 405) : 1° la tutelle légale
appartiendra donc à celui des parents qui a reconnu
l'enfant; si ce dernier a été reconnu à la fois par son
père et sa mère, elle appartiendra au père et, à son
défaut, à la mère; 2° le dernier mourant des père et
mère naturels peut nommer un tuteur testamentaire
à l'enfant qu'il a reconnu (3). Nous nous rangeons à
cette dernière solution : puisque le père et la mère
naturels ont la puissance paternelle, ils doivent avoir
de même la tutelle légale et la faculté de nommer un
tuteur testamentaire, ces deux droits étant une émana-
nation de la puissance paternelle. Leur affection

(1) Demolombe, VIII, p. 277. — Demante, II, 138 *bis*. — Huc,
III. — Baudry-Lacantinerie, I, n°1 153. — Lyon, 11 juin 1856 ;
D. 57, 2, 9. — Nimes, 15 février 1887, S. 87, 2, 172. — Paris, 26 juil-
let 1892, S. 93, 2, 24, D. 92, 2, 544. — Caen, 14 décembre 1896,
S. 97, 2, 37, D. 98, 2, 355. — Paris, 17 mars 1897, D. 97, 2, 213. —
Cass., 16 novembre 1898, S. 3, 99, 1, 24, D. 99., 1, 218.

(2) Delvincourt, I, p. 425. — Aubry et Rau, VI, p. 213, § 571. —
Laurent, IV, n° 414. — Vigié, I. n° 736. — Allard, n° 250. — Douai,
13 février 1844, S. 44, 2, 79, D. 45, 2, 152. — Poitiers, 4 mars 1858,
S. 58, 2, 420, D. 59, 2, 122. — Poitiers, 15 août 1870, S. 71, 2, 214,
D. 71, 2, 56. — V. art. 184, C. civ. italien.

(3) Mais le père prémourant ne pourrait pas donner à la mère
naturelle, — sur laquelle ne pèse pas l'autorité maritale, — un
conseil de tutelle (Demolombe, VIII, n° 384).

présumée pour leur enfant les rendra dignes, il faut
l'espérer, de l'extension de mesures favorables pour
tous, parents et enfants.

*Extension des restrictions apportées par les arti-
cles 395 et 396, — 399 et 400.* — Mais si la mère se
marie avec une autre personne que le père de l'enfant,
le doute naitra sur son affection maternelle ; l'influence du parâtre, cotuteur de fait, sera certainement à redouter. C'est pourquoi le conseil de famille
devra être convoqué par la mère (art. 395), il décidera si cette dernière doit être maintenue, et dans
ce dernier cas, donnera la cotutelle à son mari (article 396) ; la mère pourra nommer un tuteur testamentaire à son enfant naturel, si elle exerce la tutelle
à sa mort (art. 399) ; mais son choix devra être confirmé par le conseil de famille (art. 400). Enfin le
mari sera responsable, avec la mère, de la tutelle indûment conservée, à condition toutefois qu'il ait
connu l'existence de l'enfant naturel. La protection
de l'enfant exige l'extension des mesures que nous
venons d'énumérer ; la mère naturelle ne saurait,
d'ailleurs, avoir plus de droits que la mère légitime (1).

Nous exprimons le vœu que le contrôle du conseil

______

(1) Lyon, 8 mars 1859, D. 59, 2, 141. — Caen, 22 mars 1860, S.
60, 2, 640. — Demolombe, VIII, n° 387. — Aubry et Rau, VI,
§ 571.

L'extension des articles 395 et 396 à la mère naturelle est admise
même par plusieurs auteurs qui lui refusent cependant la tutelle
légale.

de famille s'applique de même, ici, pour le maintien du père marié avec une personne étrangère à l'enfant naturel.

3° INFLUENCE DU MARIAGE DU PÈRE OU DE LA MÈRE NATUREL SUR LES DROITS HÉRÉDITAIRES DES ENFANTS ANTÉRIEUREMENT RECONNUS.

a) Droit de succession ab intestat *du conjoint survivant : l'article 767.* — Le conjoint survivant du père ou de la mère naturel a un droit d'usufruit sur la succession de son conjoint prédécédé : le 1er alinéa de l'article 767 ne lui permet pas d'avoir davantage. Quelle sera la quotité de ce droit? On refuse absolument l'assimilation des enfants naturels aux enfants légitimes ou légitimés, au moins dans le but de restreindre les droits de l'époux survivant, ce qui serait en opposition avec le texte et l'esprit de la loi du 9 mars 1891 (1) : l'ancien article 767, qu'a modifié cette loi, excluait, en effet, le conjoint survivant de la succession du prédécédé, quand ce dernier laissait des enfants naturels (ou des parents au degré successible). — Et pourtant, la loi du 25 mars 1896, qui a reconnu aux enfants naturels, la qualité d'*héritiers*, ne pourrait-elle être invoquée contre le conjoint survivant dont elle ne consacre nullement le droit héréditaire? Ne pourrait-on soutenir qu'elle a abrogé, par son silence (V. par exemple, le nouvel article 760), la loi antérieure du 9 mars 1891? Ce

____

(1) Bressolles, n. 18, p. 23. — Huc, V, n. 124, p. 159. — Baudry-Lacantinerie et Wahl, I, n. 811, p. 414.

serait excessif : nous ne demandons pas, — nous le répétons, — pour l'enfant naturel des droits plus étendus que pour l'enfant légitime : la loi de 1896 a cherché seulement à atténuer l'inégalité existant entre enfants légitimes et naturels ; mais elle n'a pas songé à sacrifier le conjoint survivant. Elle aurait dû, — lorsque le ou les enfants naturels se trouvent *seuls* en présence de leur parâtre ou de leur marâtre qui n'ignoraient pas la reconnaissance antérieure à leur mariage (1), — ajouter une mention spéciale à l'article 767. Cette mention eût permis, dans ce cas, aux enfants naturels d'avoir la situation d'enfants d'un premier lit, ce qui aurait eu pour résultat de faire appliquer le 4ᵉ alinéa, et de restreindre, par conséquent, la part héréditaire du conjoint à l'usufruit d'une part d'enfant le moins prenant qui sera du quart au maximum. Nous ne cherchons pas à faire donner à l'enfant naturel, à l'égard des enfants légitimes, des droits égaux à ceux de ces derniers sur la succession de leurs parents : car le respect de la famille légitime exige le maintien de l'article 758 qui donne à l'enfant naturel la moitié de la part héréditaire d'un enfant légitime. Mais, à l'égard du parâtre et de la marâtre, nous croyons qu'il serait équitable et nécessaire de ne pas faire de différence entre l'enfant naturel reconnu avant le mariage et l'enfant légitime, *héritiers* l'un et l'autre et de leur assurer les

(1) Le conjoint survivant ne souffrira jamais, comme nous le savons, de la présence d'enfants reconnus pendant le mariage (art. 337) : la réserve elle-même de ces derniers ne pourra mettre obstacle à l'exercice de son droit héréditaire.

mêmes droits en présence d'un simple *successeur irrégulier*.

Quoi qu'il en soit, il est certain que le conjoint survivant verra, indirectement, restreindre la quotité de son droit d'usufruit qui ne doit pas « préjudicier aux droits de réserve » (art. 767, 7ᵉ alinéa) des enfants naturels. D'autre part, si ces derniers viennent en concours avec des enfants légitimes, ils devront être considérés comme des enfants légitimes, dans leurs rapports avec le conjoint survivant, en tant qu'il s'agit de fixer le droit héréditaire de celui-ci.

La quotité de l'usufruit, en l'absence d'une mention spéciale de l'article 767, ne sera donc jamais, — quand il n'y a que des enfants naturels reconnus avant le mariage, — d'une part d'enfant le moins prenant, d'après le 4ᵉ alinéa de cet article 767. Ce sera le 5ᵉ alinéa qui recevra alors son application : le conjoint survivant aura ici, comme dans « tous les autres cas » où il ne se trouve pas en présence d'enfants légitimes, le maximum de l'usufruit successoral, c'est-à-dire la moitié, quels que soient le nombre et la qualité des enfants ou autres héritiers. La loi de 1891 a eu le tort, nous le répétons, de ne pas proportionner la quotité d'usufruit accordée au conjoint à la qualité des successibles avec lesquels il concourt ; l'enfant naturel méritait d'avoir une place marquée parmi tous les autres successibles et d'être mieux traité que les parents du douzième degré !

La loi du 9 mars 1891 subordonne, comme nous le savons, la déchéance du droit d'usufruit du conjoint survivant *remarié* à l'existence de *descendants* du

défunt (art. 767 *in fine*). Cette expression générale ne
permet pas de refuser aux enfants naturels le droit
d'invoquer à leur profit le convol de leur parâtre ou
de leur marâtre.

*b) Quotité disponible entre époux dont l'un a un ou
plusieurs enfants naturels reconnus avant son mariage.* — La loi du 25 mars 1896 a ajouté à l'article
913 un paragraphe ainsi conçu : « L'enfant naturel
« légalement reconnu a droit à une *réserve.* Cette
« réserve est une quotité de celle qu'il aurait eue s'il
« eût été légitime, calculée en observant la propor-
« tion qui existe entre la portion attribuée à l'enfant
« naturel au cas de succession *ab intestat* et celle
« qu'il aurait eue dans le même cas s'il eût été légi-
« time. » Si, comme nous le supposons ici, l'enfant
naturel ne trouve devant lui ni descendants, ni ascendants, ni frères, ni sœurs du défunt, ni descendants
des frères ou sœurs, sa réserve est la même que s'il
était légitime ; elle sera de *moitié* d'après l'article
913 ; — de même, s'il y avait deux enfants naturels,
leur réserve serait des *deux tiers,* et, s'il y en avait
trois ou un plus grand nombre, elle serait des *trois
quarts.*

Il est universellement admis (1) que l'article 1098
n'est pas applicable au parâtre et à la marâtre de
l'enfant naturel dont la reconnaissance, antérieure au
mariage, ne peut avoir pour effet de restreindre à ce

(1) Paris, 5 juillet 1854, D., 56, 2, 289. — Troplong, IV, n. 2697.
— Demolombe, XXIII, n. 559. — Aubry et Rau, VII, p. 272, § 690.
— Laurent, XV, n. 236. — Huc, IV, n. 485.

point la quotité disponible du conjoint de son père ou de sa mère. Cet enfant ne pourra pas plus invoquer l'article 1098 que les articles 1496 et 1527, parce qu'il est exclu par leur texte même. Et pourtant la protection que notre loi a cru devoir accorder à l'enfant légitime, issu d'un précédent mariage, n'est-elle pas logiquement indispensable à l'enfant naturel, exposé à de plus grands dangers, conséquence de noces postérieures à sa reconnaissance? La mère naturelle, en effet, apercevant dans une union légitime un port de salut, s'y est jetée avec la joie du naufragé ; elle voudra récompenser, au préjudice de son enfant naturel, cela va de soi, l'homme qui, en l'épousant, l'aura faite sortir d'une situation équivoque et qui l'aura ainsi réhabilitée.

Quelle sera alors la limite des libéralités faites par le père ou la mère naturel à son conjoint? Si l'article 1098 ne peut être invoqué en faveur de l'enfant naturel, il semble encore plus difficile d'appliquer l'article 1094 qui ne paraît pas avoir prévu le cas; l'article 913 sera donc la loi, et la loi, à notre avis la plus équitable, puisqu'elle respecte à la fois la réserve des enfants naturels et le droit de disposition d'un conjoint en faveur de l'autre, comme si ce dernier était un étranger, mais non un ennemi, pour les enfants naturels.

Tout le monde est d'accord pour appliquer l'article 913, lorsque le conjoint bénéficiaire du disponible est en présence d'un *seul* enfant naturel, ce qui est l'hypothèse la plus favorable pour ce conjoint, puisque le disponible est alors de moitié, tandis que celui de l'article 1094 eût été au maximum d'un quart en usufruit plus un quart en propriété (1) ; — Mais, s'il y a plusieurs enfants naturels, l'article 913 ne devrait plus être appliqué, le conjoint devant être exclusivement traité avec la plus grande faveur : contre toute logique, c'est l'article 1094 qui accorde alors un disponible supérieur à celui de l'article 913, qui serait la loi entre conjoints et enfants naturels.

Cela fait, à n'en pas douter, deux poids et deux mesures. Pourquoi vouloir donner à l'enfant naturel la situation d'enfant légitime, d'enfant commun, quand on voit que cela peut lui être défavorable ? Nous n'acceptons pas, pour lui, ce titre qui ne lui appartient pas : il faut être juste, avant tout, et accepter l'article 913 pour tous les cas. Il est immoral de donner au parâtre ou à la marâtre des enfants naturels une prime d'encouragement qui consiste dans l'espoir, dans la possibilité de dépouiller des individus qui souffrent, d'ailleurs, bien assez, de leur situation irrégulière, sans l'aggraver par des injustices. Je vais même plus loin : il vaudrait mieux détourner des citoyens du mariage, que de faire souffrir des innocents qui, en somme, ont des droits antérieurs et sacrés ; la seule solution juridique, logique et morale est donc l'application du seul article 913 (2).

Il est certain, cependant, que si les enfants natu-

(1) Cass., 12 juin 1866, S., 66, 1, 349, D., 66, 1, 484. — *Contra* Villefranche, 6 août 1861, D., 66, 1, 484.

(2) M. Laurent (XV, n° 351) applique l'article 1094 à l'enfant naturel, parce que le texte de cet article est composé de termes généraux (enfants, descendants) et qu'en outre l'enfant naturel, à défaut d'enfants légitimes, recueille toute la succession.

rels se trouvaient en concours avec des enfants légitimes, leurs frères et sœurs, issus soit du mariage, soit d'un premier lit, les articles 1094 et 1098 recevraient leur application : les enfants naturels en profiteraient dans les limites de l'article 908, en proportion de leur part héréditaire fixée par le nouvel article 758 à la moitié de ce qu'ils auraient s'ils eussent été légitimes. — On devrait aussi tenir compte de l'enfant naturel pour le calcul de la part d'enfant le moins prenant : on déduira, à cet effet, avant tout, de la masse, la quote-part appartenant à l'enfant naturel ; la part de l'enfant le moins prenant se calculera sur le surplus (2).

(2) Demolombe, XXIII, n° 587. — Aubry et Rau, VII, § 690. Laurent, XV, n° 393. — Baudry-Lacantinerie et Colin, II, n° 4089. — Dalloz, XVI, n° 858.

Vu : *Le Président de la Thèse*,

Joseph BRESSOLLES.

Vu : *Le Doyen de la Faculté de Droit*,

J. PAGET.

Vu et permis d'imprimer :

Toulouse, le 26 mai 1900,

Le Recteur, Président du Conseil de l'Université.
Pour le Recteur, le Doyen délégué,

LECLERC DU SABLON.

TABLE DES MATIÈRES

DEUXIÈME PARTIE

Protection des enfants du premier lit et en particulier de celui qui est orphelin de père ou de mère.

TROISIÈME PARTIE

Les enfants du premier lit non orphelins et leurs assimilés.

Toulouse. — Imp. Saint-Cyprien, allées de Garonne, 27.

www.ingramcontent.com/pod-product-compliance
Lightning Source LLC
LaVergne TN
LVHW011909180726
843502LV00003B/655